HISTOIRE
UNIVERSELLE
DE
DIODORE DE SICILE.

HISTOIRE
UNIVERSELLE
DE
DIODORE DE SICILE.
TRADUITE EN FRANÇOIS
Par Monsieur l'Abbé TERRASSON, *de l'Académie Françoise.*

TOME PREMIER.

A PARIS,
Chez DE BURE l'aîné, Quay des Augustins, du côté du Pont S. Michel, à Saint Paul.

───────

M. DCC. XXXVII.
Avec Approbation & Privilege du Roy.

PRÉFACE.

E PRESENTE au Public la traduction de Diodore de Sicile. Je l'avois commencée il y a plusieurs années, conjointement avec un jeune Gentilhomme à l'éducation duquel l'amitié que je devois à sa famille m'avoit fait prendre part. Une mort prématurée enleva les justes espérances que l'on avoit conçûes de lui; & l'Académie des Sciences où j'eus l'honneur d'entrer alors m'engagea moi-même à des occupations bien différentes. Cependant comme l'on trouve enfin du tems pour tout, j'ai repris cet ancien ouvrage; & j'en donne aujourd'hui les cinq premiers Livres sur les quinze qui nous restent

M. Remond de la Renouillére.

Tome I. a

de cet Historien. Le malheur qui nous a fait perdre les cinq suivans, sans parler des vingt derniers, fait en quelque sorte de ces cinq premiers Livres un corps à part & complet en soi. Mais la nature des faits, le ton même de la narration, les distinguent encore plus de ceux qui les suivent, que le hazard d'une lacune qui les a séparez d'eux.

Il s'agit dans ces cinq Livres des tems qui ont précédé la guerre de Troye. L'Auteur dit lui-même dans sa Préface qu'il ne s'est attaché à aucune chronologie par rapport à ces tems-là : quoique dans tout le reste de son Histoire il suive année par année les Archontes d'Athénes, les Olympiades, & les fastes Consulaires, avec une attention qui lui est propre & qui a été approuvée de tous les Sçavans. En effet à quel systême de chronologie peut-on se fixer à l'égard de l'origine du monde rapportée suivant les traditions de divers peuples, qui ignorant malheureusement la seule qui fut vraie, se sont égarez en imaginations absurdes, à les considérer même comme fables. Diodore passant de-là aux antiquitez des Nations particuliéres, commence par celles des Barbares & continue par celles des Grecs.

Celles des Barbares mériteroient à peine le nom de Mythologie; si les Grecs Auteurs de ce terme, n'avoient mis quoique faussement au nombre de leurs Dieux ou de leurs Ancêtres une infinité de personnages qui leur étoient étrangers. Entre les Barbares les Egyptiens se présentent les premiers. C'est ce peuple fameux, à l'égard duquel le terme de Barbare signifie seulement qu'il n'étoit pas Grec; puisque c'est à eux que les Grecs mêmes ont dû leurs sciences & par conséquent leur politesse. L'Auteur fait un détail interessant des Dieux de l'Egypte, de ses Rois, de sa Religion, de ses mœurs, de la fertilité du pays procurée par le Nil, dont il donne une description étendue qu'on peut regarder comme une Histoire naturelle de ce fleuve.

Il passe dans le second Livre à l'Empire des Assyriens. On apperçoit dans les Rois de cette monarchie un pouvoir sans bornes & des richesses immenses, qui les ont conduits comme Semiramis à des entreprises téméraires ; ou qui les ont plongez dans une mollesse où leur Empire même a trouvé sa fin dans la personne de Sardanapale. Ce fut là le passage de la puissance des Assyriens à celle des Médes. Avant que de sortir du second Livre l'Auteur va jusqu'aux Indes d'où il revient par la Scythie, animant toujours la description des lieux par l'Histoire des origines, & surtout les faits par les mœurs. On commence là à connoître les plus célébres Amazones qui sont celles de l'Asie ; mais qu'on verra bien-tôt n'être pas les seules. On trouve enfin dans ce mê-

PREFACE.

me Livre une description de l'Arabie dont les productions merveilleuses semblent avoir inspiré à l'Auteur une éloquence particuliére.

Dans le troisiéme Livre il s'agit des Ethiopiens, qui entre les vrais Barbares montroient quelque forme de gouvernement & quelque apparence de culture d'esprit. Mais parcourant ensuite les rivages ou de l'Afrique ou de l'Asie, on ne trouve que des peuples qui ne sont distinguez les uns des autres, & qui ne méritent de l'être, que par le genre de leur nourriture. En entrant dans l'intérieur de l'Arabie on en rencontre d'autres qui jaloux d'une liberté sauvage n'ont aucune demeure fixe. Les uns & les autres nous font voir que l'homme dénué d'éducation, d'instruction, de communication avec les autres hommes, n'est guéres supérieur aux animaux, & ne le devient qu'en acquérant ce qu'il est seul capable d'acquérir par le moyen de la société. Le même troisiéme Livre nous méne aussi dans l'Afrique où nous découvrons d'autres Amazones que l'Auteur croit plus anciennes que les premiéres ; & qui demeurérent victorieuses des Gorgones autres femmes guerriéres comme elles. Mais ce que l'Afrique a de particulier est que parmi bien des peuples aussi sauvages qu'aucun autre que nous ayons vû jusqu'ici ; l'Afrique dans sa partie Septentrionale, la seule que Diodore connut, nous présente à son extrêmité Occidentale & la plus éloignée de l'Egypte & de la Gréce, un peuple distingué, qui par le sejour d'Uranus & d'Atlas est devenu un exemple d'innocence & d'hospitalité, la source même des connoissances astronomiques, ou du moins l'origine de la plûpart des noms que les Grecs ont donnez au Ciel & aux corps Célestes.

Quoique l'existence de ces Empires & de plusieurs de ces peuples soit un fait historique avéré par les témoi-

PRÉFACE. vij
gnages de l'Ecriture Sainte même ; la précaution que Diodore a eue de ne point déterminer le tems des événemens qui les regardent, a été justifiée par les embarras où sont tombez les plus Sçavans hommes qui ont tenté cette détermination.

Enfin Diodore arrive à la Mythologie Greque : Ce terme qu'il employe lui-même souvent exclut jusqu'à l'apparence de chronologie : & il seroit ridicule d'assigner des dates à des faits imaginaires. Ces mêmes faits entroient néanmoins dans le plan d'une Histoire générale comme la sienne. Je ne dirai pas seulement que les fables tiennent lieu d'histoire à l'égard des tems dont nous parlons. Je n'ajoûterai point que la suite des opinions des hommes est un objet réel de la curiosité publique & l'un des plus importans pour un lecteur Philosophe, par la connoissance qu'elle lui donne, du génie des différens siécles & des progrès de l'esprit humain. Mais je foutiendrai avec un grand nombre d'habiles gens, que fous cet afpect fabuleux il y a réellement moins de fables que de faits vrais; qu'il n'y a peut-être pas un feul nom de Dieu ou de Déeffe qui n'ait été porté par quelque homme ou par quelque femme; & que les actions mêmes les plus incroyables peuvent être ramenées au vrai & au fimple, par le retranchement ou par la feule interprétation de quelque image poétique. Cette opinion qui a été admife par les anciens mêmes, ainfi qu'on le voit dans les explications de Palæphate, a été portée encore plus loin en ces derniers tems par les recherches de Bochart, & des autres Sçavans qui fe font appliquez à ce genre de littérature.

Les deux derniers Livres de ceux que nous donnons aujourd'hui, fçavoir le quatre & le cinq enferment donc l'hiftoire de Bacchus felon la mythologie ou les traditions greques;

PREFACE.

car ce Dieu a déja paru dans les Livres précédens suivant les traditions barbares. Les unes & les autres reconnoissent plusieurs Bacchus, que le goût du merveilleux a porté les peuples à réunir en un seul, pour avoir en lui un plus grand objet d'admiration. Il en est de même d'Hercule. On trouvera ici une longue suite de ses travaux, de ses voyages, & des bienfaits mémorables dont il a laissé des traces en divers lieux de la terre. Ce détail fait juger que les plus anciens poëtes dans les éloges qu'ils ont faits de ce Héros, ou dans les actions merveilleuses qu'ils lui ont prêtées, ont mieux connu que leurs successeurs que le véritable Héroïsme consistoit à se rendre utile aux autres hommes, & non à satisfaire par des exploits meurtriers son ambition ou sa vengeance. Hercule a eu part à l'entreprise des Argonautes dont on verra ici les principales circonstances. L'infidélité de Jason & le desespoir de

Médée, nous apprennent que les plus grands vices & les crimes les plus énormes ont été de tous les tems. Il semble même que la simplicité des premiers siécles leur permit de se montrer plus à découvert. Je ne déciderai point comme quelques Auteurs de morale que le déguisement dont on a depuis couvert les passions, les rendent plus odieuses & plus dangereuses : je crois au contraire que la contrainte où l'on les tient chez les Nations vraiment polies, non-seulement retranchent une grande partie de leurs mauvais effets ; mais donnent même lieu à ceux qui les ont de les calmer avec le tems, & de se féliciter eux-mêmes de n'avoir pû en satisfaire quelques-unes. Thésée est un autre Héros que Diodore n'avoit garde d'oublier. On trouve enfin ici l'origine de la plûpart des guerriers qui ont paru dans la suite au siége de Troye ; & des Rois mêmes de la Troade, dont la chûte a rendu si cé-

PREFACE.

lébres les noms de leurs vainqueurs, & a formé l'époque la plus fameuse de l'antiquité profane.

De cette Mythologie qu'on peut appeller générale, & qui regarde en quelque sorte toute la Gréce, l'Auteur vient dans son cinquiéme Livre à l'Histoire particuliére des Isles, dont la plûpart n'étoient habitées que par des colonies Greques. Chacune de ces Isles avoit pour ainsi dire sa fable particuliére, dont on sent bien, comme à l'égard de toutes les autres, que le vrai étoit le fondement: La Sicile, Créte, Rhodes, & une autre Isle moins connue aujourd'hui & que l'on nommoit Panchaïe, vis-à-vis des côtes Méridionales ou Occidentales de l'Arabie, fournissent des digressions agréables & curieuses. Mais l'Angleterre, Isle qui paroît hors du ressort de la Mythologie Greque, donne lieu à l'Auteur de faire une description assez ample des Gaules & de l'Espagne qui ne tiennent guéres davantage à la Gréce & qui d'ailleurs ne font point Ifles.

Ce plan quelque abregé & quelqu'imparfait qu'il foit promet au Lecteur une affez grande variété : & il peut s'attendre avec jufte raifon de trouver ici la fource d'un grand nombre de faits ou répandus dans les Livres ou employez par les Poétes. On peut affurer en effet que c'eft ici le corps le plus complet d'antiquitez Hiftoriques & Mythologiques qui foit échapé à l'injure des tems. Je ne doute point que l'impreffion qu'on en recevra ne foit plûtôt de regretter les cinq Livres fuivans, qui conduifoient jufqu'à la defcente de Xercès en Perfe où commencent les dix autres qui nous reftent, que de condamner Diodore d'avoir recueilli des faits obfcurcis par un fi prodigieux éloignement. Peu de gens foufcriront à la critique de Louis Vivès (r) fçavant Efpagnol du feiziéme fiécle, qui fur ce que

(1) *De tradendis difciplinis, prima parte Libri 5.*

PREFACE.

Pline (1) avoit dit qu'entre les Grecs Diodore étoit le premier qui eut renoncé à la bagatelle, *Apud Græcos desiit nugari Diodorus*, soutient au contraire que rien n'est plus frivole que Diodore dans les antiquitez fabuleuses qu'il nous rapporte, *quum nihil sit eo nugacius*.

Premiérement, la pensée de Pline n'est point du tout de caractériser l'Histoire de Diodore. Mais après avoir rapporté divers titres recherchez que des Auteurs Grecs ou Latins avoient mis à la tête de leurs ouvrages; il loue Diodore, de ce qu'il ne donne à son Histoire Universelle que le titre simple de Bibliotheque Historique: & c'est là-dessus qu'il dit que Diodore entre les Grecs a mis fin au badinage. Vivès lui-même fait connoître qu'il appercevoit ce sens naturel de Pline. D'où prend-il donc sujet de lui donner un démenti &

---

(1) Dans la Préface générale de son Histoire | Naturelle.

d'avancer qu'il n'y a rien de si frivole que Diodore. Mais en second lieu le fond du jugement n'est pas plus raisonnable que l'occasion qui l'amène. En effet si l'Histoire ancienne est mêlée de fables, c'est la condition ou le malheur de cette Histoire ; & non la faute d'un Historien dans le projet duquel cette premiére partie entre aussi nécessairement que toutes les autres.

Il resteroit à examiner si par le tour de sa narration, Diodore distingue toujours assez le vrai ou du moins le vrai-semblable du faux & de l'impossible, & le naturel du merveilleux. Il est certain d'abord qu'il ne cherche à tromper personne par des autoritez imposantes. Il allégue fréquemment la variation & l'incertitude des sources où il a puisé ; & le seul nom de Mythologie qu'il donne aux monumens dont il s'est servi, tient lieu, à l'égard de toute fable, d'un désaveu qu'il ne peut pas toujours répéter. Mais de plus, si au sujet des Dieux ou des Héros de plusieurs Villes ou de plusieurs Isles, il raconte uniment les faits vrais ou fabuleux qu'on attribuoit à ces personnages respectez encore de son tems en ces différens lieux ; c'est sans doute par ménagement pour les opinions établies dans une Religion où lui-même étoit né. Son but n'étoit pas d'offenser les peuples dont il se donnoit la peine d'écrire l'Histoire. C'est par des égards à peu=près semblables que Tite-Live a jetté dans ses Décades un assez grand nombre de prodiges que les Pontifes & les Augures croyoient eux-mêmes, ou dont ils jugeoient à propos d'entretenir la croyance dans l'esprit des peuples : & cette condescendance n'a pas empêché ni la Mothe-le-Vayer (1) ni en dernier lieu M. Tholand (2) de disculper Tite-Live de toute superstition. Cicéron lui-

(1) Dans son discours sur Tite Live.

(2) Dans son Adeisidæmon.

PREFACE.

même, l'homme de l'Antiquité qui a le plus approché de la vraie philosophie, se prévalant dans l'affaire de Catilina des préventions de son tems, a allégué des feux nocturnes, des tonnerres, des tremblemens de terre, comme des indices des ennemis cachez depuis quelque tems dans le sein de la République.

Les témoignages d'un grand nombre d'autres Ecrivains sont plus favorables à notre Auteur que celui de Vivez. S. Justin Martyr, dans son exhortation aux Grecs (1) s'appuye en leur alléguant le nom de Moyse de l'autorité de Diodore, qu'il dit être par le travail de ses recherches, & par l'étendue de son ouvrage, le plus fameux de leurs Historiens. Eusébe en sa Préparation Evangélique (2) le citant dans une semblable vûe, parle de lui comme d'un Auteur respecté par les plus habiles hommes de la Gréce, pour avoir réuni en un seul

(1) Page 10.   (2) Lib. 1. cap. 6.

PRÉFACE. xvij

corps l'Histoire de toutes les Nations. Photius (1) à qui nous devons une assez longue suite de Fragmens que nous placerons après les dix autres Livres qui nous restent de Diodore, parle de lui encore plus avantageusement & plus au long. » Il trouve qu'il a pris » un juste milieu entre l'affectation » de quelques Historiens & la négli- » gence de quelques-autres. Sa phra- » se est claire, dit-il, mais sans or- » nemens surperflus, & telle précisé- » ment qu'elle convient à l'Histoire. En effet selon ce que je crois en appercevoir par moi-même, il trouve moyen d'arrondir sa période, sans y faire entrer rien d'inutile à son sujet. Les principes qu'il s'étoit faits à lui-même sur la maniére d'écrire l'Histoire paroissent assez dans le préambule de son vingtiéme Livre (2). » Là il blâme ceux qui interrompent » le fil des événemens qu'ils racontent

(1) Cod. 70. p. 103.
(2) Page 780. de Rho-doman & 755 de Henry Etienne.

» par de longues & fréquentes dé-
» clamations mises dans la bouche
» des personnages qu'ils nous présen-
» tent. Ces Historiens semblent n'a-
» voir pour but que de prouver qu'ils
» ont eux-mêmes le talent de la paro-
» le ; & par cette méthode ils ne font
» de leur histoire qu'un recueil de
» Harangues. » Les Anciens donnoient plus que nous dans cette pratique ; & sans faire aucun parallele à
d'autres égards, il est constant que comme les Harangues directes ne partent,
du moins pour le tour & pour les termes, que de l'imagination de l'Ecrivain, nous les trouvons aujourd'hui
plus convenables aux ouvrages de fi-
ction qu'à l'Histoire proprement dite.
» Il faut avouer néanmoins que Dio-
» dore n'exclut en ce genre que le
» trop grand nombre ou la longueur,
» & qu'il permet un usage modéré des
» harangues, qui en ce cas deviennent
» même une ressource de variété de
» stile pour l'Historien. Il avoue en-

» fin que le projet d'une Histoire gé-
» nérale dont il s'est chargé le jette
» pour passer d'un lieu à un autre en
» une même année, dans une inter-
» ruption qui peut être quelquefois
» désagréable. « La nécessité de son
sujet est une réponse valable à cette
difficulté. Mais nous verrons dans les
dix autres Livres, que les Grecs, les
habitans de la Sicile sa patrie, les
Perses & les Carthaginois occupent
tellement la scene, que les autres
peuples & les Romains mêmes de ce
tems-là ne remplissent que des pa-
rentheses fort courtes, & qui ne
laissent pas perdre de vûe des objets
plus importans. Il est à croire &
il paroît par les Fragmens qui nous
restent des vingt derniers Livres qui
se sont perdus, que les Romains y
dominoient à leur tour, ou que les
autres Nations ne s'y montroient que
pour être l'objet de leurs conquêtes
& de leurs triomphes. Ainsi elles entroient encore alors, quoique sous un

aspect bien différent, dans le sujet même & n'y faisoient pas d'interruption historique.

Mais ce qu'on ne peut assez louer dans Diodore & ce qui répare amplement les défauts réels auxquels tous les Ecrivains sont sujets, & que la condition humaine les réduit en quelque sorte à partager entr'eux, c'est le zéle qui l'anime pour la vertu & contre le vice. Il remplit parfaitement dans le cours de son Ouvrage le projet que sa Préface expose au long, & dans lequel même il fait consister le devoir de l'Historien & l'autorité de l'Histoire ; qui est de donner aux bons & aux méchans les qualifications qui leur sont propres. Sa narration seule semble respirer ce louable penchant ; auquel néanmoins il ne permet des digressions particuliéres qu'en certaines circonstances rares, & avec une sobriété dont les Lecteurs moins curieux de réflexions que de faits doivent lui tenir compte.

PREFACE. xxj

Les reproches légitimes que l'on peut faire à Diodore font d'un ordre très-inférieur par lui-même à ceux qui concerneroient la vertu & les bonnes mœurs. Les fçavans hommes de ces derniers tems, qui ont porté si loin les difcuffions chronologiques, après avoir loué notre Auteur en général de l'intention qu'il a eu de diftribuer fon Hiftoire en maniére d'annales, l'ont accufé de beaucoup de négligence dans la détermination des années particuliéres des Olympiades; & furtout des Confuls Romains, dont il nomme mal les uns, dont il déplace les autres, & dont même il oublie quelques-uns. Au fujet des Olympiades, par exemple, Diodore vers la fin de fa Préface que l'on va lire, dit que le commencement de la guerre de Jules-Céfar dans les Gaules tombe en la premiére année de la cent quatre-vingtiéme Olympiade. Gerard Voffius dans fon traité

PREFACE.

des Historiens Grecs (1) remarque là-dessus que cette guerre ne commença qu'en la troisiéme année de la même Olympiade : & il allégue à cette occasion les Chronologistes célébres tels que Pighius, Sigonius, Scaliger qui se sont plaints du peu d'exactitude de notre Auteur : Le très-docte Fabricius dans l'article de Diodore (2) souscrit à la même accusation. Les erreurs sur les Consuls Romains ne regardent en aucune sorte les Livres que nous donnons actuellement. Mais dans la traduction des dix autres Livres, nous tâcherons de remédier à ces erreurs par les mêmes voyes à peu-près que Rhodoman traducteur latin de Diodore, qui croit que notre Historien étoit tombé sur de mauvaises copies des fastes consulaires, dont il juge qu'il y avoit à Rome un assez grand nombre.

(1) L. 2. c. 2.   (2) Vol. 2. l. 3. c. 31.

PREFACE.

Comme Diodore n'eſt point au rang de ces Hiſtoriens qui ayant exercé des fonctions civiles ou militaires ſont devenus eux-mêmes des objets de l'Hiſtoire ; nous ne ſçavons de ce qui le concerne perſonnellement que ce qui lui a plû de nous en dire. Il nous apprend qu'il étoit d'Agyre (1) ville de Sicile, que quelques Anciens ont nommée auſſi Argyre, & qui en effet s'appelle aujourd'hui S. Filippo d'Argirone. Il ne parle même de lui que pour rendre compte des ſoins qu'il a pris de conſulter, & dans ſes voyages & dans ſon ſejour à Rome, tous les monumens & tous les mémoires qui pouvoient le guider dans ſon entrepriſe. Les trente ans qu'il a employez à compoſer ſon Hiſtoire, les quarante Livres dans leſquels il l'avoit diſtribuée, les Epoques qu'il s'étoit faites & l'étendue qu'il avoit donnée a chacune dans ces quarante Livres, ſont

(1) Dans la Préface de l'Auteur.

un détail qu'on lira plus agréablement dans sa préface, que dans la répétition d'ailleurs inutile que nous en ferions ici.

Nous remarquerons seulement qu'il a vécu sous Jules-César & qu'il a écrit sous Auguste. Il a vécu sous Jules-César puisqu'il dit lui-même (1) qu'il étoit en Egypte du vivant de Ptolemée Auletès dont César a vu le successeur; & il n'a écrit que sous Auguste, puisqu'il ne parle de César dans sa Préface & ailleurs, que comme d'un Personnage à qui ses grandes actions ont déja procuré l'Apotheose. Mais quand Scaliger (2) veut prouver que Diodore a vécu au moins 36 ans sous Auguste; parce que notre Auteur compare les Olympiades avec l'intervalle de 4 ans entre deux années Bissextiles; dont le nom du moins ne fut établi que par Auguste 36 ans après la mort de César : cette preuve

---

(1) Liv. 2. Sect. 2. Vol. 1. p. 178. (2) Page 156. ad Euseb.

tombe

PREFACE. xxv

tombe & n'a plus de force; s'il est vrai, comme l'ont crû Henri Eſtienne & Rhodoman, que cette comparaiſon des Olympiades avec les Biſſextiles ne ſoit qu'une mauvaiſe intercalation des Copiſtes que Rhodoman même n'a pas daigné traduire. J'en ai averti par une note dans l'endroit même (1).

Après ce que l'on ſçait de la vie de l'Auteur il s'agiroit de raconter la fortune de ſes ouvrages, depuis l'invention de l'Imprimerie ou la renaiſſance des Lettres; & comment les quinze Livres que nous avons aujourd'hui ont été ſauvez du naufrage qui a emporté les vingt-cinq autres. Le Docte Fabricius nous apprend que Vincent Obſopœus publia le premier en grec les cinq livres qui ſont les 16, 17, 18, 19 & 20 à Bâle 1539. in 4°. Ils avoient été trouvez par Janus Pannonius Evêque des cinq Egliſes. Cependant on avoit déja vû

(1) Liv. 1. Sect. 2. Vol. I. pag. 148.

une Version latine des cinq premiers de tout l'ouvrage imprimé à Venise 1493 sous le nom du fameux Pogge Florentin. Opsopœus qui ne l'aimoit pas soutient que le Pogge ne sçachant pas le grec & sçachant même peu de latin quoiqu'il s'en piquât extrêmement, étoit incapable d'un ouvrage qui demandoit qu'on sçût beaucoup de l'un & de l'autre. Il est vrai du moins qu'ayant fait six Livres des cinq premiers, sous pretexte que Diodore a divisé le premier en deux sections, le Pogge a donné lieu à de fausses citations du sixiéme Livre qui est réellement perdu. Il n'est pas moins vrai que quelques-uns attribuent cette même Version du Pogge à Jean Phréas sçavant Anglois qui enseignoit les Belles-Lettres à Rome, & qui mourut en 1465 venant d'être nommé à l'Evêché de Baths en Angleterre.

J'ai vu en plus d'une Bibliothéque une édition purement latine mais

PREFACE. xxvij
compléte des quinze Livres de Diodore à Bale 1559. Les cinq premiers Livres portent le nom du Pogge. Ils sont suivis des ouvrages supposez de Dictys de Créte, & de Darès de Phrygie sur la guerre de Troye. Les Livres 11. 12. 13. 14 sont traduits par un Auteur qu'on ne connoit pas: le 15 par Marcus Hopperus, le 16 & le 17. par Angelus Cospus, & les trois derniers par Sebastien Casteillon (en latin *Castellio*) quoiqu'il se nomme aussi Castalion. Mais pour abreger un détail superflu je viens tout d'un coup à l'excellente édition greque de H. Estienne en 1559. Outre quinze Livres complets de Diodore tirez d'un manuscrit du célébre Huldric Fugger dont il se fait gloire de se dire l'Imprimeur en cette occasion comme en quelques autres, on y trouve une dissertation latine sur Diodore; un assez grand nombre de Fragmens qu'il avoit découverts à Rome; & enfin quelques remar-

ques fur le texte de fon Auteur.

Ce n'eſt pas là le ſeul preſent dont nous ſoyons redevables à H. Etienne à l'égard de Diodore ; car ce fut lui-même qui invita Rhodoman nommé dans la ſuite Profeſſeur d'Hiſtoire à Wirtemberg, de traduire en latin tout ce qui nous reſte de cet Hiſtorien. Il n'y a peut-être aucune traduction latine d'Auteur grec qui ſoit en même tems auſſi élégante & auſſi fidelle que celle-ci. Outre les Fragmens déja recueillis par H. Etienne, il en a tiré deux autres du Moine George, Syncelle de conſtantinople; Il a fait uſage de tous ceux que lui avoit fournis Hœchelius pour l'intervalle du vingtiéme au trentiéme Livre, & il y a joint tous ceux de Photius qui ne ſont pas en petit nombre. Le texte grec de Diodore eſt par tout à côté de ſa Verſion. Mais comme Rhodoman n'avoit point eu de manuſcrit à conſulter, ce texte grec n'eſt que celui de Henri Etienne, à cela près qu'il n'eſt pas tout-à-fait auſſi correct : ce qu'il ne faut attendre d'aucune édition greque comparée à celle de ce sçavant Imprimeur. Rhodoman a ajouté ses notes particuliéres à celles de Henri Etienne, & y a joint un lexicon très-complet des expressions greques propres à Diodore ; trois tables alphabétiques, l'une pour les cinq premiers Livres, la seconde pour les dix autres, & la troisième pour les Fragmens ; & enfin deux tables de chronologie qui servent a rectifier les dates de Diodore : Cette édition est de l'Imprimerie de Wechel à Hanau. 1604. in fol.

Les Lecteurs curieux trouveroient mauvais que j'oubliasse les traductions françoises qui ont precedé la mienne. La plus ancienne de toutes est celle d'Antoine Macaut Valet de chambre, suivant la première édition 1535. ou Secretaire & Gentilhomme ordinaire de François premier, suivant l'édition in folio qui est à la Bibliothéque du Roi, & qui contient dans le même volume les Livres traduits par Amyot & par Seyssel. La traduction de Macaut ne va pas au-de-là des trois premiers Livres, & il déclare (*premiere édition*) qu'elle n'est faite que sur le latin qui ne pouvoit être que celui qu'on attribue au Pogge. Les deux Livres suivans qui contiennent la Mythologie greque voyent ici le jour en françois pour la premiére fois. En 1554. Amyot donna la traduction de sept Livres depuis le 11. jusqu'au 17. C'est proprement l'Histoire de la Gréce depuis la guerre de Xerxès jusqu'à la fin du régne d'Alexandre. Cet ouvrage ne fut qu'un essai du talent du Traducteur, bien plus déclaré dans les œuvres de Plutarque dont la traduction a presque fait oublier la précédente. Claude Seyssel d'abord Maître des Requêtes sous Louis XII. ensuite Evêque de Marseille & enfin Archevêque de Turin, avoit déja publié en 1545 une Histoire françoise en quatre Livres, intitulée *des Succeſſeurs d'Alexandre* ; plûtôt tirée que traduite des trois derniers Livres qui nous reſtent de Diodore. L'ouvrage eſt écrit d'une maniére à ne pouvoir pas dire même qu'il eſt bien écrit en vieux françois ; & quand la langue ne ſeroit pas changée, il faudroit encore changer le ſtile. Il parut enfin en 1705 à Luxembourg chez Chevalier une hiſtoire des Succeſſeurs d'Alexandre qui n'eſt qu'une traduction du vieux françois de Seyſſel. Elle eſt diviſée comme celle de Seyſſel en quatre Livres ; l'Auteur qui ſçait écrire en françois ne ſe nomme point.

Nous voici enfin arrivez au dernier article de cette Préface : Il doit être le plus court puiſqu'il ne s'agit que de ma traduction que le Lecteur a dans la main & ſur laquelle je n'ai pas deſſein de le prévenir. Je dirai ſeulement que j'ai toujours eu devant les yeux en y travaillant le texte grec accompagné des notes de Henri Etienne & de Rhodoman. En voilà affez pour un Traducteur, puifque Rhodoman lui-même qui faifoit réimprimer le Grec avoue qu'il n'a pas confulté de manufcrit. J'ai eu le deffein de fuivre le génie de ma langue qui ne permet pas une Verfion abfolument littérale ; mais par rapport au fens je n'ai jamais non plus abandonné l'intention d'être utile à ceuxmême qui chercheroient à fe fortifier dans le Grec par la lecture de Diodore. Ceux de nos Traducteurs les plus fameux qui ont voulu donner à leur Auteur un air d'original françois, n'ont pas porté la fidélité jufques-là. Dans cette vûe j'ai averti à la marge, prefque partout, des plus légéres transpofitions de phrafes que la fuite naturelle du difcours me paroiffoit demander.

J'ai cru pour l'entiére fatisfaction des Lecteurs devoir traduire tous les Fragmens déja imprimez dans Henri

PREFACE. xxxiij
Etienne & dans Rhodoman, & tirez des Livres perdus depuis le cinquiéme jusqu'au onziéme. Mais de plus j'ajoute ici la liste des Rois de Macédoine, quoique le Syncelle ne la presente comme empruntée de Diodore qu'en citation vague; outre cela les *Excerpta* ou Extraits de notre Auteur faits par l'Empereur Constantin Porphyrogenéte, & publiez par M. Henri de Valois; & les Fragmens pris du recueil de Fulvius Ursinus intitulé *de legationibus*. Ces derniers avoient été oubliez par Rhodoman quoiqu'ils eussent paru dès 1582. 22 ans avant son édition. Je ne mets ici comme des premiers, que ce qui tombe dans l'intervalle du cinquiéme au onziéme Livre; en gardant le reste pour le placer à la suite des dix autres Livres, ausquels je travaille assidûment. Je termine enfin ces additions par la dispute de Cleonnis & d'Aristoméne donnée par M. Boivin l'aîné dans le second Volume des

Mémoires de l'Académie des Belles-Lettres & Inscriptions.

A l'égard des Remarques dont j'ai accompagné le texte. J'espere que le Lecteur me sçaura gré de leur briéveté aussi bien que de leur petit nombre. Elles ne devoient pas regarder, comme la plûpart de celle de Henri Etienne & de Rhodoman, la phrase greque, dont les variétez ou même les corrections ne produiroient assez souvent que la même phrase françoise. J'ai employé néantmoins sur le quatriéme & le cinquiéme Livre tout ce qu'il y a d'important dans les Exercitations de Palmérius (1), parce que ce sçavant homme me paroit bien fondé à faire certains changemens ou certaines additions de noms qui jettent un grand jour sur le fait même. Mais comme j'en avertis à chaque fois ; ces corrections deviennent une partie assez considérable de mes

---

(1) Jacques le Panlmier de Grentemesnil. *Voyez* sonartic. dans ses Memoires du P. Niceron Vol. 8.

remarques : les autres tombent prefque toutes fur les Auteurs citez par Diodore. Il m'a paru d'autant plus convenable de les faire connoître en peu de mots que les ouvrages de la plûpart d'entr'eux s'étant perdus, leurs noms font devenus moins familiers.

FIN.

TABLE
DES SOMMAIRES
OU DES ARTICLES
CONTENUS EN CHAQUE LIVRE.

ON trouve dans les Editions du texte de Diodore, à la tête de chaque Livre, un Sommaire de ce qui y est contenu. Mais comme ces Sommaires m'ont paru divisez en trop peu d'Articles, je leur en substitue d'autres qui étant plus étendus seront plus commodes pour les Lecteurs. Outre la Table qu'on en donne ici, tous les Articles en seront répétez aux marges.

TOME PREMIER.

Préface de l'Auteur.   page 1

LIVRE I. SECTION I.

Art. I. *Avant-propos.*   13
II. *Différentes opinions sur l'Origine du monde.*   14

TABLE.

III. *Vie des premiers hommes.* 18

IV. *Ancienneté des Rois. Doute sur l'antériorité des Grecs ou des Barbares.* 19

V. *Les Egyptiens croyent avoir été les premiers hommes.* 21

VI. *Opinions Egyptiennes sur le Soleil, sur la Lune & sur les Elémens, & des noms des Dieux qu'on leur a donnez.* 23

VII. *Des Dieux terrestres dont quelques-uns ont été Rois en Egypte.* 28

VIII. *Osiris, Isis, & Mercure.* 29

IX. *Exploits ou bienfaits d'Osiris accompagné dans ses voyages de plusieurs grands hommes, mis depuis au nombre des Dieux.* 34

X. *Osiris passe jusqu'aux Indes d'où il revient en Asie, & même en Europe selon quelques-uns.* 39

XI. *Mort d'Osiris, & régne d'Isis. Honneurs qu'elle rend à la mémoire de son époux.* 41

XII. *Mort d'Isis. On lui rend les honneurs divins.* 44

XIII. *Erreur des Grecs sur divers Héros Egyptiens qu'ils s'attribuent.* 46

XIV. *Opinions fabuleuses sur Isis, sur son fils Horus, sur les Géans, &c.* 51

XV. *Colonnes dressées en l'honneur d'I-*

TABLE.

fis & d'Osiris. 55
XVI. Colonies des Egyptiens, dont les Athéniens prétendent être la principale. 56
XVII. Description géographique de l'Egypte. 60
XVIII. Description particuliére du Nil. 64
XIX. Isles du Nil. Meroé. Le Delta. Les bouches du Nil. Le canal de communication de la Méditerranée au golfe Arabique. Diverses plantes du Fleuve. 67
XX. Animaux du Nil : le Crocodile, l'Hippopotame, l'Ichneumon. 71
XXI. Fertilité que le Nil procure à l'Egypte. 74
XXII. Débordemens du Nil. 75
XXIII. Différentes opinions des Philosophes sur la source du Nil. 77
XXIV. Conjectures sur la cause des débordemens du Nil. Première conjecture. 81, 82
Seconde conjecture. ibid.
Troisiéme conjecture. 84
Quatriéme conjecture. ibid.
Cinquiéme conjecture. 86
Sixiéme conjecture. 88
Septiéme conjecture. 91
Huitiéme conjecture. 92

TABLE.
LIVRE I. SECTION II.

ART. I. *Avant-propos.* 95
II. *Nourriture & Habitation des Egyptiens.* 96
III. *Suite générale des Princes qui ont gouverné l'Egypte dans la succession des tems.* 97
IV. *Premiers Rois Egyptiens, & leurs ouvrages.* 99
V. *Description particuliére du tombeau d'Osimandué.* 103
VI. *Ancienneté de Thébes d'Egypte.* 109
VII. *Fondation de Memphis. Suite de ses principaux Rois. Uchoreus.* 110
VIII. *Mœris ou Miris. Description du lac qui porte son nom.* 112
IX. *Séfostris, son éducation, ses conquêtes.* 114, 115
X. *Retour de Séfostris: ses édifices & ses réglemens en Egypte.* 225
XI. *Fils & successeur de Séfostris, ou Séfostris II.* 127, 128
XII. *Rois ignorez avant Amasis mauvais Prince, auquel succéde Actisanès Ethiopien son vainqueur.* 129
XIII. *Mendès auteur du Labyrinthe.* 131
XIV. *Interrégne: Cetés ou Protheé,*

TABLE.

Remphis, & quelques-autres Rois fainéans à l'exception de Nileus, duquel le fleuve a tiré son nom. 131, 132

XV. *Chemmis auteur de la grande Pyramide.* 134
XVI, *Cephren.* 136
XVII. *Micerinus & Bocchoris.* 137
XVIII. *Sabacon.* 139
XIX. *Interrégne. Les douze Gouverneurs régnant ensemble, & le tombeau commun qu'ils firent construire.* 140
XX. *Psammeticus.* 142
XXI. *Apriès, & Amasis son successeur & dernier Roi de l'ancienne Egypte.* 146
XXII. *Loix de l'Egypte. Mœurs des Egyptiens, & premiérement des Rois.* 148
XXIII. *Deuil des Egyptiens à la mort des Rois.* 154
XXIV. *Provinces ou Nomes de l'Egypte. Distribution de ses revenus, entre le Roi, les Prêtres & les soldats.* 156
XXV. *Le peuple partagé en trois classes.* 159
XXVI. *Exercice de la justice chez les Egyptiens.* 161
XXVII. *Détail des loix de l'Egypte,*

TABLE.

en matiére criminelle. 164
XXVIII. *Loix de l'Egypte en matiére civile.* 168
XXIX. *Education des enfans, & surtout de ceux des Prêtres.* 171
XXX. *De la Médecine chez les Egyptiens.* 174
XXXI. *Des Animaux sacrez de l'Egypte.* 175
XXXII. *Culte du Taureau Apis, & de plusieurs autres animaux.* 181
XXXIII. *Culte des Crocodiles. Différentes abstinences de fruits selon les différens lieux.* 188
XXXIV. *Sépulture des morts.* 191
XXXV. *Noms des Législateurs de l'Egypte.* 197
1. *Mnevès.* ibid.
2. *Sazychès.* 199
3. *Sesoosis ou Sésostris.* ibid.
4. *Bocchoris.* ibid.
5. *Amasis.* 200
6. *Darius.* 201
XXXVI. *Grecs illustres qui ont voyagé en Egypte, & des fables ou des pratiques qu'ils ont tirées des usages de cette Nation.* 202

TABLE.

LIVRE SECOND.

I. *Avant-propos.* 212
II. *Ninus, premier Roi des Assyriens connu par l'Histoire.* 213
III. *Conquêtes innombrables de Ninus.* 214
IV. *Il fait bâtir Ninive.* 217
V. *Semiramis femme de Ninus. Naissance & éducation de cette Reine.* 218
VI. *Entreprise de Ninus contre la Bactriane.* 221
VII. *Semiramis vient au siége de Bactres & prend elle-même la ville. Le Roi l'épouse, & il meurt à son retour.* 224
VIII. *Semiramis bâtit la ville de Babylone.* 227
IX. *Temple de Belus.* 233
X. *Le Jardin appellé jardin de Semiramis.* 234, 235
XI. *Fleuves & autres avantages de la Babylonie.* 237
XII. *Expédition de Semiramis dans la Médie, dans la Perse, dans la Libye & dans l'Ethiopie. Ouvrages qu'elle fait faire dans sa route.* 240
Suite de l'expédition de Semiramis. 242

TABLE.

XIII. *Retour de Semiramis à Bactres: Préparatifs extraordinaires pour la guerre qu'elle veut porter aux Indes.* 245

XIV. *Elle est vaincue par Stabrobatès Roi des Indes, & elle revient à Bactres.* 249

XV. *Mort de Semiramis.* 255

XVI. *Minyas son fils lui succéde. Oisiveté & politique de ce Prince.* 257

XVII. *Il y a eu une longue suite de Rois inconnus jusqu'à Sardanapale.* 259

XVIII. *Sardanapale dernier Roi d'Assyrie.* 260, 261

XIX. *Conjuration & guerre contre Sardanapale.* 262

Arbacès capitaine des Médes, & Belesis Devin de Babylone, Chefs de la conjuration, perdent trois batailles & demeurent vainqueurs dans la quatriéme. 264

XX. *Arbacès est fait Roi & donne dès le commencement de son régne un grand exemple de générosité. Il transporte le trône d'Assyrie chez les Médes.* 270

XXI. *Chaldéens de Babylone Prêtres & Devins. Leur Philosophie.* 273

Astronomie & Astrologie des Chaldéens 275

TABLE.

XXII. *Différentes opinions sur l'Empire des Médes. L'Auteur s'en tient à la suite de ses Rois donnée par Ctésias. Il parle aussi à leur occasion des Caduciens, des Parthes, & des Saces.* 280

Zarine Reine des Saces. 285

XXIII. *Description de l'Inde.* 286

XXIV. *Abregé de l'histoire de l'Inde.* 293

XXV. *Loix & mœurs des Indiens.* 296

XXVI. *Idée de la nation des Scythes.* 300

XXVII. *Des Amazones.* 303

XXVIII. *Des Hyperboréens.* 307

XXIX. *De l'Arabie & premiérement des Arabes Nabatéens.* 309

Propriétez des pays chauds. 315

XXX. *Des autres parties de l'Arabie.* 320

XXXI. *Abregé du Livre où Iambule avoit fait la description de son voyage.* 322

XXXII. *Conclusion du voyage d'Iambule.* 334

TABLE.

LIVRE TROISIE'ME.

I. *Avant-propos.* 336
II. *Des Ethiopiens, & ce qu'ils pensent de leur ancienneté par rapport aux Egyptiens.* 337
III. *Des caractéres Hieroglyphiques communs aux Ethiopiens & aux Egyptiens.* 341
IV. *Loix des Ethiopiens.* 342
V. *Coutumes de quelques Ethiopiens sauvages.* 346
VI. *Des mines de ces cantons.* 353
VII. *Des Ictyophages de l'Asie le long de la mer des Indes.* 357
VIII. *Des Ictyophages de l'Arabie sur les côtes de la mer des Indes.* 363
IX. *Des Chelenophages, ou mangeurs de Tortues.* 368, 369
X. *Des Rizophages, ou mangeurs de Racines.* 371
XI. *Autres peuples qui tirent leurs noms de leurs nourritures.* 374
XII. *Des Hylogones ou hommes nez dans les forêts.* 375
XIII. *Des chasseurs d'éléphans.* 377
XIV. *Des Struthophages.* 380
XV. *Des Acridophages ou mangeurs de sauterelles qui viennent d'un desert voisin.* 381

TABLE.

XVI. *Des Cynamynes, ou peuples qui font défendus par des chiens.* 385

XVII. *Des Troglodytes.* 386

Réflexion de l'Auteur sur la différence des usages causée principalement par la différence des climats. 390

XVIII. *Des Animaux de l'Ethiopie.* 393

XIX. *Chasse remarquable d'un serpent pris du tems de Ptolémée second.* 397.

XX. *Description particuliére du sein ou golphe Arabique & de ses rivages. Occidentaux.* 402, 403

L'Isle Ophiodès d'où les Rois d'Alexandrie tiroient la topase. 405

Danger du passage par le détroit appellé aujourd'hui Babelmandel. 408

XXI. *Description du rivage oriental du golfe Arabique.* 411, 412

XXII. *Divers peuples de l'Arabie; & les productions de leurs cantons.* 419

XXIII. *Description particuliére de l'Arabie heureuse.* 421

XXIV. *Phénoménes célestes dans la mer de l'Inde.* 426

XXV. *Description abregée de l'intérieur de l'Afrique.* 428

XXVI. *Phénoméne étonnant dans un desert de l'Afrique voisin des Syrtes.* 431

TABLE.
XXVII. *Des Amazones d'Afrique.* 433
XXVIII. *Les Gorgones, autres femmes guerriéres vaincues par les Amazones.* 439
Myrine Reine des Amazones d'Afrique. 441
XXIX. *Histoire des Dieux, selon les Atlantes.* 443
Titæa femme d'Uranus dont nâquirent les Titans & deux filles Basilée & Rhea. 445
Helius & Selené frere & sœur, enfans de Basilée & d'Hypérion. 446
XXX. *Histoire de Cybéle suivant les Phrygiens. Combats de Marsyas & d'Apollon.* 448
XXXI. *Descendans d'Uranus & d'Atlas son fils.* 453
XXXII. *De Saturne & de Jupiter son fils.* 455
XXXIII. *Différentes opinions sur Bacchus parmi les Grecs mêmes. Quelques-uns ne prennent Bacchus que pour une indication allégorique du vin.* 457
XXXIV. *D'autres admettent un vrai Bacchus; & d'autres trois, dont les peuples n'ont fait ensuite qu'un seul.* 460
Le premier, né dans l'Inde. 461

TABLE.

Le second, fils de Jupiter & de Cérès ou de Proserpine. 462

Le troisiéme, fils de Jupiter & de Semelé. ibid.

Lycurgue Roi de Thrace vaincu par Bacchus. 465

XXXV. *Opinion particuliére des Afriquains Occidentaux qui croyent aussi que Bacchus est né chez eux, dans une autre ville de Nyse dont l'Auteur décrit la situation.* 469

XXXVI. *Exploits & bienfaits de Bacchus fils d'Ammon selon les Afriquains.* 477

XXXVII. *Origine du temple & de l'Oracle d'Ammon.* 482

Fin de la Table du Tome I.

APPROBATION.

APPROBATION.

J'AI lû par ordre de Monseigneur le Garde des Sceaux un manuscrit qui a pour titre, *Histoire Universelle de Diodore de Sicile, traduite en François avec des notes Historiques & Critiques, par M. l'Abbé Terrasson de l'Académie Françoise*; & j'ai trouvé dans la traduction l'élégance avec la fidélité, & dans les notes la clarté jointe à la précision. A Paris le 10. Novembre 1736.

SOUCHAY.

PRIVILEGE DU ROY.

LOUIS, par la grace de Dieu, Roy de France & de Navarre : A nos amés & feaux Conseillers les Gens tenans nos Cours de Parlement, Maîtres des Requêtes ordinaires de notre Hôtel, Grand Conseil, Prevôt de Paris, Baillifs, Sénéchaux, leurs Lieutenans Civils, & autres nos Justiciers qu'il appartiendra ; Salut. Notre bien amé JEAN DE BURRE l'Aîné, Libraire à Paris, Nous ayant fait remontrer qu'il lui auroit été remis un Ouvrage qui a pour titre *l'Histoire Universelle de Diodore de Sicile, tra-*

duit en *François par le Sieur Abbé Terraſſon*, qu'il ſouhaiteroit faire imprimer & donner au Public, s'il Nous plaiſoit lui accorder nos Lettres de Privilege ſur ce neceſſaires ; offrant pour cet effet de le faire imprimer en bon papier & beaux caracteres, ſuivant la feuille imprimée & attachée pour modele ſous le contreſcel des Preſentes : A CES CAUSES, voulant traiter favorablement ledit Expoſant, Nous lui avons permis & permettons par ces Preſentes, de faire imprimer ledit Ouvrage ci-deſſus ſpecifié, en un ou pluſieurs volumes, conjointement ou ſeparément, & autant de fois que bon lui ſemblera, & de le vendre, faire vendre & débiter par tout notre Royaume, pendant le tems de *ſix années* conſecutives, à compter du jour de la date deſdites Préſentes. Faiſons défenſes à toutes ſortes de perſonnes de quelque qualité & condition qu'elles ſoient, d'en introduire d'impreſſion étrangere dans aucun lieu de notre obéiſſance ; comme auſſi à tous Libraires, Imprimeurs & autres, d'imprimer, faire imprimer, vendre, faire vendre, débiter, ni contrefaire ledit Ouvrage ci-deſſus expoſé, en tout ni en partie, ni d'en faire aucuns extraits ſous quelque prétexte que ce ſoit d'augmentation, correction, changement de titre, ou autrement, ſans la permiſſion expreſſe & par écrit dudit Expoſant, ou de ceux qui auront droit de lui, à peine de confiſcation des Exemplaires contrefaits, de trois mille livres d'amende contre chacun des contrevenans, dont un tiers à Nous, un tiers à l'Hôtel-Dieu de Paris, l'autre tiers audit Expoſant, & de tous dépens, dommages & intérêts ; à la charge que ces Présentes seront enregistrées tout au long sur le Registre de la Communauté des Libraires & Imprimeurs de Paris dans trois mois de la date d'icelles ; que l'impression de cet Ouvrage sera faite dans notre Royaume & non ailleurs, & que l'Impétrant se conformera en tout aux Reglemens de la Librairie, & notamment à celui du 10 Avril 1725. Et qu'avant que de l'exposer en vente, le manuscrit ou imprimé qui aura servi de copie à l'impression dudit Ouvrage, sera remis dans le même état où l'Approbation y aura été donnée ès mains de notre très-cher & feal Chevalier le Sieur CHAUVELIN Garde des Sceaux de France Commandeur de nos Ordres ; & qu'il en sera ensuite remis deux Exemplaires dans notre Bibliotheque publique, un dans celle de notre Château du Louvre, & un dans celle de notre très-cher & feal Chevalier le Sieur CHAUVELIN Garde des Sceaux de France Commandeur de nos Ordres ; le tout à peine de nullité des Présentes. Du contenu desquelles vous mandons & enjoignons de faire jouir l'Exposant, ou ses ayans cause, pleinement & paisiblement, sans souffrir qu'il leur soit fait aucun trouble ou empêchement. Voulons que la copie desdites Présentes qui sera imprimée tout au long, au commencement ou à la fin dudit Ouvrage, soit tenue pour dûement signifiée, & qu'aux copies collationnées par l'un de nos amez & feaux Conseillers & Secretaires, foi soit ajoutée comme à l'original. Commandons au premier notre Huissier ou Sergent de faire pour l'execution d'icelles tous actes requis & necessaires, sans demander autre permission, & nonobstant Clameur de Haro, Chartre Normande, & Lettres à ce contraires : CAR tel est notre plaisir. Donné à Versailles, le septiéme jour de Decembre l'an de grace mil sept cens trente-six & de notre Regne le vingt-deuxiéme. Par le Roy en son Conseil,

SAINSON.

Regiſtré ſur le Regiſtre IX. de la Chambre Royale des Libraires & Imprimeurs de Paris, N°. 395. fol. 357. conformément aux anciens Reglemens confirmez par celui du 28 Fevrier 1723. A Paris ce 10 Décembre 1736.

G. MARTIN, Syndic.

HISTOIRE

HISTOIRE
UNIVERSELLE
DE
DIODORE DE SICILE.

PRÉFACE DE L'AUTEUR.

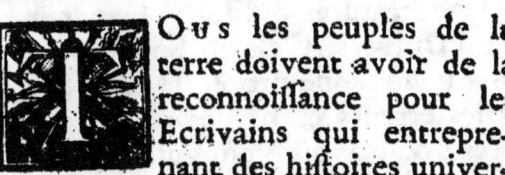Ous les peuples de la terre doivent avoir de la reconnoissance pour les Ecrivains qui entreprenant des histoires universelles, s'efforcent de contribuer par leur travail au bien général de la société humaine. Ils préparent au Lecteur une instruction aisée & tranquille. L'expérience qu'on acquiert par soi-même ne peut être le fruit que d'un grand nombre de travaux

& de dangers ; & le Héros (1) d'Homére, qui avoit vû beaucoup de Villes & connu beaucoup de Nations, avoit auſſi beaucoup ſouffert. Mais l'expérience qui vient par l'hiſtoire eſt exemte de toutes ces peines. Les Hiſtoriens ramenent, pour ainſi dire, aux mêmes principes & aux mêmes loix une multitude d'hommes unis par la nature, mais ſéparez par la difference des ſiecles & des climats. Miniſtres & imitateurs de la providence, ils ne font qu'un corps des grandes choſes qui ſe ſont faites dans tous les temps & dans tous les lieux, comme la providence n'a fait qu'un monde de tous les aſtres & de toutes les Créatures qui ſont répanduës dans l'Univers. C'eſt un bonheur de pouvoir ſe conduire & ſe redreſſer par les erreurs & par les chûtes des autres ; & d'avoir pour guide, dans les hazards de la vie & dans l'incertitude des ſuccès, non une recherche tremblante de l'avenir, mais une connoiſſance certaine du paſſé. Si quelques années de plus font préférer dans les conſeils les vieillards aux jeunes gens ; quelle eſtime devons-

(1) Uliſſe Heros de l'Odyſſée d'Homére.

nous faire de l'histoire qui nous aporte l'expérience de tant de siecles ? (1) En effet elle supplée à l'âge qui manque aux jeunes gens, & elle étend de beaucoup l'âge même des vieillards.

C'est avec raison qu'elle a toujours passé pour la plus utile des sciences & la plus efficace des instructions. On a vû de simples particuliers devenir de grands Capitaines par la lecture de l'histoire ; & l'immortalité qu'elle attache aux noms des grands hommes a produit une infinité de belles actions. Elle encourage les bons citoyens par les louanges qu'elle donne à ceux qui se sont exposez pour leur Patrie, & elle menace les méchans de l'opprobre éternel dont elle a couvert ceux à qui ils ressemblent. La gloire qu'elle promet a engagé les uns à bâtir des villes, les autres à les affermir par des loix, d'autres enfin à les embellir par les sciences & par les arts ; ainsi elle est elle-même, par tant d'hommes bienfaisans qu'elle a formez, la bienfaictrice universelle du genre humain. Au fonds si la seule

(1) J'ai fait ici & en deux ou trois autres endroits de cette Préface quelques legéres transpositions qui m'ont paru convenables dans une traduction françoise.

description des Enfers à laquelle les Poëtes ont mêlé tant de fictions, est capable de retenir bien des gens dans les termes du devoir & dans les régles de la justice ; faut-il s'étonner que l'histoire qui dévoile si bien les actions des hommes, ait tant de force pour les porter à la vertu, & soit pour eux une école respectable de Philosophie & de bonnes mœurs.

Chaque homme en particulier n'a reçu qu'un moment de l'Eternité pour la durée de sa vie. Ceux qui la passent sans rien faire de remarquable meurent avec leurs corps, & leur mémoire périt avec eux. Mais l'histoire éternisant l'honneur & la réputation des grands hommes, sauve du trépas ce qu'ils avoient de plus précieux ; & tout sage estimateur des choses achetera toujours au prix de quelques travaux fort courts une gloire qui ne doit jamais finir. Plusieurs, comme l'Hercule de la fable, ont été animez par ce motif à des entreprises aussi utiles aux autres hommes qu'elles étoient laborieuses pour eux-mêmes. Les uns ont été mis au rang des Héros, & les autres au rang des Dieux, à proportion que l'histoire les a plus ou moins louez. Au lieu que le tems devore les monumens muets & matériels dressez à l'honneur des hommes célébres, il devient le dépositaire & le gardien des témoignages que leur rend l'histoire. Les premiers sont bornez à un seul lieu & sujets à plusieurs sortes d'accidens; les seconds étant répandus par toute la terre échapent toujours en quelques endroits aux accidens qui pourroient les détruire en d'autres. A ces avantages on peut ajouter que l'histoire contribue extrêmement à la perfection de l'éloquence. C'est principalement par les armes du discours que les Grecs l'ont emporté sur les Barbares; c'est par-là que les habiles gens se sont distinguez du vulgaire, & qu'un seul homme s'est souvent rendu maître de tout un peuple. Mais pour dire quelque chose de plus particulier aux Historiens, les belles actions sont quelquefois redevables d'une partie de leur prix & de leur éclat à la maniére dont ils les racontent.

Entre les différentes espéces de discours ou de doctrine la Poësie est plus agréable qu'elle n'est utile, les Loix menacent plus qu'elles n'inftruifent ; certaines connoiffances ne fervent de rien, d'autres font de quelque danger pour les mœurs ; il y a des profeffions qui femblent n'avoir pour but que d'obfcurcir & de combattre la verité. L'hiftoire feule joignant la folidité des chofes aux graces de l'élocution, réunit les avantages de tous les genres d'écrire, & demeure exemte de tous leurs défauts. Elle porte la lumiére dans l'efprit par la connoiffance qu'elle donne d'une infinité de chofes ; & elle imprime dans le cœur l'amour de la juftice par le difcernement exact qu'elle fait des bons & des méchans.

La gloire que les hiftoriens ont acquife par tant de raifons nous a engagez avec eux dans la même carriére. En examinant leurs ouvrages nous avons rendu toute la juftice qui étoit dûe à leur entreprife ; mais nous n'avons pas cru qu'ils l'euffent encore parfaitement éxecutée. Car quoique l'hiftoire ne puiffe être d'un ufage fort étendu & fort général que par un nombre infini de faits & de circonftances ; la plûpart ne fe font attachez qu'aux guerres particuliéres d'une seule nation ou même d'une seule ville: & entre ceux qui ont entrepris des histoires suivies depuis les premiers âges jusqu'à leur tems; les uns ont entiérement négligé la Chronologie, les autres ont évité comme un écueil les tems fabuleux; d'autres n'ont fait aucune mention des peuples que nous appellons Barbares, d'autres enfin ont laissé en mourant leur travail imparfait. Aucun d'eux n'est encore venu plus bas que les Rois de Macédoine; ceux-là ayant fini à Philippe, ceux-ci à Alexandre, & quelques autres à ses Successeurs. Ainsi bien qu'il se soit passé depuis ce tems jusques à nos jours une infinité de choses mémorables, elles n'ont point encore été rédigées en une même suite d'histoire, & demeurent comme inutiles par la difficulté de les recueillir de tant d'Auteurs différens, & de les placer avec ordre dans sa mémoire. C'est pour épargner aux Lecteurs cette difficulté & pour leur faciliter cet ordre, que nous avons entrepris cet ouvrage, dans lequel nous avons tâché d'arranger les faits de la maniére qui nous a paru en même tems la plus exacte & la moins embarrassante. La satisfaction qu'on aura de trouver l'histoire du monde suivie & liée comme une histoire particuliére, l'a emporté sur la considération du travail que nous nous imposions. Il sera permis à chacun de prendre dans ce trésor ce qui lui conviendra. En effet parmi ceux qui veulent s'instruire, les uns n'ont point la commodité d'amasser tous les Livres nécessaires à ce dessein, & les autres ne sçauroient bien démêler les faits qu'ils cherchent dans la multitude & la différence des rélations qu'ils en lisent. Une Histoire Universelle contient & éclaircit en même tems tous ces faits. Elle est par son étendue autant au-dessus des histoires particuliéres que le tout est au-dessus de sa partie ; & par la détermination des tems & des dates, elle surpasse autant les narrations détachées, qu'un édifice parfait & achevé surpasse ses materiaux encore épars.

Mais comme ce projet demande un grand fond d'étude & de fort vastes recherches, nous y avons employé trente années : & ayant parcouru avec bien des fatigues & bien des risques, la plus grande partie de l'Europe & de l'Asie, nous avons vû de nos propres yeux la plûpart des lieux ou des monumens dont nous parlons dans cet ouvrage. Faute de cette précaution les meilleurs Ecrivains se sont mépris plus d'une fois.

Quoique nous ayons eu besoin, pour nous soutenir dans un si long travail, de cette ardeur & de cette persévérance avec laquelle on vient à bout des entreprises dont on espéroit à peine de voir la fin, il faut avouer que nous avons trouvé de grandes facilitez dans le séjour de Rome dont nous sommes déja anciens habitans. En effet cette ville ayant des rélations jusques aux extrémitez de la terre où elle étend son Empire, elle nous a fourni abondamment les secours nécessaires à notre dessein. Ayant même connu dès mon enfance & dans Agyre où je suis né la Langue Latine, par le grand commerce que les Romains ont avec toutes les villes de la Sicile; j'ai lû avec un soin particulier tous les livres & tous les mémoires qui pouvoient m'instruire de l'histoire Romaine. Mais nous avons commencé par les tem fabuleux & nous avons raporté avec le plus d'ordre qu'il nous a été possible, ce que les traditions des Grecs & des Barbares ont conservé de plus ancien.

Enfin puisque notre ouvrage est entiérement achevé sans qu'il en ait encore paru aucun livre, nous allons donner l'idée & le plan de toute cette Histoire. Les six premiers Livres comprennent les tems fabuleux qui ont précédé la guerre de Troye : mais de ces six, les trois premiers contiennent les antiquitez des Barbares, & les trois autres celles des Grecs. Dans les onze suivans nous raportons ce qui s'est passé chez les uns & chez les autres, depuis la guerre de Troye jusques à la mort d'Alexandre le Grand. Les vingt-trois Livres qui restent sont remplis par tout ce qui s'est fait depuis Alexandre jusques à la guerre qui s'éleva entre les Gaulois & les Romains ; dans laquelle Jules-César mis par ses exploits au nombre des Dieux, a dompté la nombreuse & formidable nation des Celtes, & porté l'Empire Romain audelà des Isles Britanniques. Le commencement de cette guerre tombe en la premiere année de la 180 Olym-

Préface de l'Auteur.

piade, Hérode étant Archonte d'Athénes. Nous n'employons aucune chronologie à l'égard des tems qui ont précédé la Guerre de Troye, parce qu'il ne nous reste aucun monument assez certain pour les distribuer par années. Mais sur l'autorité d'Apollodore (1) Athénien, nous comptons 80 ans de la prise de Troye au retour des Heraclides; & 328 ans du retour des Heraclides à la première Olympiade, en calculant cet espace de tems sur la suite des Rois de Lacédémone. Enfin il s'est écoulé 730 ans depuis la première Olympiade jusques à la guerre des Gaules à laquelle nous finissons. Ainsi nous avons renfermé dans quarante (2) Livres l'histoire de 1138 années, outre ce qui a précédé la guerre de Troye. J'expose ainsi le contenu de mon ouvrage, afin que les Lecteurs en ayent d'abord une

---

(1) Apollodore avoit fait une Bibliothèque Mithologique & Chronologique dont il ne nous reste que trois livres, quoiqu'il y en eût beaucoup davantage. Voyez Gerard Vossius *de Historicis Græcis. lib. 1. cap. 21.* Apollodore avoit été disciple de Panætius précepteur de Scipion l'Africain.

(2) De ces quarante Livres, nous n'en avons que 15, sçavoir les cinq premiers, & après une lacune de cinq livres, les dix qui suivent depuis le 11 jusqu'au 20 inclusivement.

notion générale, & que les copistes ne puissent pas si aisément l'altérer. Je souhaite que ce qu'il y aura de bon n'excite l'envie de personne, & que les Sçavans m'avertissent des fautes qu'ils y reconnoîtront. Mais il est tems de finir cette Préface & d'en venir à l'execution de notre promesse.

HISTOIRE
UNIVERSELLE
DE
DIODORE DE SICILE.

LIVRE PREMIER.
SECTION PREMIERE.

Ous avons deſſein d'expoſer à part les idées que les premiers inſtituteurs du culte des Dieux ſe ſont formées ſur leur ſujet, & ce que la fable a raconté de chacun d'eux (1); parce que ce ſont des articles d'une aſſez grande étendüe. Mais en attendant, lorſque

---

(1) Sur tout dans les Livres 4, 5, & 6, deſtinez particulierement à la Mythologie Grecque ; le ſixiéme eſt perdu.

quelque divinité aura un raport particulier à quelque point de notre Histoire, nous commencerons par le marquer, afin de ne rien omettre de nécessaire pour l'intelligence du discours : A l'égard des hommes nous avons déja averti qu'en prenant les choses dès les premiers tems & parcourant tous les lieux de la terre habitée, nous raporterons tout ce qui s'est passé, avec autant d'exactitude qu'on en peut attendre d'un Historien qui parle des tems & des lieux les plus reculez.

II. Différentes opinions sur l'origine du Monde. Il y a deux opinions différentes sur l'Origine des hommes parmi les Physiciens & les Historiens les plus fameux. Les uns croyant le monde éternel & incorruptible prétendent que le genre humain a toujours été, & qu'il est impossible de remonter au premier homme. Les autres donnant un commencement & une fin à toutes choses, soumettent les hommes à la même loi & expliquent ainsi la formation de leur espéce. Toute la Nature ayant été dans le cahos & la confusion, le Ciel & la Terre mêlez ensemble ne faisoient qu'une masse uniforme : mais les corps s'étant séparez peu à peu les uns des autres, le monde parut enfin dans l'ordre où nous le voyons. L'air demeura dans une agitation continuelle. Sa partie la plus vive & la plus legére s'éleva au plus haut lieu de l'Univers & devint un feu pur & sans mélange. Le soleil & les astres formez de ce nouvel Elément sont emportés par le mouvement perpétuel de la Sphére du feu. La matiére terrestre demeura encore quelque tems mêlée avec l'humide par la pesanteur de l'une & de l'autre. Mais ce globe particulier roulant sans cesse sur lui-même se partagea par le moyen de cette agitation en eau & en terre; de telle sorte pourtant que la terre demeura molle & fangeuse. Les rayons du Soleil donnant sur elle en cet état causérent différentes fermentations en sa superficie. Il se forma dans les endroits les plus humides des excroissances couvertes d'une membrane déliée, ainsi qu'on le voit encore arriver dans les lieux marécageux, lors qu'un ardent soleil succéde immédiatement à un air frais. Ces premiers germes reçurent leur nourriture des vapeurs grossiéres qui couvrent la Terre pendant la nuit, & se fortifiérent insensiblement par la chaleur du jour. Etant arrivez enfin à leur point de maturité, & s'étant dégagez des membranes qui les enveloppoient, ils parurent sous la forme de toutes sortes d'animaux. Ceux en qui la chaleur dominoit s'élevérent dans les airs; ce sont les Oiseaux. Ceux qui participoient davantage de la Terre, comme les hommes, les animaux à quatre piez & les reptiles demeurérent sur sa surface; & ceux dont la substance étoit plus aqueuse, c'est-à-dire les poissons, cherchérent dans les eaux le séjour qui leur étoit propre. Peu de tems après, la terre s'étant entiérement desséchée ou par l'ardeur du Soleil ou par les vents, devint incapable de produire des animaux parfaits, & les espéces déja produites ne s'entretinrent plus que par voye de génération. Euripide disciple du Philosophe (1) Anaxagore, paroît avoir adopté sur l'Origine des Etres le sentiment que nous venons d'exposer. Car il

---

(1) Anaxagore de Clasomene, Philosophe illustre par sa naissance, par ses biens qu'il abandonna à sa famille, & par l'étude des sciences naturelles, naquit en la soixante-onziéme Olympiade, 492 ans avant Jesus-Christ.

parle ainsi dans sa Menalippe. (1)

Tout étoit confondu : mais le seul mouvement
Ayant du noir cahos tiré chaque élement,
Tout prit forme ; bien-tôt la Nature féconde
Peupla d'êtres vivans le Ciel, la Terre & l'Onde,
Fit sortir de son sein ses ornemens divers,
Et donna l'homme enfin pour maître à l'univers.

Au reste si quelqu'un révoque en doute la propriété que ces Physiciens donnent à la terre d'avoir produit tout ce qui a vie, on lui alléguera pour exemple, ce que la nature fait encore aujourd'hui dans la Thebaïde d'Egypte. Car lorsque les eaux du Nil se sont retirées après l'inondation ordinaire ; & que le Soleil, échauffant la Terre, cause de la pourriture en divers endroits, on en voit éclorre une infinité de rats. Ainsi, disent nos Physiciens, la Terre s'étant desséchée par

---

(1) Piece d'Euripide qui est perdue avec 70 autres ou environ dont Fabricius donne le catalogue. Il nous en reste dix-neuf & le commencement d'une vingtième. C'est un des Poëtes tragiques qui a fait le plus d'honneur au tems de la florissante Athénes.

l'attouchement de l'air qui l'environne & qui a subi divers changemens, doit avoir produit au commencement du Monde différentes espéces d'animaux.

III. Vie des premiers Hommes. Les hommes nez de cette maniére menoient d'abord une vie sauvage. Ils alloient chacun de leur côté manger sans aprêt dans les champs les fruits & les herbes qui y naissent sans culture. Mais étant souvent attaquez par les bêtes féroces, ils sentirent bien-tôt qu'ils avoient besoin d'un secours mutuel; & s'étant ainsi rassemblez par la crainte, ils s'accoutumérent les uns les autres. Ils n'avoient eu auparavant qu'une voix confuse & inarticulée; mais en prononçant différens sons à mesure qu'ils se montroient différens objets, ils formérent enfin une langue propre à exprimer toutes choses. Ces petites troupes ramassées au hazard en divers lieux, & sans communication les unes avec les autres, ont été l'origine des nations différentes & ont donné lieu à la diversité des langues. Cependant les hommes n'ayant alors aucun usage des commodités de la vie, ni même d'une nourriture convenable, demeuroient sans habitation, sans feu, sans provision; & les hyvers les faisoient périr presque tous par le froid, ou par la faim. Mais ensuite s'étant creusé des antres pour leur retraite, ayant trouvé moyen d'allumer du feu, & ayant remarqué les fruits qui étoient de garde, ils parvinrent enfin jusqu'aux arts qui contribuent aujourd'hui non-seulement à l'entretien de la vie, mais encore à l'agrément de la société. C'est ainsi que le besoin a été le Maître de l'homme, & qu'il lui a montré à se servir de l'intelligence, de la langue & des mains que la Nature lui a données préférablement à tous les autres animaux. Cette description abregée de la vie des premiers hommes étoit nécessaire pour satisfaire à l'ordre dans une Histoire Universelle. Nous allons entrer maintenant dans le détail des peuples les plus connus & des actions mémorables de leurs principaux Personnages.

Nous ne sçavons point quels ont été les premiers Rois & nous n'ajoûtons point de foi à ceux qui prétendent le sçavoir. En effet les Rois paroissent plus anciens que l'invention & l'usage de toutes les choses qui

IV. Ancienneté des Rois. Doute sur l'antériorité des Grecs ou des Barbares.

auroient pû nous transmettre cette connoissance. L'histoire surtout est le dernier genre d'écrire qu'on se soit avisé de cultiver. Les Grecs ont toujours disputé de leur antiquité avec les Barbares. Les uns & les autres soutiennent qu'ils sont originaires du Pays qu'ils habitent, qu'ils ont appris les arts & les sciences aux autres hommes & qu'ils ont fait les premiers des actions dignes d'être écrites. Nous ne prendrons aucune part dans cette dispute, & nous ne voulons point décider quelles sont les nations les plus anciennes, & encore moins de combien les unes sont plus anciennes que les autres. Mais nous raporterons de suite & en particulier ce qu'elles disent toutes de leur antiquité & de leur origine. Nous commencerons par les Barbares, non que nous les estimions plus anciens que les Grecs, comme Ephore (1) l'a avancé; mais afin qu'ayant satisfait à cette partie de notre dessein nous n'interrompions pas l'histoire des Grecs quand nous y serons une fois

---

(1) Ephore de Cumes disciple d'Isocrate: c'est de lui qu'Isocrate disoit qu'il avoit besoin d'épe- rons pendant qu'il falloit une bride à Theopompe. *Voyez* Vossius *de Historia Græc.* l. 1. c. 7.

entrez : & comme on croit communément que les Dieux font nez en Egypte, que c'est-là qu'on a d'abord obfervé le cours des astres, & que cet heureux pays a produit le premier des héros & de grands hommes, nous placerons ici les Egyptiens avant les autres peuples.

V. Les Egyptiens croyent avoir été les premiers hommes.

Les Egyptiens prétendent que le genre humain a commencé dans l'Egypte, & ils alléguent pour raifon la fertilité de leur terroir & les avantages que leur aporte le Nil. Ils difent que ce fleuve produit lui-même un grand nombre d'Animaux & toutes les efpéces de nourriture qui leur conviennent ; la Racine de Rofeau, le Lotos, la Fêve d'Egypte, le fruit appellé Corfeon & plufieurs autres plantes ou fruits qui font propres aux hommes mêmes. Ils citent en particulier l'exemple des Rats que nous avons déja raporté & dont ils difent que tous ceux qui le voyent font étonnez : car on apperçoit quelquefois ces animaux préfentant hors de terre une moitié de leur corps déja formée & (1) vivan-

(1) J'exprime ainfi le verbe ϰνϰεῖν fauter, remuer, que Henry Etienne fubftitue dans fes notes à ϰυεῖν qui eft dans le texte, & qui ne fignifie rien.

te, pendant que l'autre retient encore la nature du limon où elle est engagée. Il est démontré par-là, continuent-ils, que dès que les Elémens ont été développez, l'Egypte a produit les premiers hommes; puisqu'enfin dans la disposition même où est maintenant l'Univers, la terre d'Egypte est la seule qui produise encore quelques animaux. De plus s'il est échapé quelque être vivant du Déluge de Deucalion, c'est l'Egypte qui les a sauvez, puisqu'étant en partie sous l'aspect immédiat du Soleil, elle est plus exempte des grandes pluyes que tout autre pays: si au contraire ce déluge les a tous fait périr sans exception; on ne peut placer avec quelque vraisemblance les premiers essais du renouvellement de la nature que dans l'Egypte; car la chaleur de son climat tempérée par les vapeurs froides & humides qui lui étoient apportées de tous les endroits de la Terre, devoit former un air très-propre à la génération des animaux. Nous voyons en effet, ajoûtent-ils, que dans les lieux les plus chauds de l'Egypte, ce sont les dernieres eaux du Nil qui s'écoule qui contribuent le plus à cette production merveilleuse, *dont nous avons parlé plus* (1) *haut*, & qui ne se fait que quand la chaleur du Soleil s'insinue peu-à-peu dans une terre chargée d'humidité.

OR ces nouveaux hommes, contemplant la forme de l'univers & admirant son ordre & sa beauté, furent particuliérement saisis de vénération à l'aspect du Soleil & de la Lune. Ils regardérent ces deux Astres comme deux divinitez principales & éternelles; & ils nommérent l'un Osiris & l'autre Isis, deux noms tirez de l'idée qu'ils en avoient prise. Osiris signifie qui a plusieurs yeux; en effet l'on peut dire que les rayons du Soleil sont autant d'yeux dont il regarde la Terre & la Mer. Le Poëte (2) semble avoir emprunté de-là cette expression:

L'Astre du jour qui voit & qui sçait toutes choses.

VI. Opinions Egyptiennes sur le Soleil, sur la Lune; & sur les Elémens, & des noms des Dieux qu'on leur a donnez.

(1) Ici & en quelques autres endroits de la traduction, cette demi-phrase tient lieu d'une répétition de l'Auteur, ou de ses copistes. Car Rhodoman soupçonne de l'intercalation dans cette page du texte.

(2) Homére le plus célébre des poëtes, & le plus ancien Auteur Grec dont les ouvrages nous soient restez. Le vers cité ici est de l'Odyssée. *l.* 11. *v.* 2 . *Voyez* sur Homére, Fabricius, *Bib. Græq. l.* 2. *c.* 2. *& suiv.* Ce Poëte vivoit 900 ans avant Jesus-Christ.

Quelques-uns des plus anciens Mythologistes Grecs ont donné à Osiris les surnoms de *Dionysius* & de *Sirius*, d'où vient qu'Eumolpe (1) dans ses Bacchiques a dit

De l'ardent Sirius l'étoile étincelante.

& Orphée (2),

Bacchus nommé Phanès (3) de sa vive lumière.

Quelques-uns donnent à Osiris un habillement de peau de fan tacheté pour marquer la multitude des étoiles. Le mot Isis signifie ancienne & marque l'opinion que les Egyptiens avoient de l'éternité de cette Déesse. Ils la représentent avec des cornes par allusion à la figure que prend la Lune dans sa croissance & dans son décours ; & parcequ'ils lui consacrent une genisse. Ce sont-là les Dieux qui selon eux gouvernent le monde, &

---

(1) Eumolpe fils de Musée. *Voyez* sur Eumolpe Fabricius, *Bib. Græc. l.* 1. *c.* 6. & sur Musée, le même *l.* 1. *c.* 16. Ces Poëtes en y comprenant Orphée, passent pour antérieurs à la guerre de Troye, & par conséquent à Homére.

(2) *Voyez*, sur Orphée, la bibliotheque Grecque de Fabricius, *chap.* 18. & *suiv.*

(3) Phanès signifie qui paroît.

qui entretiennent la vicissitude de trois saisons différentes, le Printems, l'Eté, & l'Hyver ; dont le retour fixe & immanquable fait l'harmonie & la beauté de l'Univers. Ils ajoûtent que ces deux divinitez contribuent à la génération des étres subalternes ; l'une en leur communiquant l'esprit & le feu, l'autre en leur fournissant la terre & l'eau, & toutes les deux en leur donnant l'air : ainsi tout naît & prend accroissement par les influences du soleil & de la lune ; & les cinq élémens que nous venons de nommer constituent le monde entier, comme la tête, les mains, les piez & les autres parties du corps humain composent l'homme. Mais de plus les Egyptiens ont divinisé chacun de ces Élémens, & leur ont donné des noms propres dès la premiére institution de leur langue. Ils ont appellé l'Esprit Jupiter, qui signifie Source de Vie, & ils l'ont regardé comme le Pere de tous les Etres Intelligens : idée qu'a empruntée d'eux le plus grand Poëte de la gréce, lorsque parlant de Jupiter il dit.

Pere (1) & Roi, des hommes & des Dieux.
(1) Iliad. 4. v. 68. & al.

Il ont nommé le feu, Vulcain, Dieu du premier ordre & qu'ils croyent contribuer le plus à la production & à la perfection de toutes choses. La terre étant comme le sein dans lequel tout reçoit les premiers principes de la vie, ils lui ont donné le nom de Mere. La même vûe l'a fait appeller par les Grecs *Demeter*, mot nouveau qui ne différe que d'une lettre du vieux mot Ghemeter qui signifie terre mere,

De tout Etre la Terre est Mere & bienfai-
    ctrice.

Dit Orphée. L'eau fut appellée Ocean, mot qui veut dire Mere-nourrice. Les Grecs l'ont pris à peu près dans le même sens ; témoin ce vers d'Homére. (1)

L'Ocean & Thetis des Dieux sont l'origine.

Au reste l'Ocean chez les Egyptiens n'est autre que le fleuve du Nil, où ils prétendent que les Dieux ont pris naissance ; parce que de tous les païs du Monde, l'Egypte est le seul qui ait des villes bâties par les Dieux mêmes,

(1) Iliad. 14. v. 311.

tels que font Jupiter, le Soleil, Mercure, Apollon, Pan, Junon, Lucine & plusieurs autres. L'air enfin étoit Minerve qu'ils ont cru fille de Jupiter, née de son cerveau & toujours vierge, parce que l'air est incorruptible & qu'il s'étend jusqu'aux Cieux. Minerve s'appelle aussi Tritogene, des trois temperatures différentes que l'air reçoit dans les trois saisons de l'année. Cette déesse a encore le nom de Glaucopis, non parce qu'elle a les yeux bleus, comme quelques Grecs l'ont trop littéralement interprêté; mais parce que l'air est bleu dans sa profondeur. Ils disent que ces cinq Dieux parcourent de tems à autre, tous les lieux du Monde & apparoissent aux hommes tantôt sous une figure humaine, tantôt sous celle de quelques animaux sacrez; en quoi ajoûtent-ils, ils ne font aucune illusion aux sens; puisqu'étant les auteurs de tout être, ils peuvent prendre réellement toute sorte de figure. C'est ce qu'Homére, qui avoit été chez les Egyptiens & qui avoit eu communication avec leurs Prêtres, fait entendre par ces vers de l'Odyssée. (1)

(1) Odys. 17. v. 485.

Les Juftes Dieux quittant le célefte féjour
De la Terre fouvent viennent faire le tour,
Et d'un voile mortel couvrant leurs traits
    fublimes,
Percer dans le fecret des vertus & des crimes.

Voilà ce que les Egyptiens racontent des Dieux céleftes & immortels.

VII. *Des Dieux terreftres dont quelques-uns ont été Rois en Egypte.*

Il y a auffi felon eux des Dieux terreftres, nez mortels; mais qui par leur propre fageffe ou par les biens qu'ils ont faits aux hommes ont obtenu l'immortalité. Quelques-uns de ceux-ci ont été Rois dans l'Egypte même; & de ces Rois les uns ont eu des noms communs avec certains Dieux & les autres en ont eu de particuliers. Les premiers font par exemple Helius ou le Soleil, Saturne, Rhea, Jupiter que quelques-uns appellent Ammon; Junon, Vulcain, Vefta & Mercure. Helius dont le nom fignifie le Soleil, a regné le premier en Egypte. Quelques-uns des Prêtres donnent pourtant cet avantage à Vulcain inventeur du feu, & difent que ce fut cette invention même qui lui procura la Royauté. Car le feu du Ciel ayant pris à un arbre fur une montagne, & ce feu s'étant communiqué à une forêt voisine, Vulcain accourut à ce nouveau spectacle ; & comme on étoit en hyver, il se sentit très-agréablement réchauffé. Ainsi quand le feu commençoit à s'éteindre il l'entretenoit en y jettant de nouvelle matiére, après quoi il appella ses compagnons pour venir profiter avec lui de sa découverte. Saturne lui succéda, & ayant épousé Rhea sa sœur, il en eut selon quelques Mythologistes Osiris & Isis, ou selon la plûpart d'entr'eux Jupiter & Junon, qui par leur vertu singuliére parvinrent à l'Empire du Monde entier.

Du Mariage de ces deux derniers naquirent cinq Dieux dont la naissance tomba dans chacun des cinq jours intercalaires de l'année des Egyptiens. Ces Dieux sont Osiris, Isis, Typhon, Apollon & Venus. Osiris a été apellé Bacchus, & Isis Demeter ou Cerès. Osiris ayant épousé Isis & succédé au Trône de son pere, fit plusieurs choses utiles à la société humaine. Il abolit la coutume execrable qu'avoient les hommes de se manger les uns les autres, & établit à sa place la cultu-

VIII. Osiris, Isis, & Mercure.

re des fruits. Isis de son côté leur donna l'usage du froment & de l'orge qui croissoient auparavant dans les champs comme des plantes inconnues & négligées. Leurs sujets furent charmez de ce changement, & par la douceur qu'ils trouvérent dans cette nouvelle nourriture, & par l'horreur qu'ils conçurent eux-mêmes de l'ancienne. Pour autoriser cette origine on rapporte une pratique dont les Egyptiens se sont fait une loi : Dans le temps de la moisson, ceux qui recueillent les premiers blez en mettent debout une gerbe autour de laquelle ils pleurent en invoquant Isis, & célébrent ainsi la mémoire de sa découverte dans le temps le plus convenable. Outre cela il y a quelques Villes ou dans les fêtes d'Isis on porte des épis de blé en reconnoissance du grand bienfait dont on se croit redevable à cette Déesse. On dit de plus qu'Isis a donné les premiéres loix aux hommes & leur a enseigné à se rendre justice les uns aux autres, & à bannir d'entr'eux la violence par la crainte du châtiment. C'est pour cela que les Grecs ont nommé Cerès Thesmophore ou Législatrice. Suivant les mêmes Auteurs Osiris bâtit dans la Thebaïde d'Egypte une Ville à cent portes qu'il appella du nom de Junon sa mere, mais que ses descendans ont nommée Diospolis ou ville de Jupiter, connue aussi sous le nom de Thébes. Au reste l'origine de cette Ville est incertaine non-seulement dans les Auteurs, mais encore parmi les prêtres d'Egypte. Car plusieurs d'entr'eux soutiennent que Thébes a été bâtie, non par Osiris, mais plusieurs années après lui, par un Roi dont nous raconterons les actions en leur (1) lieu. Osiris éleva un temple merveilleux par sa grandeur & par sa somptuosité à Jupiter & à Junon, qu'il regardoit comme ses ancêtres. Il en dédia deux autres tous d'or sous le nom de Jupiter; mais le plus grand étoit consacré au Dieu Jupiter & le plus petit à son propre Pere qui se nommoit de même, mais qui fut surnommé Ammon. Il bâtit des Temples de même matière aux autres dieux dont nous avons parlé plus haut; il régla leur culte & établit des Prê-

---

(1) Dans la seconde partie du premier Livre, Art. 4. l'Auteur parle d'un Roi nommé Busiris, à qui quelques-uns attribuent la fondation de Thébes.

tres pour le maintenir. Outre cela Ofiris & Ifis ont chéri & protégé les inventeurs des arts & des autres chofes utiles à la vie. C'eft pour cela que la fabrique de l'or & de l'argent ayant été trouvée dans la Thebaïde, on en fit des armes pour exterminer les bêtes féroces, des inftrumens pour travailler à la terre; & la nation fe poliffant de plus en plus, des ftatues & des temples entiers dignes des Dieux auxquels on les dédioit. Ofiris aima auffi l'agriculture comme ayant été élevé à Nyfa ville de l'Arabie heureufe & voifine de l'Egypte où cet art étoit en honneur. C'eft du nom de Jupiter fon Pere joint à celui de cette Ville, que les Grecs ont fait *Dionyfyus* qui eft chez eux le nom d'Ofiris. Le Poëte (1) fait mention de Nyfa dans un de fes hymnes, où il dit

Affife entre les Bois qui couvrent la montagne,

Nyfe voit l'eau du Nil couler dans la campagne.

(1) Il y a long-tems qu'on a cru tous les hymnes d'Homére fuppofez. Les Vers citez ici ne fe trouvent point dans ceux qui font adreffez à Bacchus, fous le nom de ce Poëte. *Voyez* Fabricius *l. 2. c. 2.*

On dit aussi qu'il observa le premier la Vigne dans le territoire de Nyse, & qu'ayant trouvé le secret de la cultiver, il but le premier du Vin & apprit aux autres hommes la maniére de le faire & de le conserver. Il honora Hermès ou Mercure parce qu'il le vit doué d'un talent extraordinaire pour tout ce qui peut aller au bien de la société humaine. En effet Mercure forma le premier une langue exacte & réglée, des dialectes grossiers & incertains dont on se servoit. Il imposa des noms à une infinité de choses d'usage qui n'en avoient point. Il inventa les premiers caractéres, & régla jusqu'à l'harmonie des mots & des phrases. Il institua plusieurs pratiques touchant les sacrifices & les autres parties du culte des Dieux, & il donna aux hommes les premiers principes de l'Astronomie. Il leur proposa ensuite pour divertissement, la lutte & la danse, & leur fit concevoir quelle force & même quelle grace le corps humain peut tirer de ces exercices. Il imagina la lyre dans laquelle il mit trois cordes par allusion aux trois saisons de l'année : car ces trois cordes rendant trois sons, le grave, l'aigu

& le moyen ; le grave répond à l'Hiver, le moyen au Printems, & l'aigu à l'Eté. C'est lui qui apprit l'interprétation ou l'elocution aux Grecs, qui pour cette raison l'ont appellé Hermès ou Interpréte : il a été le confident d'Osiris qui lui communiquoit tous ses secrets, & qui faisoit un grand cas de ses conseils. C'est enfin lui qui selon les Egyptiens a planté l'Olivier que les Grecs croyent devoir à Minerve.

IX. Exploits ou bienfaits d'Osiris accompagné dans ses voyages de plusieurs grands hommes, mis depuis au nombre des Dieux.

Osiris étant né bienfaisant & amateur de la Gloire assembla, dit-on, une grande armée dans le dessein de parcourir la terre pour y porter toutes ses découvertes, & surtout l'usage du Blé & du Vin : jugeant bien qu'ayant tiré les hommes de leur premiére férocité & leur ayant fait gouter une société douce & raisonnable, il participeroit aux honneurs des Dieux : ce qui arriva en effet. Car non-seulement les hommes qui reçûrent de sa main ces divins presens, mais leurs descendans mêmes, ont regardé comme les plus grands des Dieux ceux auxquels ils devoient leur nourriture. Avant que de partir il laissa à Isis l'administration générale

Livre I. Sect. I.

de son état déja parfaitement reglé. Il lui donna pour conseiller & pour ministre Hermès le plus sage & le plus fidéle de ses amis, & pour général de ses troupes Hercule qui tenoit à lui par la naissance ; homme d'ailleurs d'une valeur & d'une force de corps prodigieuse. Il établit aussi Busiris & Antée pour Gouverneurs, l'un de tout le païs maritime qui est tourné vers la Phénicie & l'autre des lieux voisins de l'Ethiopie & de la Libye. Toutes choses étant ainsi disposées, il se mit en marche à la tête de son armée, emmenant avec lui son frere que les Grecs nomment Apollon. On dit que celui-ci trouva le Laurier que tous les peuples lui ont consacré depuis. Pour le Lierre, les Egyptiens en attribuent la découverte à Osiris même, & le nom qu'ils ont donné au Lierre signifie en leur langue plante d'Osiris. Ils le portent dans les Fêtes qu'ils font en son honneur, comme les Grecs dans celles de Bacchus. Ils le préférent même à la Vigne dans les cérémonies sacrées, parce que la Vigne se séche & perd ses feuilles au lieu que le Lierre demeure toujours vert ; à quoi les anciens ont eu égard dans la confécration qu'ils ont faite de quelques autres plantes à d'autres Divinitez, comme du Myrte à Venus, du Laurier à Apollon & de l'Olivier à Minerve. Ofiris fut auffi accompagné dans cette expédition de deux de fes fils Anubis & Macedon, ils étoient tous deux fort braves, & fe faifoient remarquer par un habillement pris de deux bêtes dont ils imitoient le courage ; car Anubis étoit revétu d'une peau de chien, & Macedon d'une peau de loup : c'eft pour cela que le chien & le loup font en honneur chez les Egyptiens. Il prit encore avec lui Pan fort refpecté dans le pays ; car non-feulement ils placérent depuis fa ftatue dans tous leurs temples, mais encore ils bâtirent dans la Thebaïde une ville qu'ils appellérent Chemmis ou Chemmo, qui en langage Egyptien fignifie ville de Pan. Il fe fit fuivre enfin par deux hommes experts en agriculture, l'un nommé Maron qui s'entendoit parfaitement à la Vigne, & l'autre appellé Triptoleme, qui fçavoit tout ce qui regarde les Blez & le labourage. Tout étant prêt, & Ofiris ayant fait un vœu folemnel de ne fe point rafer la tête qu'il ne fut revenu dans sa patrie, il prit son chemin par l'Ethiopie. C'est-là l'origine de la coutume, qui s'est observée religieusement en Egypte jusqu'à ces derniers tems, de ne se point faire couper les cheveux depuis le jour qu'on sort de son pays jusqu'au jour où l'on y revient. On dit que lorsqu'il passoit par l'Ethiopie on lui présenta des Satyres, especes d'hommes qui sont couverts de poil par tout le corps. Osiris aimoit la joye & prenoit plaisir au chant & à la danse. Il avoit toujours avec lui une troupe de Musiciens, parmi lesquels étoient neuf filles instruites de tous les arts qui ont quelque rapport à la Musique; c'est pourquoi les Grecs les ont appellées les neuf Muses. Elles étoient conduites par Apollon frere du Roi. Ainsi Osiris voyant que les Satyres étoient propres à chanter, à danser & à faire toutes sortes de sauts & de jeux, il les retint à sa suite. Car d'ailleurs il n'eut pas besoin de vaquer beaucoup aux exercices militaitaires ni de s'exposer à de grands périls; parce qu'on le recevoit par tout comme un Dieu qui portoit avec lui l'abondance & la félicité. Ayant donc mis l'agriculture en usage dans l'Ethiopie, & y ayant bâti plusieurs villes considérables, il y laissa des Gouverneurs & d'autres Officiers pour lever les tributs qu'il imposa sur cette province. Ce fut alors & au lever de la Canicule que le Nil, qui croit tout les ans dans cette saison, rompit ses digues & se déborda d'une maniére si furieuse qu'il submergea presque toute l'Egypte, & particuliérement cette partie dont Promethée étoit Gouverneur; de sorte que peu d'hommes échapérent à ce déluge. L'impétuosité de ce fleuve lui fit donner alors le nom d'Aigle. Promethée vouloit se tuer de desespoir, lorsqu'Hercule se surpassant lui-même en cette occasion entreprit par un effort plus qu'humain de réparer les bréches que le Nil avoit faites à ses digues, & de le faire rentrer dans son lit. Voilà le fondement de la fable qui dit qu'Hercule tua l'Aigle qui rongeoit le foye de Promethée. Ce fleuve fut appellé dans le commencement Oceamès, mot que les Grecs ont traduit par celui d'Ocean. On lui donna ensuite le nom d'Aigle pour la raison que nous venons de dire. Il fut appellé depuis

Egyptus du nom d'un Roi d'un pays, d'où vient qu'Homére a dit (1)

Dans le fleuve Egyptus je fis entrer mes voiles.

Car ce fleuve se décharge dans la mer près du lieu appellé Thonis, qui a été autrefois le plus célèbre entrepôt de marchandises qui fut dans l'Egypte; il a enfin reçû du Roi Nileus le nom de Nil qu'il a gardé jusqu'à present.

OSIRIS étant arrivé aux confins de l'Ethiopie fit border le Nil de part & d'autre de puissantes digues, afin que dans ses cruës il ne ravageât plus les campagnes, & qu'il ne s'étendît pour les arroser dans le besoin qu'à proportion qu'on ouvriroit les écluses qu'il avoit fait faire avec beaucoup d'art. Il traversa ensuite l'Arabie le long de la mer Rouge (2) & continua sa route jusqu'aux Indes & aux extrêmitez de la terre. Il bâtit dans

X.
Osiris passe jusqu'aux Indes d'où il revient en Asie & même en Europe, selon quelques-uns.

(1) Odyss. 14. v. 258. C'est Ulysse qui parle.
(2) Ces paroles indiquent que la mer appellée de ce nom par Diodore comme par d'autres Auteurs, étoit celle qui baigne les côtes méridionales de l'Arabie au-delà du détroit de Babelmandel. M. de l'Isle la porte jusqu'aux embouchures du fleuve Indus dans le *Theatrum Historicum, pars Orientalis. an.* 1705. & Rhodoman autorise cette dénomination dans ses notes. p. 356.

les Indes de grandes Villes & entr'autres Nyſa, à laquelle il donna ce nom en mémoire de la ville d'Egypte où il étoit né. C'eſt-là qu'il planta le lierre qui n'eſt demeuré & qui ne croit encore aujourd'hui dans les Indes qu'aux environs de cette Ville. Il s'y exerça auſſi à la chaſſe des Eléphans. Enfin Oſiris fit dreſſer des colonnes pour faire reſſouvenir ces peuples des choſes qu'il leur avoit enſeignées, & il laiſſa pluſieurs autres marques de ſon paſſage favorable dans cette contrée: de ſorte que les Indiens qui le regardent comme un Dieu, prétendent qu'il eſt originaire de leur pays. Delà il vint viſiter les autres nations de l'Aſie. L'on dit même qu'il traverſa l'Helleſpont & qu'il aborda en Europe où il tua Licurgue Roi de Thrace qui s'oppoſoit à ſes deſſeins. Il donna les Etats de ce Roi barbare à Maron qui étoit déja vieux, pour y maintenir les loix & les connoiſſances qu'il leur avoit apportées comme aux autres nations. Il voulut même que Maron bâtit une ville dans ce pays, & qu'il l'appellât Maronée. Il laiſſa Macedon ſon fils Roi de cette province qui a pris le nom de Macédoine, &

il chargea Triptoleme de cultiver tout le territoire de l'Attique ; en un mot parcourant toute la terre il répandit partout les mêmes bienfaits. Nous n'oublierons pas de dire ici qu'en faveur des peuples dont le terroir n'est pas propre à la Vigne, il inventa une boisson faite avec de l'orge & qui pour l'odeur & pour la force n'est guére différente du vin. C'est ainsi qu'Osiris laissa sur toute sa route les fruits heureux de sa sagesse & de sa bonté. Revenu en Egypte il fit part à ses peuples d'une infinité de choses curieuses & utiles qu'il rapportoit de ses longs voyages, & s'attira par tant de bienfaits le nom de Dieu & le culte qu'on rend aux Dieux. Ainsi ayant passé de la terre au Ciel, Isis & Mercure lui firent des sacrifices, & instituérent des initiations avec des cérémonies secrettes & mystérieuses en son honneur.

XI. Mort d'Osiris, & regne d'Isis. Honneurs qu'elle rend à la mémoire de son époux.

AU RESTE quoique les Prêtres eussent caché long-tems la mort d'Osiris & la cause de sa mort, elle se divulgua à la fin. On dit donc qu'Osiris dans le tems qu'il régnoit avec le plus d'équité fut tué par son frere Typhon homme violent & injuste ; & que ce barbare partagea le corps de son frere mort en vingt-six parties, qu'il distribua aux vingt-six complices de son parricide, afin de les engager par cette attestation sacrilége à soutenir l'injustice de son nouveau régne. Mais Isis sœur & femme d'Osiris aidée de son fils Horus poursuivit la vengeance de cet attentat, & ayant fait mourir Typhon & ses complices, elle monta elle-même sur le Trône. Il s'étoit auparavant donné un combat contre ce malheureux parti du côté de l'Arabie, près du village d'Antée, ainsi nommé d'Antée qu'Hercule y avoit tué du tems d'Osiris. La victoire étant demeurée à Isis, elle y recouvra toutes les parties du corps de son mari, excepté celles que la pudeur défend de nommer. Pour cacher la maniére dont elle vouloit l'ensevelir, & rendre en même tems son tombeau célébre & recommandable dans toute l'Egypte, on dit qu'elle eut recours à cette adresse. Elle fit faire autant de figures de cire mêlées d'aromates & de la grandeur d'Osiris, qu'elle avoit trouvé de parties de son corps. Elle mit une de ces parties en chaque figure ; & appellant chaque société de

Prêtres en particulier, elle leur fit jurer qu'ils lui garderoient le secret sur la confidence qu'elle alloit leur faire. Là-dessus elle assura chacune de ces sociétez qu'elle l'avoit préférée à toutes les autres pour être la dépositaire du corps entier d'Osiris; qu'ainsi c'étoit à eux à le porter dans le lieu qu'ils desservoient & à se charger de son culte. Elle enjoignit ensuite à chacune d'elles de choisir un animal tel qu'ils voudroient, qui représenteroit Osiris; auquel on rendroit pendant sa vie les mêmes respects qu'à Osiris & qu'on enseveliroit après sa mort avec les mêmes honneurs. Isis voulant engager les Prêtres par des bienfaits extraordinaires à executer fidellement ses intentions, leur donna en propre le tiers de l'Egypte, pour leur entretien & pour les frais des sacrifices. Les Prêtres persuadez par les discours & par les dons d'Isis, & se ressouvenant des biens qu'ils avoient reçûs d'Osiris même, firent tout ce que la Reine souhaitoit. C'est pourquoi chaque société Sacerdotale se vante jusqu'à ce jour d'avoir le corps d'Osiris, nourrit un animal sacré en sa mémoire, & renouvelle les funerailles de ce Prince à la mort de cet animal. Cependant les Taureaux sacrez & surtout les deux qui s'appellent Apis & Mnevis sont particulièrement en vénération chez les Egyptiens ; parce que ces animaux ont servi plus que tous les autres à celui qu'ils croyent avoir trouvé l'usage du blé, & à tous ceux qui ont perfectionné l'agriculture.

XII.
Mort d'Isis.
On lui rend les honneurs divins.

On dit qu'Isis fit un vœu solemnel de garder à la mémoire de son époux la fidélité qu'elle avoit gardée à sa personne pendant sa vie. Elle acheva un régne heureux par les loix qu'elle fit observer & par les bienfaits dont elle combla ses peuples. Après sa mort, elle participa aux honneurs divins, & son corps fut enseveli à Memphis où l'on montre encore la clôture de son tombeau dans un temple de Vulcain. D'autres soutiennent pourtant que les corps de ces deux divinitez ne sont point à Memphis, mais qu'ils ont été posez dans une Isle du Nil, située auprès des montagnes qui séparent l'Ethiopie de l'Egypte entre des rochers qu'on appelle Phyles ; & que pour cette raison l'Isle même s'appelle le Champ Sacré. Ils apportent pour preuve de ce qu'ils avancent le tombeau superbe qui est dressé à Osiris dans cette Isle, tombeau respecté des Prêtres de toute l'Egypte, & remarquable par les trois cens soixante urnes qui l'environnent. Les Prêtres du lieu remplissent chaque jour ces urnes de lait; & se rangeant à l'entour, ils font des lamentations & prononcent le nom de ces Dieux. Il n'est permis qu'aux Prêtres d'entrer dans cette Isle; & tous les peuples de la Thebaide, qui sont les plus anciens de l'Egypte, regardent comme inviolable le serment qui se fait en attestant le tombeau d'Osiris aux rochers de Phyles. A l'égard de cette partie du corps d'Osiris qu'Isis ne put retrouver; on dit que Typhon l'avoit jettée dans la mer, parce qu'aucun de ses complices n'avoit voulu s'en charger: qu'Isis néanmoins en ayant fait faire une representation la fit honorer comme les autres; & lui attribua même un culte & des sacrifices particuliers de la part des Initiez. Delà vient que les Grecs qui ont emprunté des Egyptiens les mystéres & les orgies de Bacchus ont une Idole semblable qu'ils nomment Phallus, au sujet de laquelle leurs Initiez font de grandes cérémonies dans les fêtes de ce Dieu.

XIII. Erreur des Grecs sur divers Heros Egyptiens qu'ils s'attribuent.

On prétend qu'il s'est écoulé plus de dix mille ans depuis Osiris & Isis jusques au regne d'Alexandre qui a bâti en Egypte la ville qui porte son nom : D'autres écrivent qu'il y en a près de vingt-trois mille. Au reste ceux qui croyent qu'Osiris est né à Thébes en Béotie, de Jupiter & de Semelé, sont dans une erreur dont voici l'origine. Orphée étant allé en Egypte fut initié aux mystéres d'Osiris ; & comme il étoit fort uni avec les descendans de Cadmus fondateur de Thébes en Boeotie, il résolut pour leur faire plaisir de transporter en cette ville de la Gréce, tout l'honneur de la naissance de ce Dieu. Le peuple qui n'approfondit rien & qui d'ailleurs étoit ravi de cette acquisition, prêta volontiers l'oreille au discours d'Orphée, & reçut avec plaisir toutes les cérémonies instituées au nom d'Osiris. Cependant Orphée fonda sa supposition sur l'événement que je vais dire. Cadmus qui étoit véritablement originaire de Thebes en Egypte, eut entr'autres enfans une fille nommée Semelé : celle-ci ayant été abusée depuis l'établissement de Cadmus en

Livre I. Sect. I. 47

Gréce, conçut un fils dont elle accoucha au bout de sept mois, & qui avoit une parfaite ressemblance avec Osiris, de la maniére dont on le représentoit alors dans ses images. Cet enfant mourut bien-tôt soit en punition de sa naissance illégitime, soit par le défaut naturel de sa naissance prématurée. Cadmus sur la réponse d'un Oracle fit dorer son corps embaumé, lui fit offrir des sacrifices, & publia qu'Osiris avoit voulu encore une fois apparoître aux hommes sous cette forme. Il attribua cette renaissance à Jupiter pour rendre son idole plus auguste & pour sauver en même tems l'honneur de sa fille. (1) Orphée très-considéré dans la Thebes grecque dont il étoit devenu Citoyen, adopta cette fable & lui donna un très-grand crédit par la beauté de ses vers, & par la réputation qu'il avoit d'être profond dans toutes les matiéres de Religion. Les secrets de la Théologie Egyptienne qu'il avoit pénétrez lui four-

---

(1) Je supprime ici une demi phrase qui n'est qu'une répétition inutile, comme un grand nombre d'autres, *plures sexcentas* que Rhodoman croit avoir été insérées dans le texte, & dont il seroit assez inutile d'avertir toujours dans une traduction françoise.

nirent toutes les couleurs dont il eut besoin pour faire passer cette nouveauté qui d'ailleurs flattoit les Grecs: & dans les Mystéres qu'il institua on ne manquoit point de dire à tous ceux qui s'y faisoient initier, que Bacchus étoit fils de Jupiter & de Sémelé sans parler même de la renaissance, & malgré la différence prodigieuse des temps. Cette opinion s'est glissée ensuite dans les livres des Mythologistes; & les Poetes qui l'ont suivie dans leurs piéces de Théatre en ont rempli l'esprit des peuples. Au fond, on a toujours accusé les Grecs de s'attribuer l'origine d'un assez grand nombre de Dieux, de Héros, & de Colonies qui ne viennent point de chez eux. Hercule, par exemple, qui a laissé par toute la terre des traces de son courage & qui a planté dans l'Afrique ces fameuses colonnes, par où est-ce que les Grecs peuvent se l'approprier? Tout le monde dit qu'Hercule défendit les Dieux dans la Guerre des Géans; or le tems des Géans ne convient point à l'époque de l'Hercule Grec qui vivoit peu avant la guerre de Troye, il n'y a pas douze cens ans; au lieu que les Géans n'ont

LIVRE I. SECT. I. 49

n'ont paru que dans les commencemens du monde, tems éloigné de nous, felon les Egyptiens de plus de dix mille ans. La Maſſue & la peau de Lion, qu'on a toujours données à Hercule ſont une preuve de ſon antiquité, & font voir qu'il combattoit dans un tems où les armes offenſives & défenſives n'étant pas encore inventées ; les hommes n'alloient à la guerre qu'avec des bâtons & n'étoient couverts que de peaux de bêtes. Les Egyptiens croient Hercule fils de Jupiter, mais ils ne connoiſſent point ſa Mere ; ce n'eſt que dix mille ans après lui qu'un fils d'Alcmene, nommé Alcée à ſa naiſſance, prit dans la ſuite le nom d'Hercule. Ce nom ne fut point donné à Alcée pour marquer ſelon la force du mot *Hercule*, qu'il avoit tiré beaucoup de gloire de la haine de Junon ; ainſi que l'interpréte (1) Matris : mais comme étant devenu grand, il choiſit un genre de vie aſſez ſemblable à celui de l'ancien Hercule, les Grecs ont transferé à celui-ci le nom & la gloire du

---

(1) Matris n'eſt allégué dans Suidàs que comme un nom d'homme en général ; & je ne me ſouviens pas qu'aucun Auteur ait parlé de celui-ci en particulier.

Tome I. C

premier. L'opinion reçûe de tout tems chez les Grecs qu'Hercule a purgé la terre des monstres fait contre eux-mêmes : car des exploits de cette nature ne sçauroient tomber dans les tems de Troye où le genre humain s'étant considérablement accru, on trouvoit partout des villes policées ou des terres cultivées. On ne peut les placer raisonnablement que dans cet âge grossier & sauvage où les hommes étoient accablez par la multitude des bêtes féroces, particuliérement en Egypte, dont la haute Région est encore remplie de ces animaux. Ce fut alors qu'Hercule plein d'amour pour sa patrie extermina ces monstres & livra la campagne tranquille à ceux qui voudroient la cultiver : ce qui le fit mettre au rang des Dieux. On dit aussi que Persée est né en Egypte & que les Grecs ont transféré à Argos la naissance de ce Héros & celle d'Isis même par la fable d'Io changée en Genisse. Il faut pourtant avouer qu'il y a toujours eu une grande confusion de sentimens, au sujet d'Isis & d'Osiris. Les uns, comme nous l'avons déja dit, ont laissé à la Déesse le nom d'Isis, mais d'autres l'ont appellée ou Cerès ou Thefmophore, ou Junon, ou la Lune; & d'autres encore lui ont donné tous ces noms à la fois. Ofiris a été nommé par les uns ou par les autres Serapis, Dionyfius, Pluton, Ammon, Jupiter, & Pan ; quelques-uns affurent pourtant que le Serapis des Egyptiens eft le Pluton des Grecs.

Les Egyptiens prétendent qu'Ifis avoit inventé plufieurs remédes très-falutaires ; & qu'elle avoit une parfaite connoiffance de la Médecine: ils ajoûtent qu'à prefent même qu'elle jouit de l'immortalité, elle prend plaifir à apparoître pendant le fommeil aux hommes qui implorent fon fecours dans leurs maladies. Ils fe vantent d'autorifer cette croyance non par des fables, commes les Grecs, mais par des faits conftans. En effet, difent-ils, tous les peuples du monde rendent témoignage au pouvoir de cette Déeffe par leur culte & par leur reconnoiffance. Elle indique à ceux qui fouffrent les remédes propres à leurs maux : & l'obfervation fidelle de fes avis a fauvé contre l'attente de tout le monde des malades abandonnez des Médecins. On a vû

XIV. Opinions fabuleufes fur Ifis, fur fon fils Horus, fur les Géans, &c.

des gens abfolument privez de la vûë ou qui avoient perdu quelque membre de leurs corps, rétablis dans leur premier état par la confiance qu'ils ont euë en elle. On dit auffi qu'elle compofa un breuvage d'immortalité, & qu'en ayant fait prendre à fon fils Horus qu'elle trouva mort fur le rivage du fleuve, où les Titans l'avoient furpris dans une embufcade; non-feulement elle le reffufcita, mais encore elle le rendit immortel. Il paroît qu'Horus eft le dernier Roi participant de la divinité qui ait gouverné l'Egypte. On dit qu'Horus eft Apollon qui ayant été inftruit de l'art de la médecine & de celui de la divination par fa Mere Ifis, employa l'un & l'autre à l'avantage des hommes, exerçant le fecond par fes Oracles & le premier par fes cures merveilleufes. Les Prêtres d'Egypte dans la fupputation qu'ils font des tems qui fe font écoulez depuis le regne d'Helius ou du Soleil jufqu'au paffage d'Alexandre en Afie, trouvent plus de vingt-trois mille ans. Pour foutenir cette fable, ils difent que les premiers Dieux ont regné chacun plus de douze cens ans, & que les derniers font allez jufques à trois cens. Mais comme un regne de cette durée eft incroyable, quelques-uns de ces Chronologiftes pour fe fauver n'ont pas craint d'avancer que le cours du Soleil n'étant pas encore parfaitement connu, on régloit l'année fur celui de la Lune; & que cette année n'ayant par conféquent que trente jours, il n'eft pas furprenant qu'un feul Roi ait pu vivre douze cens ans; puifqu'à prefent que chaque année a douze mois il y en a qui vivent jufques à cent ans. Ils ont un dénouement à peu près femblable pour les régnes de trois cens ans. Ils ajoûtent que dans la fuite les années ont été compofées de quatre mois qui font la durée de chacune des trois faifons, le Printems, l'Eté & l'Hyver; d'où vient que chez quelques Auteurs Grecs les années s'appellent faifons & les hiftoires des Horographies. Les Egyptiens content auffi que ce fut du tems d'Ifis que parurent ces Monftres à plufieurs corps que les Grecs ont appellez Géans, & que les Prêtres d'Egypte reprefentent encore fous des figures énormes qu'ils accablent de coups dans les facrifices. Les uns disent qu'ils étoient sortis de la terre dans le temps qu'elle produisoit toute sorte d'animaux : d'autres croyent que c'étoient des hommes d'une stature ordinaire, mais qui par leur force & par le nombre de leurs exploits, ont donné lieu à la fable de leur supposer plusieurs corps. Quoiqu'il en soit ils furent tous exterminez dans la guerre qu'ils firent à Jupiter & à Osiris. Les loix de l'Egypte, contraires en ce point à celles des autres nations, autorisent le mariage des freres avec leurs sœurs par l'exemple heureux d'Osiris & d'Isis. Mais de plus comme Isis après la mort d'Osiris son frere & son époux eut le courage de punir ses meurtriers, qu'elle consacra le reste de ses jours à la viduité, & qu'elle regna elle-même avec beaucoup d'équité & d'attention au bien de ses peuples ; la coutume a prévalu en Egypte de rendre plus d'obéïssance & de respect aux Reines qu'aux Rois. Parmi les particuliers même les hommes promettent dans le contrat de Mariage qu'ils seront soumis en tout à leurs femmes.

XV.
Colonnes dressées en

Nonobstant ce que nous avons dit plus haut de la sépulture d'Isis &

LIVRE I. SECT. I. 55
d'Osiris ou à Memphis ou aux Ro- l'honneur
chers de Phyles, je n'ignore pas que d'Isis & d'O-
quelques-uns mettent leurs tombeaux siris.
à Nyse ville de l'Arabie, d'où Bacchus
est souvent appellé Nyseus. On voit
encore dans cette ville deux grandes
colonnes chargées chacune d'une inscription en caractéres sacrez. La colonne d'Isis porte ces mots.

„ Je suis Isis Reine de tout ce pays:
„ j'ai été instruite par Mercure : nul
„ ne peut abolir mes loix. Je suis la
„ fille aînée de Saturne le plus jeune
„ des Dieux. Je suis sœur & femme
„ du Roi Osiris : j'ai donné la pre-
„ miere aux hommes l'usage des fruits.
„ Je suis Mere du Roi Horus : je me
„ leve avec l'étoile de la canicule,
„ c'est moi qui ai bâti la ville de Bu-
„ baste. Réjouissez-vous Egypte qui
„ m'avez nourrie.

Sur la colonne d'Osiris sont gravez
ces mots.

„ J'ai pour pere le plus jeune de
„ tous les Dieux; je suis le fils aîné de
„ Saturne, formé de son plus pur sang
„ & frere du jour. Je suis le Roi Osi-
„ ris, qui suivi d'une armée nombreu-
„ se ai parcouru la Terre entiére de-
C iiij

» puis les sables inhabitez de l'Inde
» jusqu'aux glaces de l'Ourse ; & de-
» puis les sources de l'Ister (1) jusqu'aux
» rivages de l'Ocean ; & j'ai porté
» partout mes découvertes & mes
» biensfaits.

Voilà ce qu'on peut lire encore de ces inscriptions, car le tems a effacé le reste. C'est ainsi que les opinions sur la sépulture de ces Divinitez sont différentes ; parce que les Prêtres qui en sçavent la verité, ne veulent pas la répandre, de crainte d'encourir les peines dont sont menacez ceux qui revélent les secrets des Dieux.

XVI. Colonies des Egyptiens, dont les Athéniens prétendent être la principale.

Les Egyptiens se vantent aussi d'avoir envoyé des Colonies par toute la terre. Belus qu'on croit fils de Neptune & de Libye en mena une à Babylone. On dit qu'ayant fixé son séjour sur les rives de l'Euphrate, il institua des Prêtres sur le modéle de ceux d'Egypte, qu'il exempta de tous impôts & de toutes charges publiques : & que les Babyloniens les appellent Chaldéens. Ceux-ci s'adonnérent à l'étude des Astres, à l'imitation des Prêtres, des Naturalistes, & des Astrologues Egyptiens. On ajoûte que Danaüs ori-

(1) Le Danube.

ginaire aussi de l'Egypte alla bâtir Argos une des plus anciennes villes de la Gréce; & que d'autres chefs tous sortis du même lieu, conduisirent les uns les peuples qui habitent maintenant la Colchide & le Royaume de Pont, les autres le peuple Juif qui occupe le pays situé entre l'Arabie & la Syrie: Delà vient que toutes ces nations font circoncire leurs enfans, coutume qu'elles ont tirée des Egyptiens. On assure encore que les Athéniens sont une colonie des Saïtes peuples de l'Egypte; & les Egyptiens prouvent cette origine en faisant remarquer que de toutes les villes Grecques Athénes est la seule qui porte le nom d'Astu, pris de la ville d'Astu en Egypte: Ils ont d'ailleurs emprunté des Egyptiens la division qu'ils font de la République en trois classes. La premiére est de ceux qui ont eu une éducation distinguée & qui peuvent être admis aux dignitez: cette classe répond à celle des Prêtres Egyptiens. La seconde comprend les habitans de l'Attique, qui sont obligez de porter les armes pour la défense de la ville, à l'imitation des laboureurs de l'Egypte, d'entre lesquels on prend les soldats. Dans la troisiéme enfin sont les ouvriers & tous les hommes de travail qui sont aussi dans l'Egypte un ordre particulier. Ils ajoûtent que les Athéniens ont eu des Egyptiens pour Capitaines ou pour Rois. Petès par exemple, pere de Menesthée qui se trouva au siége de Troye, & qui étoit certainement Egyptien, conduisoit les troupes d'Athénes, & fut ensuite Roi de cette ville. On a dit que ce Petès (1) étoit de deux natures, moitié homme & moitié bête : les Athéniens font semblant d'ignorer le fondement de cette fable ; quoiqu'il soit clair qu'on a voulu marquer par-là que ce Héros, moitié Barbare & moitié Grec, étoit de deux natures. Les Egyptiens soutiennent aussi qu'Erectée Roi d'Athénes étoit Egyptien d'origine, & voici ce qu'ils en racontent. Ils disent qu'une grande famine désolant toute la terre excepté

---

(1) Marsham, chron. can. in-folio, p. 108. & Palmerius, Exerc. p. 96. soutiennent que le nom de Cecrops a été omis ici entre les Egyptiens qui ont gouverné Athénes; & que ce n'est qu'à lui que convient l'épithéte de *diquis de deux natures*. Ils remarquent même que les copistes, outre cette omission, ont interverti l'ordre des noms ; puisqu'Erectée que l'Auteur va nommer étoit pere d'Oinée & grand-pere de Petès dont il vient de parler.

l'Egypte, qui du confentement de tout le monde en fut exempte par la bonté de fon terroir ; Erectée qui avoit déja quelque alliance avec les Athéniens leur porta des Blez & que les Athéniens le firent Roi en reconnoiffance de ce bienfait. Ayant accepté ce titre, il leur enfeigna les facrifices de Cerès & établit à Eleufine les myftéres de cette Déeffe, tels qu'ils fe pratiquoient en Egypte : C'eft ce qui a donné lieu de dire que Cerès étoit venue elle-même à Athénes, & de placer en ce tems-là la découverte des Blez, qui leur furent feulement apportez d'ailleurs fous le nom & fous les aufpices de cette Déeffe. Les Athéniens conviennent eux-mêmes du régne d'Erectée, de cette famine, de la venue de Cerès & du prefent qu'elle leur fit ; mais de plus ils avoüent que les facrifices, les myftéres & toutes les cérémonies d'Eleufine font parfaitement imitez de ce qui s'obferve en Egypte. En effet leurs Eumolpides ou chantres tiennent la place des Prêtres, & leurs hérauts celle des Paftophores. Ils font les feuls de tous les Grecs qui jurent par le nom d'Ifis, & leurs mœurs font très-conformes à celles des Egyptiens. Voila de quoi ceux-ci se vantent avec plus de zêle, à mon avis, pour la gloire de leur Nation que pour la vérité; ajoûtant que la magnificence de leurs Rois & le nombre prodigieux des premiers habitans de l'Egypte a été la cause des transmigrations que nous venons de marquer, & de plusieurs autres que nous passons sous silence; parce que nous ne les voions soutenues d'aucune preuve assez sensible, ou attestées par aucun monument assez certain. C'est-là tout ce que nous avions à dire de la Théologie ou de la Mythologie des Egyptiens. Nous allons maintenant rapporter en abregé ce qui regarde la Géographie & les autres particularitez naturelles du terroir & du fleuve de l'Egypte.

XVII. Description géographique de l'Egypte.

CETTE fameuse contrée s'étend vers le Midy; & par les barriéres que la Nature lui a données, aussi-bien que par la beauté de ses campagnes, elle est au-dessus de tous les Royaumes du Monde. Du côté du Couchant elle est défendue par les plaines desertes de la Libye, dont le passage est non-seulement très-difficile mais encore très-dangereux, tant par le manque absolu d'eau & de vivres que par les bêtes féroces qu'on y rencontre. Les Cataractes & les montagnes qui les entourent en ferment l'entrée du côté du Midy : car le fleuve n'est navigable qu'à cinq mille cinq cens stades (1) en deçà de la Troglotyde & des confins de l'Ethiopie ; & la terre même n'est pratiquable que pour les voyageurs qui peuvent marcher avec un train & une dépense de Roi. L'Orient de l'Egypte est défendu par le fleuve, par un desert, & par un terrain fangeux. Il y a surtout entre la Célé-Syrie & l'Egypte un marais appellé Serbonis, fort étroit dans toute sa longueur qui est de deux cens stades, mais prodigieusement profond & très-dangereux pour ceux qui ne le connoissent pas. Car étant comme une bande d'eau entre deux rivages très-longs & très-sablonneux, les vents violens & perpétuels le tiennent presque toujours couvert de sable ; de sorte qu'il ne fait qu'une même surface avec la terre ferme de laquelle il est impossible de le distin-

(1) J'avertis ici pour toute la suite, que l'évaluation ordinaire des stades est d'en prendre 24. pour une lieue, en donnant à chaque stade 125 pas ; d'où résulte la lieue de 3000 pas.

guer à l'œil. Il y a eu des Capitaines qui y ont péri avec toute leur armée, faute de bien connoître le pays. Le sable accumulé sur cette eau bourbeuse ne céde d'abord que peu-à-peu, comme pour séduire les passans qui continuent d'avancer, jusqu'à ce que s'appercevant de leur erreur, les secours qu'ils tâchent de se donner les uns aux autres ne peuvent plus les sauver. En effet ce composé n'étant ni solide ni liquide, on ne sçauroit nager dans une eau épaissie par le sable & par le limon dont elle est chargée ; & l'on ne trouve nulle part un fond assez ferme pour appuyer le pied & pour s'élancer en haut. Tous les efforts qu'on peut faire ne servent même qu'à attirer le sable qui est sur le rivage & qui acheve d'accabler ceux qui sont pris dans ce funeste piége. Cette plaine s'appelle pour cette raison Barathrum. (1) Voilà les bornes de l'Egypte par raport au continent. Son quatriéme côté qui regarde le Septentrion a pour rempart, une vaste mer & des côtes dont il ne faut pas s'approcher. Car depuis le Promontoire de la Libye, jusqu'à

(1) En François, gouffre, abyme.

Joppé en Célé-Syrie, ce qui fait un espace de cinq mille stades, il n'y a de port assuré que le Phare : tout le reste est une rade dangereuse pour ceux qui ne l'ont pas fréquentée. Les uns croyant aborder, échouent & brisent leurs vaisseaux sur des rochers couverts ; les autres ne découvrant pas l'Egypte qui est fort basse, d'assez loin pour choisir un endroit propre à une descente, vont prendre terre en ces lieux marécageux ou sur ces sables deserts, dont nous avons dit qu'elle étoit entourée. L'Egypte est d'une figure plus longue que large & elle s'enfonce de six mille stades dans le continent sur deux mille qu'elle a le long de la mer. Elle a été autrefois plus peuplée qu'aucun lieu du Monde & elle l'est encore aujourd'hui autant qu'aucun autre. Car sans parler d'un nombre infini de gros villages, elle avoit dix-huit mille villes selon les annales sacrées, & sous le régne de Ptolomée fils de Lagus il en restoit plus de trois mille, qui subsistent encore aujourd'hui. (1) Dans un dénom-

---

(1) Théocrite Idyl. 17. en compte 33339 sous Ptolémée Philadelphe : ce qui me fait soupçonner une erreur par défaut dans le nombre de trois mille.

brement général qui se fit autrefois des Egyptiens on en compta jusqu'à sept millions & aujourd'hui encore il n'y en a guére moins de trois millions. On dit que c'est à la faveur de cette multitude prodigieuse d'habitans que les anciens Rois de l'Egypte ont élevé des édifices, & achevé d'autres entreprises qui éterniseront leur mémoire & feront l'étonnement de tous les siécles. Nous en donnerons bientôt les descriptions particuliéres : Mais à present nous devons parler de la nature du fleuve & des propriétez du terroir de l'Egypte.

XVIII. Description particuliére du Nil.

LE NIL est porté du Midy au Septentrion ; sa source est inconnue (1) parce qu'elle est dans le fond de l'Ethiopie, en des lieux que les ardeurs du soleil rendent inaccessibles. C'est le plus grand fleuve du Monde & qui traverse le plus de pays. Il serpente dans la premiére & la plus longue partie de son cours, & décline tantôt à l'Orient du côté de l'Arabie, tantôt à l'Occident du côté de la Libye. (2) A le suivre dans ses tortuositez

(1) On la connoît aujourd'hui. Voyez l'Afriq. de Dapper, & autres relations.

(2) Nous supprimons ici une phrase où il est parlé de Meroé dont l'Auteur parlera bientôt plus

LIVRE I. SECT. I. 65

depuis les montagnes de l'Ethiopie jusqu'à la mer, il parcourt douze mille stades. En quelques endroits bas il est contenu par ses rivages, mais en d'autres il sort de son lit qui se trouve trop étroit, & se répand du côté de la Libye sur des sables très-profonds qui s'en imbibent jusqu'à le faire disparoître ; ou bien il va remplir du côté de l'Arabie de grands marais & de grands lacs environnez de provinces très-peuplées. Il entre ensuite dans l'Egypte, où il a tantôt plus tantôt moins de dix stades de largeur. Mais d'espace en espace, il se détourne encore à l'Orient ou à l'Occident & remonte même vers le Midy d'où il revient vers le Septentrion. Car ce fleuve dans une grande partie de son cours est bordé de montagnes escarpées qui lui font obstacle & le renvoyent au loin dans les plaines opposées, d'où le poids de ses eaux le raméne à sa premiére route. Nonobstant sa grandeur ; le Nil est celui de

au long. Mais d'ailleurs il est dit dans cette phrase que Meroé a 22 stades ou un peu moins d'une lieue de largeur ; ce qui est bien différent de la largeur de mille stades que l'Auteur lui donne plus bas ; & ce qui prouve que cette phrase est une addition étrangére qui s'est glissée mal-à-propos dans le texte.

tous les fleuves qui coule avec le plus de douceur & d'égalité excepté vers les Cataractes. C'est un endroit qui a environ dix stades de longueur & qui n'est qu'une continuité de fond penchant & rompu, de précipices d'une hauteur prodigieuse & perpendiculaire, & d'ouvertures étroites & embarassées de rochers ou de pierres qui leur ressemblent par leur grosseur. Les eaux qui passent par ces lieux effroyables se couvrent d'écume & font des chûtes & des réjaillissemens, dont le bruit seul porte la terreur dans l'ame des voyageurs d'aussi loin qu'ils commencent à l'entendre : & l'eau y acquiert une vitesse pareille à celle d'une fléche qui part de l'arbaleste. Le Nil, dans ses crues, remplit ces fondriéres, & se met à un parfait niveau. Les barques qui descendent passent quelquefois alors sur la Cataracte, à la faveur d'un vent contraire qui les soutient un peu contre l'impétuosité de l'eau : mais il n'est aucun effort, ni aucun secours qui puissent les faire remonter. Il y a plusieurs Cataractes, mais la principale est celle qui sépare l'Egypte de l'Ethiopie.

LE NIL embrasse plusieurs Isles surtout dans l'Ethiopie : mais la plus grande de toutes est celle ou Cambyse bâtit une ville fameuse à laquelle il donna le nom de sa mere Meroé, lequel est demeuré à toute l'Isle : outre sa capitale elle enferme plusieurs autres Villes considérables. L'Isle entiére a la forme d'un bouclier & l'on dit que sa largeur est de mille stades & sa longueur de trois mille. Elle est défendue du côté de la Libye par des sables immenses, & du côté de l'Arabie par des rivages inaccessibles. On y trouve des mines d'Or, d'Argent, de Fer & de Cuivre, une grande abondance de bois d'Ebéne, & toutes sortes de pierres rares & précieuses. Le nombre des Isles du Nil est presque incroyable ; car on en compte plus de sept cens, outre celles qui composent le Delta. Les Ethiopiens en ayant desseché plusieurs y sément du millet, & quelques autres petits grains. Mais il y en a dont les serpens à tête de chien & d'autres monstres interdisent l'entrée aux hommes. Le Nil se partageant dans l'Egypte & sur la fin de son cours en plusieurs canaux forme le Delta, lieu

XIX.
Isles du Nil. Meroé. Le Delta, les bouches du Nil. Le Canal de communication de la Méditerranée au golfe Arabique. Diverses plantes du fleuve.

ainsi nommé de la lettre Grecque qu'il represente par sa figure. Deux grands bras du Nil en font les côtez, & la mer où il se jette par sept bouches en fait la base. La premiére de ces bouches à commencer par l'Orient se nomme Pélusiaque, la seconde Tanitique, la troisiéme Mendesienne, la quatriéme Phatnitique, la cinquiéme Sebennitique, la sixiéme Bolbitine & la septiéme Canobique; quelques-uns nomment celle-ci Herculienne. Il y a aussi quelques autres canaux ou issues faites de main d'hommes, dont je ne parle point. Sur chaque embouchure est bâtie une ville coupée par le bras du fleuve & rejointe par un pont accompagné de fortifications convenables. On a fait un canal de communication qui va du golfe Pelusiaque dans la Mer (1) Rouge. Necos fils de Psammeticus l'a commencé, Darius Roy de Perse en

(1) L'Auteur employe ici le nom de Mer Rouge pour signifier celle que nous appellons effectivement ainsi, & qui a porté ce même nom en d'autres tems. Nous verrons néanmoins dans la suite qu'il ne l'appellera que Golfe ou sein Arabique, *sinus Arabicus*; & qu'il gardera le nom de Mer Rouge pour celle qui est au-delà du détroit, & qui s'étend le long des côtes méridionales de l'Asie.

continua le travail ; mais il l'interrompit ensuite sur l'avis de quelques Ingénieurs, qui lui dirent qu'en ouvrant les terres, il inonderoit l'Egypte qu'ils avoient trouvée plus basse que la mer Rouge. Ptolémée second ne laissa pas d'achever l'entreprise : mais il fit mettre dans l'endroit le plus favorable du canal des barriéres ou des Ecluses très-ingénieusement construites, qu'on ouvre quand on veut passer & qu'on referme ensuite très-promptement. C'est pour cela que le fleuve prend le nom de Ptolémée, dans ce canal qui se décharge dans la mer, à l'endroit où est bâtie la ville d'Arsinoé. Les deux côtez du Delta qui ressemblent fort à notre Sicile ont chacun sept cens cinquante stades de longueur, mais sa base qui borde la mer en a treize cens. Son continent ou son terrain est partagé par une infinité de petits canaux creusez de main d'homme, qui en font le plus délicieux endroit de l'Egypte. Car étant arrosé du Nil, qui dans ses débordemens annuels, charrie partout un limon fécond par lui-même, & cet arrosement étant encore étendu & multiplié par la machine appellée Cochlea, inventée par notre fameux Archimede; il n'est pas surprenant que le Delta produise toutes sortes de grains & de fruits. Les mêmes eaux coulant encore plus doucement & séjournant encore plus long-tems dans les lieux bas y forment des étangs dont le fond est rempli de toutes sortes de semences. En effet on y trouve des espéces très-particuliéres de racines, de plantes, & d'herbages. Les indigens & tous ceux qui ne peuvent gagner leur vie y ont recours, & elles fournissent de plus des repas variez & même délicieux. On fait du Lotos qui y croit en abondance une sorte de pain qui suffiroit seul pour la nourriture de l'homme, & le Ciborion produit la fève d'Egypte qui est un manger d'un goût exquis. On voit aussi dans le Delta des arbres sans nombre; les uns s'appellent Persiques, dont le fruit est excellent & qui ont été apportez de l'Ethiopie dans l'Egypte au tems de l'expédition de Cambyse : les autres se nomment Sicanins, & portent des mûres ou des figues presque toute l'année; les pauvres y trouvent une ressource perpétuelle. Il y a une autre espéce de fruit appellé Bate, que le fleuve laisse dans la campagne en se retirant & qu'on mange à la fin des repas à cause de son extrême douceur. Les Egyptiens font aussi de la Biere. Ils se servent pour leurs lampes de l'huile d'une certaine plante appellée Cici : Enfin l'Egypte produit une infinité d'autres choses qui satisfont à tous les besoins de la vie, & dont il est impossible de faire ici l'énumération.

Le Nil nourrit plusieurs animaux de formes très-différentes ; mais il en a deux principaux, le Crocodile & l'Hippopotame ou Cheval du fleuve. Le Crocodile de très-petit qu'il est d'abord devient très-grand ; car l'œuf qui le produit est à-peu-près semblable à celui d'une Oye ; & quand l'animal en est sorti, il croît jusqu'à seize coudées ; il vit plus que l'homme ; il n'a point de langue. La nature a muni son corps de défenses merveilleuses : car il est couvert d'écailles extroardinairement fortes. Il a plusieurs dents des deux côtez de la gueule ; mais il en a deux qui en sortent & qui sont beaucoup plus grandes que les autres. Il devore non-

XX. Animaux du Nil : le Crocodile, l'Hippopotame, l'Ichneuman, &c.

seulement les hommes ; mais encore tous les animaux qui viennent trop près du fleuve : il fait des morsures profondes & cruelles : il déchire même sa proye avec les griffes, & la chair que sa dent ou son ongle ont une fois touchée ne se rétablit jamais. Les Egyptiens alloient autrefois à la chasse ou plûtôt à la pêche de ce monstre avec de forts hameçons garnis de chair de porc : maintenant ils les prennent dans de gros filets comme les autres poissons, & les tuent de dedans leurs barques en les frappant sur la tête avec des crampons de fer. Il y en a une multitude étonnante le long du fleuve & des étangs voisins, parce qu'ils multiplient beaucoup & qu'on ne les tue que fort rarement. Quelques-uns des habitans de l'Egypte les regardent comme des Dieux, & d'autres plaignent la peine qu'on a à les prendre parce qu'ils ne valent rien à manger. Cependant la Nature a donné aux hommes un secours contre la multiplication de cet animal qui seroit excessive. C'est l'Ichneumon, autre animal de la grosseur d'un petit chien qui cherche sans cesse les œufs des Crocodiles pour les casser ;

&

& ce qu'il y a de merveilleux ; c'est qu'il ne les mange point & paroît ainsi condamné par la nature à un travail qui n'est utile qu'à l'homme. L'Hippopotame ou cheval du fleuve n'a pas moins de cinq coudées de long; il a quatre pieds & l'ongle fendu comme le bœuf. De chaque côté de sa gueule sont trois défenses, plus grandes que celles des sangliers. Il a les oreilles, la queue & le hannissement du cheval ; mais la forme entière de son corps diffère peu de celle de l'Eléphant : sa peau est plus dure que celle d'aucun animal que ce soit. Comme il est amphibie, il passe le jour au fond des eaux où il fait toutes sortes de tours & de mouvemens ; & la nuit il va dans les campagnes voisines où il mange les blez & les foins: de sorte que si son espéce étoit plus féconde qu'elle ne l'est, & que sa fémelle portât tous les ans, cet animal feroit de très-grands ravages dans les campagnes. On a aussi la manière de le tuer & de le prendre. Quand il en paroit un, les pêcheurs l'environnent avec plusieurs barques & après l'avoir blessé avec quelque instrument de fer, on trouve moyen de le tirer avec une corde au bout de laquelle on lui laisse perdre tout son sang par les efforts qu'il fait pour s'en dégager. Sa chair est extrêmement dure & difficile à cuire ; mais il faut jetter absolument toutes ses entrailles dont on ne sçauroit manger. Outre les animaux dont nous venons de parler, le Nil enferme dans ses eaux un nombre incroyable d'autres poissons ; & fournit à toute l'Egypte non-seulement de ceux qui sont excellens à manger frais, mais beaucoup plus encore de ceux qui se conservent dans la saumure.

XXI. Fertilité que le Nil procure à l'Egypte.

Ce Fleuve est sans contredit celui de tous les fleuves de la terre dont le voisinage est le plus avantageux. Car commençant son débordement au solstice d'Eté il croit jusqu'à l'équinoxe d'Automne. Ses eaux se répandent d'abord sur toutes sortes de terres & de plans : mais comme leur crue se fait avec beaucoup de douceur ; les laboureurs les détournent, les reçoivent & les laissent séjourner sur leurs champs autant qu'ils veulent, par le moyen de quelques élévations de terre qu'ils abbattent ensuite quand ils le jugent à propos. Ces avantages naturels abrégent tellement les travaux de la campagne que la plûpart des laboureurs ayant femé leur champ, quand il eſt ſuffiſamment deſſéché, n'y font aucune autre façon que d'y envoyer leurs troupeaux pour engraiſſer un peu la terre; & au bout de quatre ou cinq mois ils y viennent faire la moiſſon. D'autres ſe contentant de remuer la ſuperficie de leur champ encore humide avec une légére charrue, recueillent enſuite des monceaux de blez : de ſorte que l'Agriculture qui chez les autres Nations eſt un des plus grands travaux de la vie, & dont les frais même ne ſont pas toujours égalez par la récolte, n'eſt chez les Egyptiens qu'un exercice ou une occupation ſans fatigue & ſans dépenſe. La Vigne ayant été arroſée de même par le Nil fournit du vin abondamment. Et lorſque ſans enſemencer les terres, on les abandonne aux troupeaux quand le Nil s'eſt retiré; les Brebis portent deux fois & fourniſſent deux fois de la laine dans une année à cauſe de l'excellence des pâturages.

LE DEBORDEMENT du Nil a une particularité qui ſeroit à peine croya-

XXII.
Débordemens du Nil.

ble sans le témoignage de tous ceux qui en sont témoins. C'est qu'au lieu que les autres fleuves commencent à baisser à l'entrée de l'Eté & se trouvent toujours très-bas dans le fort des chaleurs ; le Nil au contraire commence à croître dans le solstice d'Eté, comme nous avons déja dit, & augmente tous les jours, jusqu'à ce qu'il couvre presque toute l'Egypte en l'équinoxe d'Automne : après quoi diminuant dans la même proportion qu'il avoit crû, il se trouve le plus bas qu'il puisse être dans le solstice d'Hyver. Comme les villes & la plûpart des terres sont entourées de petites digues faites de main d'homme qui soutiennent les eaux dans le tems du débordement ; les différentes piéces de terre qui demeurent à sec au milieu de cette inondation representent parfaitement les Isles Cyclades au milieu de la mer Ægée. Les animaux sauvages qui pour la plûpart se laissent surprendre par le débordement, y périssent. Il y en a pourtant quelques-uns qui échapent en se sauvant sur les hauteurs. Pour les bestiaux ; on les nourrit dans les villages avec du fourrage qu'on a eu la précaution de leur amasser. Mais les peuples de la campagne, qui sont alors dispensez de tout travail, passent ce tems-là en repas & en toutes sortes de plaisirs. Le débordement du Nil se faisant craindre avant que l'on en connût le tems & la mesure ; les Rois de Memphis ont fait élever une tour, pour l'observer. Ceux qui sont commis à ce soin écrivent dans les provinces ce qu'ils remarquent jour par jour de l'augmentation & de la diminution du fleuve. Les observations annuelles & quelquefois différentes sont conservées soigneusement dans les regiſtres publics : de sorte que les peuples se tiennent desormais tranquilles sur ce sujet, & jugent même de la prochaine récolte par la différence des hauteurs de l'eau.

LE PHÉNOMÈNE étonnant de ce débordement périodique a exercé jusqu'à present la plûpart des Philosophes & des Historiens qui ont essayé d'en découvrir la cause. Nous rapporterons ici les principales explications qu'ils en ont données, pour ne pas omettre une question qui excite la curiosité de tous les esprits : mais nous les rapporterons en abrégé pour ne

XXIII. Différentes opinions des Philosophes sur la source du Nil.

nous pas trop éloigner du fil de notre histoire. Quelques Physiciens qui ont parlé des plus petits ruisseaux n'ont pas dit un mot des sources du Nil, de ses embouchures, ni de ses débordemens ; comme s'ils avoient craint de s'embarrasser dans les singularitez surprenantes du plus grand fleuve de la terre : d'autres qui ont été plus hardis n'en ont pas été plus heureux. Hellanicus (1) par exemple, Cadmus, Hécatée & tous les anciens se sont jettez dans les fables les plus absurdes. Hérodote qui a été un des plus curieux & des plus sçavans historiens que nous connoissions, paroît

---

(1) Il y a eu deux Hellanicus, l'un de Mitylene & l'autre de Milet, le premier plus âgé de 12 ans qu'Hérodote, & l'autre postérieur au premier ; mais dont on ne sçait pas bien le tems. Voyez Vossius, Historiens Grecs. l. 4. c. 5. Cet Auteur ajoute qu'il est difficile de les distinguer l'un de l'autre quand on ne les désigne pas par le nom de leur patrie : parce que tous deux ont été Historiens.

Cadmus de Milet avoit écrit l'histoire de sa Ville & de toute l'Ionie, un peu avant l'expédition des Perses contre les Grecs, Voss. l. 4. c. 1.

Hecatée de Milet a fleuri au commencement du régne de Darius fils d'Histaspe, ainsi il est plus ancien qu'Hérodote. Il y a eu un autre Hecatée d'Abdere contemporain d'Alexandre. Id. l. 1. c. 1.

Hérodote d'Halicarnasse surnommé le Pere de l'histoire. Son ouvrage est divisé en neuf Livres dont chacun porte le nom d'une Muse. Il le recita aux fêtes des Panathénées la 3. année de l'Olympiade 83. 445 ans avant Jesus-Christ. Il est le plus ancien des Auteurs profanes en prose qui nous

avoir adopté des opinions contradictoires. Thucydide & Xenophon, qui ont été estimez pour la verité de leurs narrations, se sont abstenus de dire un seul mot de ce qui concerne l'Egypte. Ephore au contraire & Theopompe, qui se sont beaucoup étendus sur ce sujet, n'ont jamais rencontré le vrai, qu'ils n'ont même jamais cherché sur les lieux. En effet, avant Ptolémée Philadelphe aucun Grec n'avoit été jusqu'au fond de l'Egypte, bien loin d'avoir pénétré jusques dans l'Ethiopie ; & l'on ne vouloit pas risquer la découverte laborieuse & même dangereuse d'un pays inhabité. Mais depuis que ce Roi y eut mené une armée toute com-

---

restent de l'antiquité.

Thucydide successeur d'Herodote dans l'histoire : il l'avoit vû & entendu lui-même étant encore fort jeune. Il nous a laissé huit livres de la guerre du Péloponnése, que la mort l'empêcha d'achever. Quelques-uns même croyent que le huitiéme n'est pas de lui. *Idem. lib.* 1. *cap.* 4.

Xenophon Capitaine, Philosophe & Historien célébre, a vécu du tems du jeune Cyrus, à l'occasion duquel il a écrit la Cyropédie ou l'éducation du grand Cyrus. Nous avons encore de lui Le retour des dix mille Grecs. La suite de la guerre du Péloponnése commencée par Hérodote. La vie d'Agésilas, &c. *Idem. Ib. c.* 5.

Ephore de Cumes. *Voyez ci-dessus art.* 4. Theopompe de Chio le plus fameux des disciples d'Isocrate, & grand Historien. Vossius parle de lui très au long. *l.* 1. *c.* 7.

posée de Grecs, on a visité les lieux avec plus d'exactitude & l'on a eu des relations plus fidéles que celles des anciens. Cependant aucun écrivain n'a encore dit qu'il eût vû les sources du Nil; ni qu'il eût parlé à aucun voyageur qui prétendît les avoir vûes, de sorte qu'on n'a encore que des conjectures sur cette matiére. Les Prêtres d'Egypte prétendent que ce fleuve prend son origine de l'Ocean qui environne toute la terre, résolvant ainsi une difficulté par une autre, & donnant un fait difficile à croire pour réponse à une question embarrassante. Les Troglodytes appellez Molgiens, que les chaleurs des lieux élevez qu'ils habitoient, ont fait retirer dans les demeures basses & couvertes qu'ils occupent aujourd'hui, alléguent des observations qui porteroient à conclure que le Nil se forme de plusieurs petites sources qui se rassemblent en un seul canal. Ils ajoûtent même que ce sont ces sources différentes qui donnent au Nil une fécondité si générale. Les habitans de Meroé auxquels il semble qu'on pourroit s'en rapporter plus sûrement, puisqu'ils n'ont aucun commerce avec les peuples chez qui les fables ont pris naissance, & que d'ailleurs ils doivent être voisins des sources du Nil, les connoissent néanmoins si peu qu'ils appellent le fleuve même Astape (mot qui signifie en leur langue, fleuve de ténébres) pour marquer qu'ils avoüent leur ignorance sur son origine & sur une grande partie de son cours. Le sentiment le plus vrai-semblable pour nous, doit être celui où il paroîtra le moins de fictions ou de suppositions. Je sçai qu'Herodote plaçant la Libye (1) à l'Orient & à l'Occident du Nil, écrit que les Libyens appellez Nasamones connoissent ce fleuve plus exactement qu'aucun autre peuple, & il dit sur leur rapport que le Nil prenant sa source dans un lac, traverse ensuite le pays immense de l'Ethiopie. Si Herodote avoit prouvé ce fait, ou que l'on put croire les Libyens sur leur parole, c'est-là ce qui paroît le plus approchant de la verité.

APRE's avoir parlé des sources du Nil, nous passerons à ses déborde-

XXIV.
Conjectures
sur la cause

---

(1) La Libye prise pour l'Afrique en général. Voyez Herodote, *l.* 2.

des débordemens du Nil. Premiere conjecture.

mens. Thalès (1) un des sept sages de la Gréce, dit que les vents Etesiens (2) qui soufflent contre les embouchures du Nil empêchant ses eaux d'entrer dans la Mer, les font regorger dans toute l'Egypte qui est un pays plat & fort bas. Quelque vrai-semblance que puisse avoir cette opinion il est aisé de la combattre. Car si cela étoit tous les fleuves dont les embouchûres sont exposées aux vents Etesiens seroient sujets au même débordement; ce qui n'arrivant à aucun autre fleuve dans le monde, il faut chercher une cause propre & particuliére au Nil. Le physicien Anaxagore (3) rapporte ce débordement aux neiges qui fondent dans l'Ethiopie: & le poëte Euripide son disciple a suivi ce sentiment dans les vers où il dit.

Seconde conjecture.

Sortant (4) des lieux brulez qui recélent sa source,

(1) Thalès de Milet un des plus célébres Philosophes de la Gréce. On place sa naissance en la 36. Olympiade 632 ans avant J. C. Il y a eu un autre Thalès de Créte plus ancien, & qu'on place au tems d'Homére.

(2) Vents annuels ou réglez.
(3) Anaxagore de Clasoméne. *Voyez* ci-dessus au commencement de cette Section.
(4) Ces Vers sont tirez d'une piéce d'Euripide nommée Archelaüs, dont

Le Nil croit & devient une mer dans sa
 courſe ;
Quand les Neiges formant d'innombrables
 ruiſſeaux
Du haut des monts voiſins vont ſe rendre
 en ſes eaux.

Il n'eſt pas beſoin d'employer une longue réfutation contre une pareille idée ; puiſqu'il ne ſçauroit tomber de la neige dans un pays ſujet à des chaleurs auſſi exceſſives que le ſont de l'aveu de tout le monde celles de l'Ethiopie : En effet on ne connoît là ni glace, ni froid, ni aucune apparence d'hyver, ſurtout dans le tems du débordement. Mais quand même on accorderoit qu'il pût neiger au-delà de l'Ethiopie, on ſçait qu'un fleuve groſſi par les neiges rend l'air plus froid & plus peſant : Or le Nil eſt le ſeul de tous les fleuves ſur lequel il ne s'a-

il reſte un fragment d'environ 70 vers, recueilli par M. Barnès dans ſa belle édition d'Euripide à Cambrige. Mais la citation en eſt tronquée dans Diodore, car le participe λιπὼν dans le premier vers cité par l'Hiſtorien, ſe rapporte à Danaüs nommé par le Poëte dans un vers précédent : lequel Danaüs quitta les rivages du Nil pour venir à Argos. Comme il ne s'agit ici que du débordement du fleuve cauſé par les neiges fondues ; je n'ai eu que cet objet dans la traduction françoiſe.

D vj

masse jamais de nuages & aux environs duquel il ne souffle jamais de vent froid. Hérodote dit que le Nil est naturellement de la grandeur dont il paroît dans son débordement; mais que pendant notre hyver, le soleil qui s'approche de ses sources attire à lui une partie de ses eaux. Cet astre, continue-t-il, revenant en Eté sur les fleuves de la Gréce & des régions Septentrionales, les diminue & les fait baisser par la même raison, dans le tems que le Nil augmente. Cette explication frappe d'abord en ce qu'elle satisfait par un seul & même principe aux deux phénoménes opposez qui se succédent. Mais on y répond que si le Soleil attiroit pendant l'Hyver les eaux du Nil, il attireroit aussi celles des autres fleuves de l'Afrique, dont les sources sont dans le même climat. Cependant aucun de ces fleuves ne baisse dans ce tems-là ; ainsi cette explication ne se soutient pas : En effet ce n'est pas l'éloignement du Soleil, mais ce sont les grandes pluyes qui font croître les fleuves de la Gréce pendant l'Hyver. Démocrite (1),

Troisiéme conjecture.

Quatriéme conjecture.

---

(1) Démocrite d'Abdere fleurissant en la 80. | Olympiade 456 ans avant J. C. On dit qu'il

Abderitain dit qu'à la verité il ne neige point dans tout l'espace de la Zone Torride, malgré ce qu'Anaxagore & Euripide ont supposé contre toute vrai-semblance; mais que les vapeurs froides & humides, suspendues entre les Tropiques & les Poles, demeurent congelées en l'air, jusqu'à ce que les chaleurs de l'Eté les fassent dissoudre. La pluye qui tombe alors en abondance fait élever les nouvelles exhalaisons de la terre jusqu'au plus haut de la moyenne région de l'air où elles s'amassent en nuages: Les vents Etesiens poussent devant eux ces nuages jusques à ce qu'ils rencontrent les montagnes de l'Ethiopie, qui étant d'une hauteur prodigieuse ne leur permettent pas d'aller plus loin: L'impétuosité seule avec laquelle ils vont donner contre ces montagnes les fait rompre & tomber en pluye vers les sources de ce fleuve; & delà vient que le Nil s'enfle au tems des vents Etesiens. Cette explication ne s'accorde point avec le vrai tems du débordement. Car le Nil commence à croî-

---

avoit eu commerce avec les Prêtres Chaldéens & les Gymnosophistes des Indes. Il est vrai du moins qu'il étoit consommé dans tous les genres de philosophie qui régnoient alors.

tre dans l'Eté avant que les vents Etesiens ayent soufflé, & il ne finit qu'en l'équinoxe d'Automne, long-tems après qu'ils ne soufflent plus. Ainsi l'expérience détruit ce systême qu'on peut estimer comme ingénieux ; mais qu'on ne doit pas admettre comme vrai. Je pourrois ajoûter que les vents Etesiens ne viennent pas plus du Septentrion que de l'Occident, car on appelle Etesiens les vents qui viennent du couchant d'Eté aussi-bien que ceux qui viennent du Pole. D'ailleurs rien n'est moins connu ni moins prouvé que ces hautes montagnes qu'on suppose dans l'Ethiopie. Ephore a donné une explication plus nouvelle que toutes les autres de l'effet dont il s'agit. Il l'a rendue la plus vrai-semblable qu'il lui a été possible sans la rendre plus véritable. Il prétend que toute l'Egypte n'est qu'une terre amassée ou accumulée par le fleuve même ; laquelle, par conséquent est demeurée spongieuse & pleine de fentes, qui contiennent une grande quantité d'eau. Cette eau y demeure enfermée pendant l'Hyver, mais en Eté elle en sort de toutes parts comme par une espéce de sueur ou de suintement, &

Cinquiéme conjecture.

c'est ce qui fait groſſir le fleuve. Un Auteur qui raiſonne ainſi paroît non-ſeulement n'avoir jamais vû l'Egypte, mais n'avoir pas même interrogé ceux qui l'ont vûe. Car en premier lieu, ſi c'étoit des eaux enfermées dans le terroir de l'Egypte que le fleuve prit ſon accroiſſement ; il s'enſuivroit qu'il ne devroit point croître dans tous les lieux qui ſont au-deſſus de l'Egypte comme l'Ethiopie, où il ne trouve pour fond qu'un terrain aride & couvert de roches ; & où il coule pourtant l'eſpace de ſix mille ſtades ſujet aux mêmes débordemens que dans l'Egypte. En ſecond lieu, ſi ces fentes ou ces ouvertures du lit du fleuve ſont plus hautes que le fleuve dans ſon cours ordinaire, on les appercevroit en certains tems ; & d'ailleurs elles ne ſçauroient contenir cette immenſe quantité d'eau : Si au contraire elles ſont plus baſſes, l'eau qu'elles enferment ne ſçauroit monter pour venir gagner le fleuve. Enfin on ne comprend pas comment une eau qui ne ſort de la terre que par une eſpece de ſuintement eſt capable de cauſer un débordement qui inonde toute l'Egypte. Je n'inſiſte point ſur ce qu'on ſuppoſe gratuitement que l'Egyte étant une terre accumulée soit pleine de réservoirs d'eau : mais l'effet qu'on en conclut est manifestement imaginaire. Car le Méandre a formé dans l'Asie un terrain du limon qu'il a charrié. L'Acheloüs a fait la même chose dans l'Acarnanie, & le Cephise a amené dans la Bœotie des terres qu'il a prises en passant par la Phocide. Cependant il n'arrive à aucun de ces fleuves rien de semblable au débordement du Nil. Après tout il ne faut pas être surpris de trouver Ephore peu exact sur cet article, puisqu'il ne paroît jamais chercher le vrai dans ses narrations.

Sixiéme conjecture. Les Philosophes de Memphis apportent une raison de ce même effet à laquelle plusieurs se rendent, quoiqu'elle paroisse moins recevable par elle-même que difficile à convaincre de fausseté. Ils disent que le Monde est partagé en trois Zones. L'une est la Septentrionale que nous habitons ; l'autre est la Méridionale habitée aussi, mais qui a l'alternative de nos saisons ; la troisiéme qui sépare l'une & l'autre est rendue inhabitable par les grandes chaleurs. Si le Nil avoit sa source dans notre Zone, il croîtroit en Hyver, parceque cette saison améne les grandes pluyes; mais puisqu'il croit en Eté, il est à croire qu'il y a des lieux qui ont l'Hyver pendant que nous avons la saison contraire; & que ce fleuve ayant là ses sources nous apporte ici ses eaux grossies dans le climat qui nous est opposé. C'est pour cela même, ajoutent-ils, qu'on ne peut découvrir les sources du Nil, parce qu'il faudroit traverser la Zone inhabitable pour y arriver. L'extrême douceur des eaux de ce fleuve est selon eux une preuve de son passage sous la Zone torride; parce, disent-ils, que le propre de la chaleur & de la coction est d'adoucir tout ce qui est humide. Il se présente néanmoins une objection sensible contre ce sentiment; (1) sçavoir qu'il est impossible que le fleuve s'éleve pour venir d'une partie de la terre qui nous

(1) Diodore lui-même fait ici un mauvais raisonnement; en ce que la terre n'a réellement ni haut ni bas dans les différens points de sa rondeur; & que sa pesanteur n'a lieu que dans le sens de la circonférence au centre: les fleuves coulant par l'élévation accidentelle de leur source ou de leur lit sur le niveau de la mer. C'est par cette cause accidentelle que dans la même Zone les uns vont du côté du Midy & les autres du côté du Nord; sans parler de ceux qui coulent à l'Orient ou à l'Occident. Cette erreur de Diodore

seroit inférieure, si l'on fait attention que la terre est ronde : ainsi quand même ces Philosophes nous éblouiroient là-dessus par leurs raisonnemens, on sentira toujours que la Nature s'oppose à cet effet. C'est en vain qu'ils croyent échaper à nos difficultez, en nous renvoyant au-delà d'un pays inhabitable, pour vérifier leur proposition : Car c'est à celui qui avance un fait physique à en établir la certitude par des témoignages constans, ou du moins à en prouver la possibilité par des principes déja reçûs. Or pourquoi le Nil seroit-il le seul de tous les fleuves du Monde qui nous vint de ce climat opposé, où il doit y en avoir à-peu-près autant que dans le nôtre ? La preuve qu'ils tirent de la douceur des eaux du Nil est absolument frivole. Car si ses eaux cuites pour ainsi dire, par la chaleur avoient perdu leur disposition naturelle & primitive, elles ne produiroient pas, comme elles font, tant d'espéces différentes de poissons & d'autres animaux ; puisque toute li-

---

a déja été observée par Latinus Latinius qui a fait des corrections sur divers Auteurs dans son livre intitulé *Bibliotheca Sacra & profana*, vol. 2, p. 76.

queur qui a été altérée & changée par le feu n'est plus propre ni à la génération ni à l'entretien d'aucun être vivant: ainsi la fécondité du Nil étant contraire à cette explication elle n'est pas meilleure que les précédentes. Œnopide (1) de Chio dit que les eaux souterraines sont froides l'Eté & chaudes l'Hyver; ce qu'il prouve par l'expérience des eaux de puits où l'on remarque en effet cette contrariété. De-là vient, ajoûte-t-il, que le Nil baisse en Hyver: car comme d'ailleurs il ne pleut point en Egypte, la chaleur qui est concentrée dans la terre en cette saison consume les eaux & diminue le fleuve; au lieu qu'en Eté la fraicheur naturelle de son fond entretient son abondance naturelle. Ce sentiment est encore détruit par la comparaison des autres fleuves de la Libye, qui coulent dans le même sens que le Nil & qui en sont même très-voisins, lesquels néanmoins grossissant en Hyver & baissant en Eté, prouvent que ce Philosophe cherche à détruire la verité par des vrai-sem-

Septiéme conjecture.

Œnopide de Chio Mathematicien & Astronome, qu'on croit postérieur de quelques années à | Anaxagore, dont le tems est assez connu par son disciple Periclés.

Huitiéme conjecture.

blances. Agatarchides de Cnide (1) semble avoir mieux rencontré quand il dit qu'il pleut continuellement sur les montagnes d'Ethiopie depuis le solstice d'Eté jusqu'à l'équinoxe d'Automne ; & qu'ainsi le fleuve doit augmenter dans cet intervalle par le concours des torrens ; au lieu que l'Hyver il ne tire ses eaux que de ses sources. (2) Mais enfin, ajoûte-t-il, quoique personne n'ait encore démontré clairement la cause de ce Phenoméne, on ne doit pas mépriser son explication particuliére. La nature nous offre une infinité d'autres effets dont il ne seroit pas plus aisé de rendre raison. Cependant une preuve de son sentiment est ce qui arrive en certains endroits de l'Asie sur les confins de la Scythie, par exemple, du côté du Mont Caucase. L'Hyver étant entiérement passé, il est immanquable de voir tomber plusieurs jours de

---

(1) Agatarchides de Cnide avoit écrit l'histoire de l'Europe & de l'Asie sous Ptolémée sixiéme ou Philometor. Il est peut-être le même que l'Agatarchides de Samos. Car il ne seroit pas le seul que les anciens eussent de- signé indifféremment & par le lieu de leur naissance, & par ceux de leur habitation ou de leur mort. *Voyez* Vossius *l.* 1. *c.* 20.

(2) Cette derniére explication est admise par les Naturalistes modernes.

suite une quantité prodigieuse de neige. Au Septentrion des Indes c'est une grêle furieuse par sa grosseur & par son abondance qui a aussi ses tems marquez: A l'entrée de l'Eté il pleut toujours aux environs du fleuve Hydaspe, & la même chose arrive en Ethiopie: Ce sont comme des tempêtes réguliéres dont le retour est toujours certain. Ainsi comme les Barbares voisins de cette contrée rendent le même témoignage, il ne seroit pas surprenant que les pluyes des montagnes de l'Ethiopie fissent croître le Nil tous les Etez. Or quoi que le contraire arrive dans notre climat cela ne rend point incroyable le fait allégué. Ne sçait-on pas que le vent du Midy qui nous améne la pluye fait le beau temps vers l'Ethiopie, & que les Aquilons qui sont violens en Europe sont doux & foibles en Afrique. Nous pourrions faire une dissertation beaucoup plus longue sur toutes ces opinions, mais nous nous contenterons de ce que nous avons dit jusques à present pour ne pas sortir de la briéveté que nous nous sommes prescrite. Au reste ayant dessein de diviser ce premier Livre en deux parties à cause de sa longueur, nous achevons ici la première pour placer dans la seconde ce qui concerne l'histoire de l'Egypte, c'est-à-dire la suite de ses Rois & la description des anciennes mœurs du pays.

Fin de la premiére Section.

LIVRE PREMIER.
SECTION SECONDE.

LA premiére partie de ce Livre, après une Préface générale sur tout l'ouvrage, contient l'explication des sentimens différens que l'on a eus sur la formation & sur la constitution de l'Univers. Nous avons parlé ensuite des Dieux qui ont bâti des villes dans l'Egypte & qui leur ont donné leur nom. Nous avons dit quelle étoit la maniére de vivre des premiers hommes. Nous avons marqué l'origine du culte des Dieux & la fondation des premiers temples. Delà nous sommes venus à une description exacte de l'Egypte; nous avons rapporté tout ce que les Historiens & Philosophes ont dit de remarquable & de merveilleux au sujet du Nil, & nous y avons joint les objections que l'on peut faire contre chacune de leurs opinions. Dans cette seconde partie nous poursuivrons notre Histoire en racontant en détail les actions

I.
Avant-
propos.

des premiers Rois de l'Egypte jufqu'à Amafis ; mais avant toutes chofes nous expliquerons les anciennes coutumes des Egyptiens.

<small>II.
Nourriture & Habitation des Egyptiens.</small>

ON DIT que dans les commencemens les Egyptiens ne vivoient que d'herbes, mangeant des choux ou des racines qu'ils trouvoient dans les marais, fans autre principe de difcernement que le goût qu'ils y trouvoient. Ils ufoient furtout de l'herbe nommée Agroftis qui eft d'un goût excellent, & qui d'ailleurs eft fuffifante pour la nourriture de l'homme ; il eft certain du moins qu'elle eft falutaire aux troupeaux & elle les engraiffe vifiblement. Les Egyptiens encore aujourd'hui en mémoire de l'utilité que leurs Peres ont tirée de cette plante, en portent dans leurs mains quand ils vont faire leurs prières aux temples des Dieux. Ils croyent, comme nous l'avons vû, que l'homme eft un animal formé du limon des marais. Il en tient encore, difent-ils, fa peau lice & unie; & c'eft par-là que les alimens humides lui conviennent mieux que les fecs. Le fecond mets des Egyptiens a été le poiffon. Le fleuve leur en
fournit

Livre I. Sect. II.

fournit une quantité prodigieuse, & les terres en demeurent couvertes lors que les eaux se retirent ; ils mangeoient aussi de la chair de leurs bestiaux & se servoient de leur peau pour se vétir. Ils se faisoient des maisons de roseaux entrelassez : les traces de cette coutume sont restées chez les pasteurs de l'Egypte qui n'ont encore que cette espéce d'habitation dont ils se contentent. Les Egyptiens après un assez long-tems passerent à l'usage des fruits : le principal est le Lotos dont dont ils font du pain. Les uns tiennent que cette invention leur vient d'Isis, & d'autres la rapportent à un de leurs anciens Rois nommé Menès.

Les Prêtres disent qu'Hermès a été l'inventeur de toutes les disciplines & de tous les arts, comme leurs Rois l'ont été de tout ce qui concerne les besoins de la vie. C'est pour cela qu'autrefois le sceptre ne passoit pas en Egypte aux descendans du feu Roi, mais il étoit donné à ceux qui s'étoient rendus recommandables par leurs bienfaits ; soit que les peuples voulussent assurer le bonheur public

III. Suite générale des Princes qui ont gouverné l'Egypte dans la succession des tems.

par cette coutume ; soit qu'ils eussent trouvé cette loi dans les Livres sacrez. Quelques-uns d'entre ces Prêtres donnent près de dix-huit mille ans au régne des Dieux & des Héros qu'ils terminent en la personne d'Horus fils d'Isis ; & ils font commencer celui des Rois près de quinze mille ans avant la cent quatre-vingtiéme Olympiade, temps auquel j'allai moi-même en Egypte du vivant de Ptolémée surnommé le nouveau (1) Bacchus. La plûpart de ces Rois étoient nez dans l'Egypte même. Il y en a pourtant eu quelques-uns d'Ethiopie, ou de Perse, & de Macédoine. Les Rois Ethiopiens au nombre de quatre ont régné près de trente-six ans non tout de suite, mais à différentes reprises. Depuis Cambyse qui conquit l'Egypte, les Rois de Perse ont régné cent trente-cinq ans, y compris le tems des révoltes auxquelles la dureté de leur gouvernement & leur impiété envers les Dieux du pays ont donné lieu plus d'une fois. Enfin les Rois Macédoniens & leurs successeurs

---

(1) C'est le douziéme & le dernier des Ptolémées successeurs d'Alexandre en Egypte, & celui qui fit assassiner Pompée dans le port d'Alexandrie.

en ont tenu l'Empire l'espace de deux cens soixante & seize ans. Le reste des quinze mille ans a été rempli par les Rois Egyptiens, entre lesquels il y a eu quatre cens soixante & dix Rois & cinq Reines. Les Prêtres avoient dans leurs Archives des mémoires qu'ils avoient reçûs de leurs prédécesseurs par une tradition immémoriale : On y voyoit quelles avoient été la taille, les mœurs & les actions de chacun de ces Rois. Nous n'entreprenons pas d'en faire ici le détail ; il seroit long & plein de recits assez inutiles, mais nous rapporterons succintement ce qui mérite d'entrer dans un corps d'Histoire comme celui-ci.

On dit en Egypte que le premier successeur des Dieux a été Menès (1) & que c'est lui qui a enseigné aux hommes à les adorer & à leur faire des sacrifices. Mais d'ailleurs il introduisit les tables, les lits, les étoffes précieuses ; en un mot tous les instrumens du luxe & de la volupté. On raconte, à ce propos, que plusieurs siécles après lui Gnephactus pere de Bocchoris le sage étant allé faire

IV.
Premiers Rois Egyptiens, & leurs Ouvrages.

(1) Le Grec dit Menas, mais l'usage des Chronologistes semble avoir établi Menès.

E ij

la guerre en Arabie ; & étant obligé de laisser derriére lui une grande partie de ses provisions de bouche à cause de la longueur & de la difficulté des chemins, fut contraint de passer une journée chez un paysan dans une extrême frugalité. Il y trouva du plaisir & condamnant la somptuosité & la mollesse, il maudit celui qui en avoit donné le premier exemple aux Rois. Il prit même tellement à cœur de réformer & ses ameublemens & sa table, qu'il fit écrire en caractéres sacrez dans le temple de Jupiter à Thébes la malédiction dont il avoit chargé le nom de Menès ; & l'on croit que c'est la raison pourquoi les honneurs qu'on rendoit à la mémoire de ce premier Roi d'Egypte n'ont pas été continuez. Ses descendans au nombre de 52 ont régné plus de 1400 ans, pendant lesquels il ne s'est rien passé de remarquable. Busiris vient après eux ; & ce fut le huitiéme Roi de sa race nommé Busiris comme lui qui bâtit la grande ville de Diospolis que les Grecs ont appellée Thébes. Son enceinte étoit de cent quarante stades. Son fondateur y éleva des temples superbes qu'il enrichit encore de magnifiques préfens. Il la remplit de maifons de particuliers qui étoient toutes de quatre à cinq étages ; il la rendit enfin la ville la plus opulente non-feulement de l'Egypte, mais du monde entier. Le bruit de fa puiffance & de fes richeffes s'étant répandu partout a donné lieu à Homére d'en parler en ces termes (1)

Non, quand il m'offriroit, pour calmer mes tranfports,
Ce que Thébes d'Egypte enferme de tréfors ;
Thébes qui dans la plaine envoyant fes cohortes,
Ouvre à vingt mille chars fes cent fameufes portes.

Néanmoins felon quelques Auteurs Thébes n'avoit point cent portes ; mais prenant le nombre de cent pour plufieurs, elle étoit furnommée hecatompyle, non peut-être de fes portes mais des grands veftibules qui étoient à l'entrée de fes temples. Du refte, elle fourniffoit véritablement vingt mille chariots : car depuis Thé-

(1) C'eft Achile qui parle aux députez d'A- | gamemnon. *Iliad.* 9. 381.

bes jusqu'à Memphis on trouvoit le long du fleuve cent écuries qui contenoient chacune deux cens chevaux, & dont on voit encore les restes. Plusieurs autres Rois après Busiris ont contribué aux embellissemens de Thébes. Il n'est entré dans aucune ville du monde tant d'offrandes en or, en argent, en yvoire, en statues Colossales & en Obelisques d'une seule pierre. Des quatre principaux temples le plus ancien étoit une merveille en grandeur & en beauté. Il avoit treize stades de tour & quarante-cinq coudées de haut, & ses murailles étoient de 24 pieds d'épaisseur. Tous les ornemens du temple, & par la richesse de la matiére & par la finesse du travail répondoient à la magnificence de l'édifice qui subsiste encore: mais l'or, l'argent, l'yvoire & les pierres précieuses furent pillées lorsque Cambyse fit mettre le feu à tous les temples de l'Egypte. Ce fut alors que les Perses transportant tous ces trésors en Asie, & emmenant même avec eux des ouvriers Egyptiens, firent bâtir les fameux palais de Persepolis, de Suse, & de quelques autres villes de la Médie. Les richesses de l'Egypte étoient si grandes qu'il échapa du pillage & des flâmes plus de trois cens talens d'or & deux mille trois cens talens d'argent. Là même étoient ces tombeaux célébres des anciens Rois qui n'ont pas laissé à l'émulation de leurs successeurs le moyen de les surpasser : Les Prêtres disent que leurs livres font mention de quarante sept de ces tombeaux ; mais du tems de Ptolémée (1) fils de Lagus il n'en restoit que dix-sept, dont plusieurs étoient même déja ruinez quand nous visitâmes ces lieux, en la cent quatre-vingtiéme Olympiade.

V. Description particuliére du tombeau d'Osimandué.

Plusieurs Grecs qui ont vû Thébes sous le même Ptolémée & qui ont écrit l'histoire de l'Egypte, du nombre desquels est Hécatée (2), confirment en ce point le témoignage des Prêtres Egyptiens. Ils rapportent que le tombeau du Roi surnommé Osimandué, étoit placé à dix stades de la clôture des premiers tombeaux qu'on dit être des concubines de Ju-

(1) C'est le premier des Ptolémées.
(2) Nous ne ferons plus aucune note dans nos marges, sur les Auteurs qui auront été nommez dans les Livres précédens comme celui-ci l'a été dans la première Section.

E iiij

piter. L'entrée du tombeau dont nous parlons est un vestibule bâti de pierres de plusieurs couleurs; sa longueur est de deux cens pieds & sa hauteur de quarante-cinq coudées. Au sortir delà on trouve un Peristile quarré dont chaque côté a quatre cens pieds de long; mais ce sont des animaux chacun d'une seule pierre taillée à l'antique & de seize coudées de haut qui tiennent lieu de colomnes. Des pierres de dix-huit coudées ou vingt-sept pieds en tout sens forment la largeur du plat-fond, qui dans toute sa longueur est semé d'étoiles sur un fond bleu. Au-delà de ce peristile est une autre entrée & puis un vestibule bâti comme le précédent, mais plus orné de toutes sortes de sculpture. On y voit d'abord trois figures qui ne sont ensemble que d'une seule pierre, de la main de Memnon Sycnite. La principale qui représente le Roi est assise & est la plus grande de l'Egypte. Un de ses pieds qui a été mesuré passe sept coudées. Les deux autres représentent sa mere & sa fille appuyées sur ses genoux, l'une à sa droite l'autre à sa gauche, mais elles sont plus petites que le Roi. Tout l'ouvrage

LIVRE I. SECT. II. 105
eſt moins recommandable par ſa grandeur énorme que par la beauté du travail & par le choix de la pierre, qui, dans une ſurface ſi étendue, n'a pas le moindre défaut ni la moindre tache. On a gravé ces mots ſur la ſtatue. » Je ſuis Oſimandué Roi des » Rois; ſi quelqu'un veut ſçavoir com- » bien je ſuis grand & ou je (1) re- » poſe, il faut qu'il détruiſe quel- » qu'un de ces ouvrages. « Il y a une autre ſtatue de ſa mere ſeule de vingt coudées de haut d'une ſeule pierre. Trois Reines ſont repréſentées ſur ſa tête comme pour marquer qu'elle a été fille, femme, & mere de Roi. De ce veſtibule, on paſſe dans un autre Periſtile bien plus beau que le premier. On y voit gravé ſur la pierre l'hiſtoire de la guerre d'Oſimandué contre les révoltez de la Bactriane. On dit qu'il avoit mené contre eux quatre cens mille hommes d'infanterie & vingt mille chevaux : cette armée étoit partagée en quatre corps, commandez chacun par un de ſes fils. On voit donc ſur la muraille du devant le Roi qui attaque les remparts

---

(1) Parceque les Rois faiſoient cacher leurs corps en quelque endroit de ces Edifices.

E v

dont le fleuve bat le pié, & qui combat contre quelques troupes qui se sont avancées, ayant à côté de lui un lion terrible qui le défend avec ardeur. Quelques-uns disent que le sculpteur a suivi en cela la verité, & que le Roi avoit apprivoisé & nourri de sa main un lion qui le soutenoit dans les combats & qui avoit mis souvent ses ennemis en fuite : mais d'autres prétendent que ce Roi étant extraordinairement fort & courageux avoit voulu marquer ces qualitez dont il étoit fort vain, par le symbole du lion. Sur la muraille à droite sont représentez les captifs que le Roi avoit amenez de cette expédition. Ils ont les parties naturelles & les mains coupées, comme pour leur reprocher de n'avoir été ni assez courageux ni assez agissans dans leur défense. Sur la muraille à gauche sont toutes sortes de figures très-parfaites qui expriment le triomphe & les sacrifices que le Roi avoit ordonnez au retour de cette guerre. Au milieu du Vestibule & à l'endroit où il est découvert on avoit dressé un autel d'une très-belle pierre d'une grandeur étonnante & admirablement bien travaillée. Enfin contre la muraille du fond sont deux statues chacune d'une seule pierre de vingt-sept coudées de haut qui représentent des personnes assises. On sort de ce peristile par trois portes, dont l'une est entre les deux statues & les deux autres à leurs côtez; & l'on entre dans un édifice posé sur de hautes colomnes qui a l'air d'un magnifique théatre de deux cens pieds de profondeur. Il y avoit là une infité de figures en bois qui représentoient un grand auditoire attentif aux décisions d'un Sénat occupé à rendre la justice. Sur un des murs étoient les Sénateurs au nombre de trente. Au milieu d'eux étoit le chef de la justice ayant un amas de livres à ses pieds & portant pendue à son cou la figure de la verité qui avoit les yeux fermez. Cela marquoit qu'un Juge doit porter la verité dans le cœur & n'avoir point d'yeux pour les présens. Delà on passoit dans une place environnée de palais de toute sorte de desseins, dans lesquels on voyoit représentez sur des tables tous les mets qui peuvent flater le goût. Dans l'un étoit le Roi en habits magnifiques offrant aux Dieux l'or & l'argent qu'il tiroit chaque année des mines de l'Egypte ; on voyoit écrit au bas la valeur de ce revenu qui rapporté à notre monnoye d'argent montoit à trente-deux millions de mines. Dans une autre étoit la bibliotheque sacrée avec cette inscription *Les remédes de l'ame*. Dans un troisiéme étoient les images de tous les Dieux de l'Egypte, & le Roi qui offroit à chacun d'eux les présens qui leur convenoient, attestant Osiris & tous les Rois ses prédecesseurs qu'il avoit exercé la piété envers les Dieux & la justice envers les hommes. A côté de la bibliotheque, un des plus beaux palais de la place contenoit vingt tables entourées de leurs lits sur lesquels étoient les images de Jupiter, de Junon, & du Roi même : On croit que son corps reposoit-là. Plusieurs bâtimens étoient joints à celui-là, dans lesquels on voyoit les représentations de tous les animaux sacrez. Delà on montoit dans le lieu qui étoit véritablement construit en tombeau : on avoit élevé sur la tombe une couronne d'or d'une coudée d'épaisseur & de trois cens soixante-cinq coudées de tour. Chaque coudée répondoit à un jour de l'année, & l'on y avoit marqué le lever & le coucher des astres pour ce jour-là, avec les indications astrologiques que la superstition des Egyptiens y avoit attachées. On dit que Cambyse enleva cette couronne, quand il pilla l'Egypte. Tel étoit selon ces auteurs le tombeau du Roi Osymandué, qui surpassoit tous les autres, & par l'étendue immense qu'il lui avoit donnée & par le travail des ouvriers habiles qu'il y avoit employez.

VI. Ancienneté de Thèbes d'Egypte.

LES Thébains se croyent les plus anciens peuples du monde & ils disent que la Philosophie aussi-bien que l'Astronomie (1) a pris naissance chez eux. Il est vrai du moins que leur situation est favorable pour observer les Astres ; aussi font-ils une distribution des mois & des années plus naturelle que les autres peuples : Car rapportant les jours non à la Lune mais au Soleil, ils en donnent trente à chaque mois, ajoûtant encore cinq jours & un quart aux douze mois de l'année pour achever le cours du Soleil : ainsi ils ne sont point obligez

---

(1) Je traduits ainsi ematho astrologis qui est dans le Grec.

d'intercaler des mois & de supprimer des jours comme la plûpart des Grecs. Il paroît qu'ils avoient calculé fort exactement les éclipses du Soleil & de la Lune, dont ils donnoient par avance un détail très-juste & très-conforme à l'observation actuelle.

VII.
Fondation de Memphis: Suite de ses principaux Rois. Uchoreus.

Le huitiéme des descendans d'Osymandué nommé Uchoreus comme son pere, a bâti la ville de Memphis la plus fameuse de l'Egypte. Il choisit pour cela le lieu le plus avantageux & le plus agréable du pays, qui est celui où le Nil se partageant en plusieurs canaux forme & embrasse le Delta. Ainsi Memphis est la barriére de l'Egypte & commande absolument l'entrée du fleuve. Son fondateur lui donna cent cinquante stades de tour & la rendit également forte & commode. Car pour la défendre des inondations il fit élever des terres qui la bordoient entiérement du côté du Midy, & qui servoient de digues contre le fleuve & de rempart contre les ennemis. Mais de plus il fit creuser des fossez ou plûtôt des lacs pour recevoir le fleuve autour de toute la Ville, qui s'élevoit au milieu des eaux comme une

Citadelle inacceſſible. A l'égard de la commodité, il en rendit le ſéjour ſi ſain & ſi délicieux que tous les Rois ſes ſucceſſeurs ayant abandonné Thébes tinrent toujours leur cour à Memphis. Delà vient que Thébes a toujours diminué & que Memphis s'eſt toujours accrue juſqu'au tems d'Alexandre. Mais celui-ci ayant bâti Alexandrie ſur le bord de la mer, tous ſes ſucceſſeurs en Egypte ont contribué à l'embelliſſement de cette derniére Ville, les uns par les palais qu'ils y ont fait conſtruire, les autres par les ports qu'ils y ont fait creuſer, d'autres enfin par les offrandes magnifiques & toutes Royales dont ils l'ont enrichie; de ſorte qu'elle paſſe chez quelques-uns pour la premiére ou du moins pour la ſeconde ville du Monde. Nous en parlerons en ſon lieu. Outre les dehors de Memphis que nous venons de décrire, Uchoreus y bâtit des palais auſſi beaux qu'aucun de ceux que l'on voit chez d'autres nations: mais les uns ni les autres ne paroiſſoient dignes de la magnificence & du goût de ſes prédéceſſeurs en d'autres ouvrages. En effet tous ces peuples regardant la durée de la vie comme un tems très-court & de peu d'importance, font au contraire beaucoup d'attention à la longue mémoire que la vertu laisse après elle. C'est pour quoi ils appellent les maisons des vivans des hôtelleries, par lesquelles on ne fait que passer ; mais ils donnent le nom de demeures éternelles aux tombeaux des morts d'où l'on ne sort plus. Ainsi les Rois ont été comme indifférens sur la construction de leurs Palais, & ils se sont épuisez dans la construction de leurs tombeaux. Quelques-uns disent que Memphis fut ainsi nommée de la fille du Roi qui la bâtit : & ils content même qu'elle fut aimée du Nil qui se transforma en Taureau & qui eut d'elle un fils nommé Egyptus, d'une force & d'une vertu merveilleuse. Toute la contrée prit son nom de lui en mémoire & en reconnoissance de ce que dans tout le tems de son régne il avoit été juste, vigilant & Pere du peuple.

VIII. Mœris ou Miris. Description du lac qui porte son nom.

Douze générations après lui, Mœris succéda à l'empire de l'Egypte. Il fit faire de vastes portiques dans le quartier septentrional de Memphis, & à six cens stades de la Ville il fit

Livre I. Sect. II.

creuser un lac dont l'ouvrage est incroyable. Car on dit que son circuit est de trois mille six cens stades, & sa profondeur en plusieurs endroits de cinquante toises : De sorte que considérant ce travail on demande combien de milliers d'hommes & quel nombre d'années ont dû y être employez. Mais on ne sçauroit assez louer cette entreprise par rapport à l'utilité que toute l'Egypte en a tirée. Car les débordemens du fleuve n'étant avantageux qu'autant qu'ils gardent une certaine mesure, ce lac donne un écoulement aux eaux du Nil lorsque leur abondance les feroit séjourner dans les campagnes ; & d'un autre côté cet immense réservoir est une ressource contre l'indigence d'eau qui seroit à craindre dans les petites crues. Le lac communiquoit au fleuve par un canal de quatre-vingt stades de longueur & de trois cens pieds de largeur. On recevoit le Nil par ce canal ou l'on en retenoit les eaux, selon le besoin des laboureurs, par le moyen d'une écluse qu'on faisoit ouvrir ou fermer par des ouvriers très-entendus, & à très-grands frais : puisqu'il en coûtoit cinquante ta-

114   DIODORE,

lens (1) pour chacune de ces deux opérations. Ce lac subsiste encore aujourd'hui dans l'Egypte sans avoir perdu aucun de ses usages & il s'appelle toujours le lac de Mœris. En le creusant ce Roi fit laisser dans le milieu un terrain en forme de pié d'estal sur lequel il éleva un tombeau & deux pyramides, l'une pour lui & l'autre pour sa femme, toutes deux d'un stade de hauteur. Il fit mettre sur chacune une figure de pierre assise sur un Trône, espérant de laisser de lui par cet ouvrage une mémoire heureuse & immortelle. Il donna à sa femme tout le revenu de la pêche de ce lac pour le seul entretien de ses ajustemens & de ses parfums. Ce revenu montoit à un talent par jour: Car il y avoit jusqu'à vingt-deux espéces de poissons qui s'étoient multipliez de telle sorte, qu'un nombre infini d'ouvriers occupez tous les jours à les saler suffisoient à peine à cette fonction. Voilà ce ques les Egyptiens racontent du Roi Mœris.

IX. Sésostris :   A SEPT générations de lui on place

──────────

(1) Si l'on évalue le talent à 3000 liv. de notre monnoye, comme le font quelques Auteurs, la somme sera de 150000 livres.

Séſoſtris celui de tous les Rois d'E- *ſon éduca-*
gypte qui a fait les plus grandes & *tion, ſes con-*
les plus célébres actions. Mais com- *quêtes.*
me non-ſeulement les hiſtoriens
Grecs, mais encore les Prêtres & les
Poëtes Egyptiens différent entr'eux
ſur ſon ſujet; nous tâcherons de rapporter ce que nous trouverons de plus
vrai-ſemblable & de plus conforme
aux monumens qui reſtent encore dans
l'Egypte. A la naiſſance de Séſoſtris,
ſon pere conçut une idée digne d'un
Roi. Il ſe fit amener tous les enfans de
l'Egypte nez le même jour que lui :
raſſemblant en même tems des Nourrices & nommant même des Gouverneurs, il régla pour tous une éducation commune. Il ſe perſuadoit que
des enfans qui auroient vécu familiérement avec ſon fils dès l'âge le
plus tendre lui ſeroient plus attachez
dans la ſuite de ſa vie & le ſerviroient
mieux dans les combats. Il n'épargna
rien pour cette éducation & fit paſſer
ces enfans par toutes ſortes d'exercices & de travaux. On ne leur donnoit point à manger qu'ils n'euſſent
couru cent (1) quatre-vingts ſtades.

(1) Nombre incroya- | ſtades pour une lieue.
ble, à prendre comme à | Car il en réſulte une cour-
l'ordinaire vingt-quatre | ſe de 7 lieues & demie.

C'est par ces épreuves qu'ils devinrent tous des soldats invincibles & par la force du corps & par la patience de l'ame. Ainsi Séfostris ayant été envoyé par son pere avec ses compagnons d'école en Arabie pour sa premiére expédition, il combattit contre des bêtes farouches; & supportant la faim & la soif dans le desert, il asservit tous les peuples de l'Arabie qui n'avoient jamais reçû le joug. Revenant ensuite vers le Couchant il se rendit maître de la plus grande partie de la Libye, n'étant encore qu'à la fleur de son âge. Enfin ayant succédé à la couronne de son pere, & étant animé par les exploits de sa jeunesse, il prit le dessein de conquérir toute la terre. Quelques-uns disent que sa fille nommée Athirte l'excita à se rendre maître du Monde, & qu'étant fort au-dessus de son sexe par son intelligence, elle lui fournit des expédiens pour faciliter son entreprise. D'autres disent que cette Princesse étant fort habile dans la connoissance de l'avenir, assura son pere du succès par des présages tirez des sacrifices qu'elle avoit faits, des songes qu'elle avoit eus dans les Temples, & des signes qui avoient paru dans le Ciel. Quelques-uns ont écrit à ce propos qu'au tems de la naissance de Séfostris, son pere vit en songe Vulcain qui lui prédit que son fils auroit l'Empire de l'Univers. C'est dans cette vûe & dans cette espérance que son pere avoit pris tant de soin de former avec lui, ceux qui devoient l'aider à remplir une si grande destinée ; & ce ne fut, selon les mêmes Auteurs, que sur la promesse des Dieux que lui-même osa entreprendre une telle conquête. Avant toutes choses il travailla à s'acquérir la bienveillance de tous ses sujets; pour engager ceux qui devoient le suivre à subir courageusement tous les périls de cette guerre, & ceux qui demeureroient en Egypte à ne rien innover en son absence. Ainsi il traitoit favorablement tout le Monde, donnant aux uns des sommes d'argent & aux autres des terres, pardonnant à quelques coupables, témoignant enfin à tous beaucoup de douceur & d'affabilité. Il renvoya absous tous les criminels de leze-Majesté, & paya les dettes d'un grand nombre de gens qui étoient détenus dans les prisons à la poursuite de leurs créanciers, Il divisa toute l'Egypte en trente-six provinces dont les Gouverneurs s'appelloient Nomarches. Ils levoient les deniers du Prince & régloient toutes les autres affaires dans leur ressort. Il rassembla donc tout ce qu'il y avoit d'hommes vigoureux dans l'Etat & en forma une armée proportionnée à la grandeur de son entreprise. Car elle étoit composée de six cens mille hommes de pied, de vingt-quatre mille chevaux & de vingt-sept mille chariots de guerre. Il donna pour Officiers à cette armée ses compagnons d'école ou ses freres d'Armes au nombre de mille sept cens, qui se soutenoient les uns les autres par une émulation mutuelle & née dans les exercices de leur enfance. Ils avoient tous pour le Roi & les uns pour les autres une amitié vraiment fraternelle, & ils s'étoient déja formez dans les guerres précédentes. Il commença par distribuer à tous ses soldats le terroir le plus fertile de l'Egypte, afin que laissant à leur famille un bien suffisant ils se disposassent au départ avec plus de courage & de liberté d'esprit. S'étant mis en marche il tomba d'abord sur les Ethiopiens qui sont du côté du Midy, & les ayant défaits il exigea d'eux pour tribut de l'or, de l'ébéne & de l'yvoire. Il fit équiper ensuite sur la Mer Rouge un flotte de quatre cens voiles & fut le premier Prince de ces contrées qui fit voir des vaisseaux de guerre. Il se rendit maître par leur moyen de toutes les provinces maritimes & de toutes les Isles de la Mer (1) Rouge jusqu'aux Indes, pendant que lui-même conduisant l'armée de terre subjugua toute l'Asie. Car non-seulement il parcourut tous les lieux où Alexandre a porté depuis ses conquêtes, mais il pénétra même jusqu'en des pays où le Roi de Macédoine n'est jamais entré. En effet Sésostris passa le Gange & traversant toutes les Indes il parvint jusqu'à l'Ocean Oriental, d'où revenant par le Septentrion, il conquit toute la Scythie jusqu'au fleuve Tanaïs qui sépare l'Asie d'avec l'Europe. On dit que quelques Egyptiens ayant été laissez alors aux environs des Palû-Méotides donnérent l'origine aux peuples de la Colchide; & pour preuve qu'ils descendent des Egyptiens on allégue la

(1) La Mer Rouge se prend ici pour ce qu'on appelle aujourd'hui la Mer des Indes au Midy de l'Asie.

coutume qu'ils ont de circoncire les mâles comme en Egypte : coutume qui est passée en loi chez toutes les colonies Egyptiennes aussi-bien que chez les Juifs. Il soumit ainsi toute l'Asie & la plûpart des Isles Cyclades. Etant venu delà en Europe & parcourant toute la Thrace, il courut risque de perdre son armée faute de vivres & par la fatigue des longues marches: C'est pourquoi il mit fin à ses exploits dans la Thrace. Mais il avoit fait dresser des colomnes dans presque tous les lieux où il avoit passé, avec cette inscription en caractéres Egyptiens & sacrez » Sésostris Roi des Rois » & Seigneur des Seigneurs a conquis » cette province par ses armes. « Mais chez les peuples belliqueux ces colomnes étoient chargées d'une figure d'homme, & chez les peuples lâches & timides d'une figure de femme. (1) Il laissa en quelques endroits sa statue en pierre ayant des traits & une lance à la main, & de quatre palmes (2) plus

---

(1) Ici le texte porte à la lettre : *In cippis illis pudendum viri, apud gentes quidem strenuas & pugnaces; apud ignavas autem & timidas, fœmina* *expressit. Ex præcipuo hominis membro animarum in singulis affectionem, posteris evidentissimam fore ratus.* Rhodoman, p. 51.

(2) On donne ordinairement

hautes

hautes que les quatre coudées de sa taille naturelle. Au reste traitant équitablement les peuples qu'il avoit soumis, il leur imposa des tributs proportionnez à leurs forces, & les obligea de les apporter eux-mêmes dans l'Egypte où il revint au bout de neuf ans, avec une réputation supérieure à celle de tous les Rois ses prédécesseurs. Il fit son entrée suivi d'une foule innombrable de captifs & chargé d'immenses dépouilles. Il en orna tous les temples de l'Egypte & en récompensa ceux de ses soldats qui s'étoient distinguez par leurs actions. En un mot ses exploits ne lui procurérent pas seulement un retour glorieux dans son Royaume, mais ils lui donnérent moyen d'apporter dans sa patrie une infinité de richesses & d'inventions très-utiles.

SESOSTRIS ayant renoncé à tout projet de guerre licentia ses troupes & assura à tous ses soldats la jouissance des biens qu'ils avoient acquis par tant de travaux. Ne perdant point toutefois l'amour de la gloire & voulant au contraire affermir la sienne

X.
Retour de Sésostris: ses édifices & ses Réglemens en Egypte.

rement au palme huit de | dée, un pied & demi.
nos pouces, & à la cou |

par toutes sortes d'endroits, il entreprit des ouvrages magnifiques par le dessein & par la dépense ; mais ils étoient tels qu'en immortalisant son nom, ils devoient contribuer aussi pour toujours à la sûreté & à la commodité de l'Egypte. Commençant par la Religion il fit bâtir en chaque ville un temple en l'honneur du Dieu qu'on y révéroit particuliérement. Il n'employa à ces ouvrages aucun de ses sujets & il n'y fit travailler que les captifs. Il eut soin même de faire graver ces mots sur tous les temples : ″ Aucun Egyptien n'a mis la main à ″ cet édifice. « On dit encore que les captifs de Babylone ne pouvant supporter ces travaux trouvérent moyen de s'échaper, & que s'étant rendus maîtres d'un terrain avantageux sur les bords du fleuve, ils firent la guerre aux Egyptiens & ravagérent la campagne des environs. Mais enfin par un traité fait avec eux ils habitérent tranquillement le lieu où ils s'étoient retirez, & le nommérent Babylone en mémoire de la Capitale de leur Patrie. C'est ainsi que leurs voisins ont donné le nom de Troye à une ville qu'on voit encore le long du Nil. Car on raconte que Ménélas revenant de l'expédition de Troye avec un grand nombre de captifs aborda en Egypte; & que ces captifs s'étant soulevez se saisirent de même d'un lieu sûr d'où ils se défendirent contre lui jusqu'à ce qu'ils eussent obtenu la liberté, & où ils bâtirent ensuite cette seconde Troye. Je n'ignore pas que Ctesias (1) de Cnide rapporte dans son histoire une autre origine de ces deux Villes, car il dit qu'elles ont été bâties par des originaires de Babylone & de Troye, qui se trouvérent à la suite de Semiramis lorsqu'elle passa en Egypte. Je n'entreprens pas de démêler la vérité sur cet article : Mais rapportant les opinions différentes que je trouve dans les Historiens; j'en laisse le choix au discernement des Lecteurs. Sésostris fit élever en plusieurs endroits de l'Egypte des terrasses d'une hauteur & d'une étendue très-considérable, & ordonna aux habitans de toutes les Villes, auxquelles la nature n'avoit pas fourni de semblables remparts, d'y aller bâtir

(1) Ctesias de Cnide contemporain de Xenophon & Medecin du Roi de Perse Artaxercès. Il avoit écrit l'histoire des Assyriens & des Perses. Vossius, *l. 1, c. 5.*

des maisons & de s'y établir; afin de se mettre eux & leurs troupeaux au-dessus des débordemens du Nil. Il fit faire des canaux de communication depuis Memphis jusqu'à la mer d'Arabie, pour faciliter le commerce de tous les peuples de la terre avec l'Egypte & pour abréger le transport des fruits & de toutes les marchandises. Mais le principal est qu'il mit tout le Royaume à couvert des incursions des ennemis. Car au lieu qu'avant lui l'Egypte étoit ouverte de tous les côtez & que l'on pouvoit la parcourir presque toute entiére à cheval & même en chariot, il la rendit par ces canaux très-difficile à traverser. De plus, il fit fermer tout le côté de l'Egypte qui regarde l'Orient par un mur de quinze cens stades de longueur qui coupoit le desert depuis Péluse jusqu'à Heliopolis, pour arrêter les courses des Syriens & des Arabes. Il fit construire un vaisseau de bois de cédre long de deux cens quatre-vingt coudées, revêtu d'argent en dedans & d'or en dehors, & il l'offrit au Dieu qu'on adore à Thébes. Il éleva deux obelisques d'une pierre très-dure, de six-vingt coudées de haut, sur lesquels il fit graver le dénombrement de ses troupes, l'état de ses finances, & le nombre des Nations qu'il avoit soumises. Il plaça à Memphis dans le temple de Vulcain sa statue & celle de sa femme, l'une & l'autre d'une seule pierre de trente coudées de haut. Il y joignit aussi celles de ses fils ; mais elles n'avoient que vingt coudées. Voici ce qui donna lieu à cette consécration ? Sésostris à son retour en Egypte s'étant arrêté à Péluse où son armée séjournoit, pensa périr avec sa femme & ses enfans par la perfidie de son frere. Ce fut après un festin solemnel où ce traître les avoit invitez. Car l'excès du vin ayant assoupi tout le monde, il fit mettre pendant la nuit le feu dans la tente où ils étoient, avec de la paille séchée & préparée depuis long-tems à ce dessein. La flamme gagna tout-à-coup, & ceux qui gardoient la tente du Roi se trouvant appesantis par le vin & par le sommeil, ne purent donner qu'un secours foible & insuffisant. Dans cette extrêmité Sésostris levant les mains au Ciel demanda aux Dieux le salut de sa femme & de ses enfans : En effet il échapa avec eux du milieu des flammes. En reconnoissance de ce bienfait, il consacra des temples à tous les Dieux, comme nous l'avons déja dit, mais surtout à Vulcain auquel il se croyoit particuliérement redevable de la vie. Entre les actions les plus remarquables de Sésostris, on doit compter la maniére dont il traitoit les Princes vaincus auxquels il avoit laissé les Royaumes ou les Provinces qu'il venoit de conquérir. Ils étoient obligez de lui apporter des presens une fois l'année, dans le temps qu'il leur avoit marqué. Sésostris leur faisoit d'ailleurs toute sorte d'honneurs, mais lorsqu'il entroit dans la Ville ou qu'il alloit au Temple, il faisoit dételer les quatre chevaux de front de son chariot & mettre en leur place ces Rois ou ces Gouverneurs; leur voulant faire sentir par là qu'ayant vaincu les plus puissans Princes de la terre, sa valeur l'avoit mis hors de toute comparaison avec le reste des hommes. Il paroît en effet avoir surpassé tous les Rois qui ont jamais été, par sa puissance, par ses exploits, par le nombre de ses Offrandes & par les Ouvrages qu'il a fait faire dans l'Egypte. Ayant perdu la vûe après un régne de trente-trois ans il se donna volontairement la mort. Il fut loué de cette action par les Prêtres & par tous les Egyptiens, comme ayant fait une fin digne de la grandeur d'ame qu'il avoit marquée pendant le cours de sa vie. La vénération pour le nom de Sésostris demeura si long-tems imprimée dans tous les cœurs, que l'Égypte étant tombée plusieurs siécles après lui sous la domination des Perses, & Darius pere de Xercès voulant faire mettre sa statue au-dessus de celle de Sésostris ; le Grand-Prêtre de la part de tout le collége assemblé sur ce sujet, s'opposa au dessein de Darius, lui représentant qu'il n'avoit pas encore surpassé les actions de Sésostris. Darius ne fut point choqué de la liberté des Prêtres, & il répondit qu'il s'efforceroit d'atteindre à la gloire de ce Héros, s'il atteignoit à ses années. Il les invita même de comparer dès ce moment ses actions aux siennes en suivant la proportion de l'âge, ce qui étoit la seule maniére équitable de faire ce paralléle. Nous finirons-là ce qui regarde Sésostris.

XI.
Fils & suc-

SON FILS étant monté sur le trône

cesseur de Sé-sostris, ou Sésostris II.

& ayant pris même le nom de son pere, ne fit aucun exploit ni aucune autre action digne de remarque. Il ne lui ressembla que par le malheur qu'il eut de perdre la vûe, soit que ce fût une infirmité de famille, ou selon que d'autres l'ont crû, une punition du Ciel. Car il avoit eu l'impiété de tirer des fléches contre le fleuve. Cet accident l'ayant fait recourir aux Dieux, il essaya long-tems de les appaiser par toutes sortes d'offrandes & de sacrifices, sans y pouvoir réussir. Enfin au bout de dix ans un Oracle lui ordonna de faire un vœu au Dieu d'Heliopolis, & de se laver les yeux avec l'urine d'une femme qui n'eut eu de commerce qu'avec son mari: il essaya celle d'un grand nombre de femmes à commencer par la sienne. Il ne trouva le reméde qu'il cherchoit que dans l'urine de la femme d'un jardinier, qui eut un tel succès qu'il l'épousa après sa guérison. Il fit brûler les autres toutes vives dans un village qui fut appellé depuis cet événement le Tertre Sacré. Il accomplit ensuite son vœu à Heliopolis, conformément à l'ordre de l'Oracle qui lui avoit ordonné de

Livre I. Sect. II. 129
faire élever deux Obelisques d'une seule pierre de huit coudées d'épaisseur & de cent coudées de hauteur.

On trouve après lui une longue liste de ses succeſſeurs dont aucun n'a rien fait qui mérite d'être écrit, & l'on arrive enfin à Amaſis dont le régne a été violent à l'égard de ses sujets. Il fit mourir les uns sans aucune forme de juſtice, il confiſqua le bien des autres, & il se comporta à l'égard de tous avec une dureté & une arrogance extrême. Ses peuples ſupportérent le joug tant que l'autorité abſolue les tint dans la crainte & dans le silence. Mais Actiſanès Roi d'Ethiopie ayant déclaré la guerre à Amaſis; ils prirent cette occaſion de faire éclater leur haine contre lui en l'abandonnant, de ſorte qu'ayant été aiſément vaincu, l'Egypte tomba ſous la puiſſance des Ethiopiens. Actiſanès n'abuſa point de ſa fortune & traita favorablement ſes nouveaux ſujets: Il prit un tempérament particulier à l'égard de ceux qu'on accuſoit de vol; car il ne les condamna point à la mort; mais pour ne pas les laiſſer impunis, il fit couper le nez à tous ceux qui furent convaincus ju-

XII. Rois ignorez avant Amaſis mauvais Prince, auquel ſuccede Actiſanès Ethiopien ſon vainqueur.

ridiquement de leur crime. Il les envoya enfuite dans le fond du defert & leur bâtit une ville qui s'appella Rhinocolure, d'un mot qui exprime le châtiment qu'il leur avoit fait souffrir. Cette Ville fituée dans les confins de l'Egypte & de la Syrie non loin du rivage de la mer, manque de prefque toutes les commoditez de la vie. Car elle eſt toute entourée de marais falez & l'eau que les puits fourniſſent en petite quantité eſt amére & malfaifante. Il fépara ainſi ces malheureux du commerce des honnêtes gens, afin de les mettre pour le reſte de leurs jours hors d'état de faire tort à perfonne, & de peur qu'étant confondus dans la foule ils ne fuſſent méconnus. Cependant la pauvreté infpirant aux hommes toute forte d'inventions, ils fe formérent dans ce lieu inculte & abandonné, une vie & des arts conformes à leurs befoins. Car allant chercher du chaume dans les terres des environs, ils en tiroient une efpéce de chanvre, dont ils faifoient des filets de la longueur de pluſieurs ſtades qu'ils étendoient fur le bord de la mer pour prendre des cailles: Ces oifeaux s'y jettoient par bandes & cette chasse suffisoit à leur nourriture.

Les Egyptiens ayant recouvré leur liberté après la mort d'Actisanès élurent un Roi de leur nation nommé Mendès, que quelques-uns appellent Marrus. Celui-ci n'entreprit aucune expédition militaire, mais il se fit un tombeau connu sous le nom de Labyrinthe. Cet ouvrage est moins considérable par sa grandeur immense que par l'artifice inimitable dont il est construit. Car lorsqu'on y est entré, il est comme impossible d'en sortir sans le secours d'un guide qui en sçache parfaitement les détours. Quelques-uns disent que Dedale étant venu en Egypte & ayant admiré cet édifice, en fit pour le Roi Minos en l'Isle de Créte un semblable à celui de Mendès ; & les Poëtes ont ajoûté qu'il avoit servi de demeure au Minotaure. Mais le Labyrinthe de Créte ne paroît plus ; soit que quelque Roi l'ait renversé, soit que le tems l'ait détruit ; au lieu que celui d'Egypte subsiste encore aujourd'hui dans son entier.

XIII. Mendès auteur du Labyrinthe.

Aprés la mort de Mendès il y eut un interrégne de cinq générations

XIV. Interrégnes

thée, Remphis, & quelques autres Rois fainéans à l'exception de Nileus, duquel le fleuve a tiré son nom.

ou de cent cinquante ans. Enfin un homme du peuple fut élû Roi. Les Egyptiens le nomment Cétès. Il paroit que c'est le Protée des Grecs qui se trouva à la guerre de Troye. Car ce que ceux-ci disent de leur Prothée, sçavoir qu'il prédisoit les vents & qu'il avoit la faculté de prendre toute sorte de figures, & de se transformer tantôt en bête, tantôt en arbre, tantôt en feu ; les Prêtres Egyptiens le disent aussi de leur Cetès. Ils prétendent qu'il avoit appris la divination par le commerce continuel qu'il entretenoit avec les Astrologues ; & qu'à l'égard de ces Métamorphoses c'est une fable qui est née chez les Grecs d'une coutume qu'avoient les Rois Egyptiens. Ils portoient sur leur tête pour marque de leur force & de leur puissance la dépouille d'un lion, ou d'un Taureau ou d'un dragon. Ils ont même porté des branches d'arbres, du feu, & quelquefois des parfums exquis. Ces ornemens servoient à les parer, ou à jetter la terreur & la superstition dans l'ame de leurs sujets. Le fils de Prothée nommé Remphis ayant succédé à son pere, employa tout le tems de son règne à grossir ses finances & à faire des amas d'or & d'argent. Une inclination si basse ne lui permit pas de contribuer en rien à l'enrichissement des temples, ni à l'embellissement des Villes; ainsi ayant été plûtôt un bon Œconome qu'un bon Roi, au lieu d'un nom recommandable & d'une mémoire illustre il laissa plus de richesses qu'aucun de ses prédécesseurs: car on dit qu'on trouva dans ses coffres quatre cens mille talens. (1) Dans l'espace de deux cens dix ans après lui on ne rencontre que des Rois fainéans, & qui se sont endormis dans la paresse & dans la volupté. Les annales sacrées n'ont conservé d'eux aucune action qui puisse avoir place dans l'Histoire. Il faut pourtant exempter de ce reproche Nileus qui passe pour avoir donné le nom au fleuve qu'on appelloit auparavant Egyptus. Les canaux, les digues & une infinité d'autres travaux qu'il fit faire pour rendre le Nil moins dangereux & plus utile, ont

---

(1) Autant qu'on peut rapporter les monnoyes anciennes aux nôtres, il semble qu'on puisse estimer le talent attique ordinaire 3000 l. Le grand talent surpassoit celui-là du tiers en sus ou dans la raison de 4 à 3. De sorte qu'il devoit valoir 4000 liv. Le talent ordinaire contenoit 60 mines & chaque mine 100 dragmes.

mérité que le fleuve par ce nouveau nom rappellât toujours dans la mémoire des hommes celui du Roi même.

XV.
Chemmis auteur de la grande Pyramide.

Son huitiéme succeſſeur fut Chemmis né à Memphis qui régna cinquante ans. Ce fut lui qui fit élever la plus grande des trois Pyramides, qu'on met au rang des ſept merveilles du Monde. Elles ſont du côté de la Libye à ſix vingt ſtades de Memphis & à quarante-cinq du Nil. Elles étonnent tous ceux qui les voyent & par leur hauteur & par leur beauté. La baſe de la plus grande eſt un quarré dont chaque côté eſt de ſept cens piez. La pyramide en a plus de ſix cens de hauteur. Ses quatre faces diminuent en s'élevant, de telle ſorte qu'elles ont encore ſix coudées de largeur au ſommet qui les termine. Elle eſt conſtruite toute entiére de pierres très-difficiles à travailler, mais auſſi d'une durée éternelle; car bien qu'il y ait aujourd'hui mille ans, à ce qu'on dit, que la Pyramide ſubſiſte, & que d'autres même aſſurent qu'il y en a trois mille quatre cens; elle s'eſt conſervée juſqu'à nos jours (1) ſans être endommagée en aucun endroit. On avoit fait venir les pier-

(1) Vers le milieu du régne d'Auguſte.

res du fond de l'Arabie, & comme on n'avoit pas encore l'art d'échafauder, on dit qu'on s'étoit servi de terrasses pour les élever. Mais ce qu'il y a de plus incompréhensible dans cet ouvrage, est qu'étant au milieu des sables, on n'apperçoit aucune trace ni du transport, ni de la taille des pierres, ni des terrasses dont nous avons parlé; de telle sorte qu'il semble que sans emprunter la main des hommes qui est toujours fort lente, les Dieux ont placé tout d'un coup ce monument au milieu des terres. Quelques Egyptiens apportent une explication de cet effet aussi fabuleuse & plus grossiére que celle-là. Car ils disent que ces terrasses, ayant été faites d'une terre pleine de sel & de nitre. Le fleuve en se débordant les a fait fondre & disparoître sans le secours des ouvriers. Cela ne sçauroit être vrai; & il est bien plus sensé de dire que les mêmes mains qui avoient été employées à apporter ces terres furent employées à les remporter, & à remettre le sol dans le même état qu'il étoit auparavant; d'autant plus qu'on dit que trois cens soixante mille manœuvres ou esclaves furent occupez près de vingt ans à ce travail.

XVI. Cephren.

A Chemmis succéda son frere Cephren qui régna cinquante six ans. Quelques-uns disent pourtant que Chemmis avoit laissé le Royaume non à son frere, mais à son fils nommé Chabrüis. Mais tout le Monde convient que son successeur quel qu'il soit, ayant voulu imiter sa magnificence, éleva la seconde Pyramide aussi-bien faite que la première, mais un peu moins grande, vû que les côtez de la base n'avoient qu'un stade ou 625. pieds de longueur. On a marqué sur la plus grande Pyramide, la somme d'argent qui a été employée en légume pour la nourriture des ouvriers, elle passe seize cens talens. La plus petite est sans inscription, mais on a creusé un degré dans un de ses côtez. Quoique ces deux Rois les eussent fait faire pour leur servir de sépulture, aucun des deux n'y a pourtant été enseveli. Car les peuples irritez des travaux insupportables où ils avoient été condamnez, & des autres violences de ces deux Rois, jurèrent qu'ils tireroient leurs corps de ces monumens pour les mettre en piéces. Les deux Rois qui en furent informez avant leur mort, recommandérent à leurs amis de déposer leur corps dans des lieux sûrs & secrets.

APRE's eux régna Micerinus que quelques-uns nomment Cherinus fils de Chemmis qui avoit élevé la premiére Pyramide. Celui-ci ayant entrepris d'en faire une troisiéme, mourut avant l'entiére execution de son dessein. Mais comme elle étoit déja commencée, les cotez de la base avoient trois cens pieds & les faces jusqu'à la quinziéme assise étoient de pierres noires semblables à la pierre de Thébes. Tout le reste devoit être de même pierre que les autres Pyramides. Cette troisiéme auroit été, comme on voit, plus petite que les deux premieres; mais elle les surpassoit déja par le choix de la pierre & par la beauté du travail. Le nom de Micerinus est écrit sur la face qui regarde le Septentrion. On dit que ce Roi détestant la tyrannie & les vexations de ses prédécesseurs se montra doux & bienfaisant envers ses peuples. Il rechercha même avec soin leur affection, & il réparoit surtout le tort qu'il croyoit avoir été fait à

XVII. Micerinus & Bocchoris.

des gens de bien dans les jugemens publics. Il fit enfin de grands dons à tous les lieux où l'on rendoit des oracles. Il y a trois autres Pyramides dont les bases ont leurs côtez de deux cens pieds. A la grandeur près, elles ressemblent assez aux autres. Elles furent bâties, dit-on, par les trois Rois précédens pour la sépulture de leurs femmes. On convient que ces ouvrages sont au-dessus de tout ce que l'on voit en Egypte, non-seulement par la grandeur de la masse & par les sommes prodigieuses qu'ils ont coûté, mais encore par la beauté de leur construction. Et les Ouvriers qui les ont rendu si parfaites sont bien plus estimables que les Rois qui en ont fait la dépense ; Car les premiers ont donné par-là une preuve mémorable de leur génie & de leur adresse ; au lieu que les Rois n'y ont contribué que les richesses qui leur avoient été laissées par leurs Ancêtres ou qu'ils extorquoient de leurs sujets. Au reste ni les Historiens ni les Egyptiens même ne sont d'accord sur l'article des Pyramides. Car la plûpart leur donnent pour auteurs les Rois que nous avons nommez ; mais quelques-uns les mettent fous d'autres noms : Et ils difent que la premiére eft d'Armæus, la feconde d'Ammofis & la troifiéme d'Inaron. D'autres encore difent que cette troifiéme eft le tombeau de la courtifane Rodope, & que des Gouverneurs de province fes amans l'avoient fait élever pour elle à frais communs. Boccoris fuccéda à ces Rois. Sa taille étoit peu avantageufe ; mais il paffa de bien loin fes derniers prédéceffeurs en efprit & en fageffe.

PLUSIEURS fiécles après lui on trouve Sabacon né en Ethiopie : celui-ci fe diftingua entre tous les Rois d'Egypte par fa piété & par la douceur de fon régne. Une des grandes marques qu'il ait données de la bonté de fon naturel eft d'avoir aboli la plus grande de toutes les punitions juridiques qui eft la peine de la mort : car au lieu du dernier fupplice il ordonna qu'on condamneroit les criminels aux travaux dans les villes où on les diftribueroit. Il leur fit faire plufieurs digues & plufieurs canaux qui étoient ou néceffaires ou utiles. Il jugea qu'en fauvant ainfi la vie à ces malheureux, il changeroit une rigueur infructueu-

XVIII. Sabacon.

se en une punition dont l'Egypte tireroit de grands avantages. On allégue pour preuve de sa piété l'abdication qu'il fit de la Royauté sur un songe qu'il avoit eu. Le Dieu de Thébes s'apparut à lui & lui dit que son régne ne seroit pas long-tems heureux en Egypte, s'il ne faisoit couper tous les Prêtres par la moitié du corps pour passer entre deux accompagné de toute sa maison. Cette vision étant revenue plusieurs fois, il manda tous les Prêtres & leur dit que les Dieux lui marquoient qu'il ne leur étoit pas agréable, puisqu'au fond leur volonté ne pouvoit être qu'il executât un tel ordre : Qu'ainsi il aimoit mieux se retirer & mourir, s'il le faloit, que de demeurer plus long-tems sur un Trône où il déplaisoit aux Dieux, ou de souiller sa vie & sa mémoire de tant de meurtres. Ainsi ayant remis l'Empire aux Egyptiens il se retira en Ethiopie.

XIX. Interrégne. Les douze Gouverneurs régnant ensemble, & le tombeau commun qu'ils firent construire.

IL Y EUT alors un interrégne de deux ans qui fut rempli de troubles & de guerres civiles: Jusqu'à ce qu'enfin douze des principaux Gouverneurs se liérent entre eux par un serment réciproque, & s'étant promis de se soutenir mutuellement, ils se déclarérent Rois tous ensemble dans le Sénat de Memphis. Ayant régné quinze ans dans une grande concorde ils entreprirent de se bâtir un tombeau commun; afin qu'étant associez aux mêmes honneurs dans la sépulture comme ils l'avoient été dans la royauté, ce monument rendît à la postérité un témoignage glorieux d'une union si rare. Ils s'efforcérent de surpasser dans cet ouvrage tous leurs prédécesseurs. Ayant choisi un terrain convenable vers l'entrée du lac de Mœris dans la Libye, ils y dressérent un tombeau de pierres choisies. C'étoit un quarré dont chaque côté avoit un stade de longueur. On n'a pas depuis porté plus loin l'adresse du ciseau & la beauté de la sculpture. Dès qu'on a passé la porte, on voit un palais dont chacun des quatre côtez étoit orné de quarante colomnes. Une seule pierre servoit de plat-fonds à tout l'édifice. On avoit gravé au-dessous des étables & d'autres bâtimens. On y avoit peint aussi avec un grand art les Villes où étoient nez chacun de ces Rois; avec les sacrifices & les autres cérémonies qu'on y faisoit en l'honneur des Dieux. En un mot le deſſein de l'ouvrage étoit d'une telle magnificence & l'éxecution étoit ſi parfaite dans ce qu'on avoit commencé, que ſi ces Rois ne ſe fuſſent ſéparez avant la fin de leur entrepriſe, l'Egypte n'auroit rien eu de comparable à ce monument. Mais après la quinziéme année de leur régne la ſuprême puiſſance fut dévolue à un ſeul, à l'occaſion que je vais dire.

XX.
Pſammeticus.

PSAMMETICUS de Saïs un des douze Rois, lequel étoit Gouverneur des provinces maritimes, trafiquoit avec les Marchands étrangers & ſurtout avec ceux de la Phénicie & de la Gréce. Il tiroit par là de grands profits de ſon Gouvernement; & il avoit acquis beaucoup d'amis & de crédit chez les Nations voiſines, outre les richeſſes qu'on lui en apportoit. Ces avantages excitérent la jalouſie des Rois ſes collégues & ils lui déclarérent la guerre. De plus quelques Hiſtoriens rapportent qu'un Oracle leur annonça que le premier d'entr'eux qui feroit une oblation au Dieu de Memphis dans une coupe d'airain régneroit ſeul ſur toute l'Egypte. Or un Prêtre leur ayant préſenté un jour douze coupes d'or pour faire leurs oblations, Pſammeticus ôta ſon caſque de deſſus ſa tête & s'en ſervit pour faire la ſienne. Cette action ayant été ſuſpecte à ſes collégues ils ne voulurent pas le tuer, mais ils le chaſſérent & l'obligérent de ſe retirer dans les marais qui ſont auprès de la mer. Enfin ſoit que leur diviſion eut été cauſée par l'ambition de Pſammeticus ou par la jalouſie des autres Rois; celuilà fit lever des ſoldats à prix d'argent dans la Carie & dans l'Ionie; & il défit en bataille rangée ſes ennemis raſſemblez devant une ville nommée Momemphis. De ces Rois vaincus les uns furent tuez dans le combat & les autres ayant été pouſſez juſques dans la Libye, ne furent plus en état de diſputer la ſouveraineté à Pſammeticus. Ainſi étant demeuré ſeul maître de l'Egypte, il conſacra au Dieu de Memphis un veſtibule tourné du côté de l'Orient. Il l'environna d'un Periſtile auquel des figures Coloſſales de dix-huit pieds de haut ſervoient de colomnes. Outre la ſolde dont il étoit convenu avec les troupes étrangéres qui l'avoient ſervi, il leur diſtribua encore de grands préſens, & leur donna un peu au-dessus de l'embouchure de Peluse un territoire nommé le camp, qu'ils partagérent & dont ils tirérent les portions au sort. (1) Amasis qui régna plusieurs années après, les rappella de cet endroit pour les placer dans Memphis. Comme Psammeticus étoit parvenu à la Monarchie par le secours de ces troupes soudoyées, il avoit une confiance particuliére en elles & il remplit son armée de corps étrangers, dans la guerre qu'il porta en Syrie. Il affecta de les distinguer; car toutes les fois qu'il s'agissoit de se mettre en ordre de bataille, il leur donnoit toujours la droite, laissant à la gauche la Phalange des Egyptiens. Ceux-ci indignez de cette préférence desertérent tout d'un coup au nombre de deux cens mille & se retirérent du côté de l'Ethiopie, dans le dessein de se rendre maîtres d'un canton où ils vivroient indépendans. Le Roi leur envoya d'abord quelques-uns de ses principaux Officiers pour leur faire quelque satisfaction sur l'injure qu'ils croyoient

---

(1) La traduction embrasse ici le sens de deux leçons différentes que présente ou le texte Grec ou la marge.

avoir

avoir reçûe : mais comme ils ne se rendirent pas à cette démarche, il les suivit par mer avec ses troupes fidelles ; il les rencontra non loin du Nil lorsqu'ils étoient déja prêts à sortir de l'Egypte ; il les conjura de ne pas abandonner ainsi leurs temples, leur patrie, leurs femmes & leurs enfans. Eux aussi-tôt frapant de leurs javelots & de leurs boucliers les uns contre les autres, répondirent en criant de toutes leurs forces que tant qu'ils auroient ces armes avec eux, ils trouveroient aisément une patrie ; (1) & que tant qu'ils seroient hommes, ils ne manqueroient ni de femmes, ni d'enfans. Se remplissant ainsi de courage & méprisant ce que les autres hommes ont de plus précieux & de plus cher, ils s'emparérent du lieu le plus avantageux de l'Ethiopie ; ils le partagérent entr'eux & s'y établirent. Psammeticus sentit vivement cette désertion. Cependant il pourvut à tout dans l'Egypte ; il régla l'état de ses finances ; il fit enfin une alliance & une ligue avec les Athéniens & les

---

(1) Le texte dit ici. *Reductis quoque tunicis genitalia ostentant ; dictitantes:* & le reste comme dans le François.

autres Grecs. Il accordoit toutes sortes de privilèges aux Etrangers qui venoient s'établir volontairement en Egypte : mais il aimoit surtout les Grecs, & il fit apprendre à ses enfans toutes les sciences de la Gréce. Il fut le premier de tous les Rois d'Egypte qui ouvrit ses ports au commerce de toutes les Nations & qui favorisa la navigation dans ses Mers. Car ses prédécesseurs avoient jusqu'alors rendu l'Egypte inaccessible aux Etrangers, en tuant ou faisant esclaves tous ceux qu'on pouvoit surprendre le long de leurs côtes. Cette horrible maxime des Egyptiens a donné lieu à la fable de Busiris si fameuse chez les Grecs. Car au fond le fait particulier dont on accuse ce Roi n'est pas véritable : mais c'est une exagération dont son inhumanité qui n'étoit que trop réelle avoit été le fondement.

XXI. Apriès, & Amasis son successeur & *** ier Roi *** ncienne ***.

SIX-VINGT ANS après Psammeticus, Apriès régna vingt-deux ans. Ayant levé de puissantes armées de terre & de mer il alla attaquer l'Isle de Cypre & la Phénicie. Il emporta Sidon de force & jetta par cet essai tant de terreur dans les autres Villes qu'elles se rendirent d'abord. Il vainquit ensuite dans un grand combat sur mer les Cypriots & les Phéniciens ensemble ; & il retourna dans l'Egypte chargé de dépouilles. Mais ensuite ayant envoyé l'élite de ses troupes aux siéges de Cyréne & de Barcé & en ayant perdu la plus grande partie, ce mauvais succès aliéna l'esprit de ceux qui en revinrent. Car on le soupçonna de s'être défait exprès de la meilleure partie de ses sujets pour régner avec plus d'empire sur le reste. Ce soupçon ayant excité un soulevement général, il envoya Amasis un des hommes les plus considérables de l'état vers les Rebelles. Mais Amasis au lieu de s'acquitter de sa commission & de tâcher de les ramener à l'obéissance d'Apriès fomenta leur rebellion & se fit déclarer Roi. Toute l'Egypte se rangea bien-tôt de son parti ; & Apriès ne sçachant à quoi se résoudre, eut enfin recours à ses troupes étrangéres qui faisoient environ trente mille hommes. Il se donna un sanglant combat vers le village de Maria ; & Apriès ayant été pris vivant fut ensuite étranglé. Amasis travailla d'abord à s'affermir sur le trône ; il régna depuis avec une grande

148 DIODORE,
équité & s'acquit beaucoup de gloire. Il subjugua l'Isle de Cypre & fit aux Dieux des offrandes magnifiques. Il mourut après un régne de cinquante-cinq ans, vers le tems ou Cambyse Roi de Perse entreprit la conquête de l'Egypte, c'est-à-dire en la troisiéme année de la soixante-troisiéme Olympiade, (1) où Parmenide de Camarine remporta le prix de la course (2).

XXII. Loix de l'Egypte. Mœurs des Egyptiens, & premiérement des Rois.

Aprés avoir raconté dans une étendue qui nous a paru suffisante les actions des anciens Rois d'Egypte jusqu'à la mort d'Amasis, nous renvoyons à leur tems l'histoire de ceux qui les ont suivis, pour placer ici un abregé des loix & des mœurs des Egyptiens qui paroîtront sans doute merveilleuses & d'une grande instruction pour le lecteur. Elles n'ont pas été révérées des Egyptiens seuls. Les Grecs mêmes les ont admirées ; de sorte que les plus habiles d'entr'eux se sont fait honneur de venir jusqu'en Egypte pour y apprendre les maximes & les coutumes de cette fameuse Na-

(1) 526 ans avant J. C.
(2) Je supprime ici, comme Rhodoman dans sa version latine, une comparaison des Olympiades avec le retour de l'année bissextile chez les Romains. C'est une note marginale introduite mal à propos dans le texte.

tion. Car bien que l'entrée de l'Egypte fût autrefois difficile aux Etrangers, comme nous l'avons dit plus haut, cependant Orphée & le poëte Homére entre les plus anciens, Pithagore de Samos & le Législateur des Athéniens Solon entre plusieurs autres plus recens n'ont pas laissé d'en entreprendre le voyage. Les Egyptiens disent que l'Ecriture & l'Astronomie ont pris naissance chez eux. Ils ont proposé les premiers problêmes de Géométrie & ont inventé la plûpart des arts. Ils prouvent que leurs loix sont excellentes, parce qu'ils comptent plus de quatre mille sept cens ans où l'Egypte a été gouvernée par des Rois presque tous nez chez eux; & qui ont rendu ce Royaume le plus heureux qui fut au Monde: ce qui ne seroit pas arrivé si les Rois & les sujets n'avoient suivi des loix très-sages & n'eussent reçû une éducation très-parfaite. Mais nous omettrons dans ce récit les fictions incroyables qu'Hérodote & quelques autres Ecrivains ont inventées d'eux-mêmes & qu'ils ont préférées à la vérité, croyant attirer par là l'attention de leurs lecteurs. Nous nous en tiendrons à ce que nous avons trouvé dans les livres qui ont été écrits par les Prêtres Egyptiens & nous le rapporterons avec une exacte fidélité. Dans les premiers tems les Rois ne se conduisoient point en Egypte, comme chez les autres peuples, où ils font tout ce qu'ils veulent sans être obligez de suivre aucune régle, ni de prendre aucun conseil. Tout leur étoit prescrit par les loix, non-seulement à l'égard de l'administration du Royaume, mais encore par raport à leur conduite particuliére. Ils ne pouvoient point se faire servir par des esclaves achetez ou même nez dans leur maison: Mais on leur donnoit les enfans des principaux d'entre les Prêtres, toujours au-dessus de vingt ans & les mieux élevez de la Nation; afin que le Roi, voyant jour & nuit autour de sa personne la jeunesse la plus considérable de l'Egypte, ne fît rien de bas & qui fût indigne de son rang. En effet les Princes ne se jettent si aisément dans toutes sortes de vices que parce qu'ils trouvent des Ministres toujours prêts à servir leurs passions. Il y avoit surtout des heures du jour & de la nuit, où le Roi ne pouvoit disposer de lui,

& étoit obligé de remplir les devoirs marquez par les loix. Au point du jour il devoit lire les lettres qui lui étoient adreſſées de tous côtez, afin qu'inſtruit par lui-même des beſoins de ſon Royaume il pût pourvoir à tout & remedier à tout. Après avoir pris le bain, il ſe revêtoit d'une robe précieuſe & des autres marques de la Royauté pour aller ſacrifier aux Dieux. Quand les victimes avoient été amenées à l'autel, le Grand-Prêtre debout & en préſence de tout le peuple, demandoit aux Dieux à haute voix qu'ils conſervaſſent le Roi & répandiſſent ſur lui toute ſorte de proſpéritez, parce qu'il gouvernoit ſes ſujets avec juſtice. Il inſéroit enſuite dans ſa priére un dénombrement de toutes les vertus propres à un Roi en continuant ainſi : Parce qu'il eſt maître de lui-même, magnanime, bienfaiſant, doux envers les autres, ennemi du menſonge ; ſes punitions n'égalent point les fautes, & ſes récompenſes paſſent les ſervices. Après avoir dit plusieurs choſes ſemblables, il condamnoit les manquemens où le Roi étoit tombé par ignorance. Il eſt vrai qu'il en diſculpoit le Roi même;

mais il chargeoit d'execrations les flateurs & tous ceux qui lui donnoient de mauvais conseils. Le Grand-Prêtre en usoit de cette maniére parce que les avis mêlez de louanges, sont plus efficaces que les remontrances améres, pour porter les Rois à la crainte des Dieux & à l'amour de la vertu. Ensuite de cela le Roi ayant sacrifié & consulté les entrailles de la victime ; le lecteur des livres sacrez lui lisoit quelques actions ou quelques paroles remarquables des grands hommes ; afin que le Souverain de la République ayant l'esprit plein d'excellens principes, en fît usage dans les occasions qui se présenteroient à lui. Ce n'étoient pas seulement les tems de donner ses audiences & de rendre ses jugemens qui lui étoient marquez; il ne pouvoit aussi se promener, prendre le bain, coucher avec sa femme, ni faire quoi que ce soit qu'à certaines heures. Il ne devoit se nourrir que de viandes simples. Il n'y avoit que la chair de veau & du canard qui lui fussent permises ; & on lui donnoit une mesure de vin qui ne pouvoit l'envyrer ni même affoiblir tant soit peu son jugement. Enfin tout ce qui concerne le régime étoit si bien ordonné, qu'on eût pris plûtôt ces réglemens pour les avis d'un Médecin que pour les statuts d'un Législateur. Mais s'il est étonnant qu'un Roi ne pût suivre son appetit dans ses repas; il étoit du moins très-beau & très-avantageux qu'il ne pût suivre ni sa passion, ni sa fantaisie dans les affaires d'Etat; & que dans les jugemens qu'il rendoit & les peines qu'il imposoit il fût astreint à ce que les loix avoient ordonné pour toutes les circonstances qu'elles avoient prévûes. Les Rois bien loin de se sentir genez par ces pratiques trouvoient au contraire qu'elles leur procuroient une vie douce & heureuse. Car ils étoient persuadez que les hommes dont rien n'arrête le caprice, font une infinité de choses qui leur nuisent & qui les perdent. L'amour & la haine les poussent malgré eux à des actions dont ils éprouvent eux-mêmes les mauvaises suites; au lieu que ceux qui sont assujettis au conseil des sages sont bien moins exposez au repentir. Cette conduite du Prince à l'égard de ses sujets leur donnoit pour lui une affection & une tendresse que ne forme point la plus étroite parenté. Car non-seulement les Prêtres, mais tout ce qu'il y avoit d'hommes dans l'Egypte ne s'intéressoient point avec tant d'ardeur à leurs femmes, à leurs enfans & à leurs biens qu'à la vie & à la sûreté du Roi. Tant que cette forme de gouvernement a subsisté les Rois ont conservé leur état dans son entier & se sont procuré à eux-mêmes une vie tranquille. Ils ont subjugué plusieurs Nations & amassé de grandes richesses. Ils ont fait faire dans l'Egypte toute sorte de travaux utiles & ont rempli les Villes d'ornemens & de commoditez.

XXIII. Deuil des Egyptiens à la mort des Rois. Les monumens qu'on a dressez en leur mémoire après leur mort sont un témoignage certain de l'amour que les peuples avoient pour eux. Car rien n'est moins équivoque que les marques de reconnoissance données à ceux qui ne peuvent plus les sentir. A la mort d'un Roi toute l'Egypte entroit en deuil, on déchiroit ses habits, on fermoit les temples, on suspendoit les sacrifices, on cessoit les fêtes pendant soixante & douze jours. Des hommes & des femmes au nombre de deux ou trois cens, la tête couverte de bouë & ceints d'un linge sur la poitrine faisoient deux fois par jour des lamentations en Musique, qui contenoient les vertus & les louanges du Mort. Ils ne mangeoient pendant ce tems ni viande ni pain de froment, & ils s'abstenoient du vin & de tout ce qui peut flater le goût. Personne n'eut osé prendre le bain ni user de parfums, ni coucher mollement. On s'interdisoit tout commerce avec les femmes, & chacun passoit ce nombre de jours dans une affliction & une douleur semblable à celle qui suit la mort d'un fils tendrement chéri. Ils préparoient pendant tout ce tems de magnifiques funérailles; & au dernier jour ayant porté le cercueil à l'entrée du tombeau, on tenoit conformément à la loi une audience publique, pour recevoir toutes les accusations & toutes les plaintes qu'on voudroit faire contre le Roi. Les Prêtres le louoient d'abord en racontant les bonnes actions qu'il avoit faites; & la multitude innombrable qui avoit suivi le convoi répondoit aux Prêtres par des acclamations, si le Roi avoit bien vécu; mais il s'excitoit un grand murmure s'il avoit mal gouverné. Il est arrivé à quelques Rois d'être privez d'une sépulture honorable sur la décision du peuple ; comme au contraire il est arrivé à la plûpart d'entr'eux de se conduire sagement, non-seulement par toutes les précautions que les loix avoient prises pour leur faire tenir la bonne voye pendant leur vie; mais encore par la seule vûe de la honte qu'ils avoient à craindre après leur mort, & de l'infâmie éternelle que le jugement porté sur leur corps pouvoit attacher à leur nom. Voilà les principaux réglemens de l'ancienne Egypte à l'égard des Rois.

XXIV. Provinces ou Nomes de l'Egypte. Distribution de ses revenus, entre le Roi, les Prêtres & les soldats.

TOUTE l'Egypte avoit été distribuée en plusieurs Provinces que les Grecs ont appellées Nomes dans leur langue, & dont chacune étoit régie par un Nomarque ou Gouverneur particulier. Mais par un autre partage tout étoit divisé en trois portions. La première appartenoit au collége des Prêtres, qui étoient dans une vénération singuliére, soit par le respect que l'on portoit aux Dieux dont ils étoient les ministres, soit par la sagesse & par les lumiéres qu'ils avoient puisées dans une éducation très-distinguée. Leur revenu est employé aux frais de tous les sacrifices qui se font dans l'Egypte, à l'entretien des Officiers subalternes dont ils ont besoin, & à la subsistance de leur propre famille. Les Egyptiens croyoient que les Dieux devoient être servis par des personnes consacrées à eux & qu'il ne falloit jamais changer leur culte; & ils ne vouloient pas d'un autre côté que ceux dont les conseils étoient utiles à tout le monde manquassent de rien pour eux-mêmes. En effet les Prêtres étoient toujours attachez à la personne du Roi pour l'aider de leurs instructions & de leurs avis, & souvent même de leurs soins & de leurs personnes dans les affaires importantes. Ils lui découvroient l'avenir qu'ils connoissoient comme Aruspices & comme Astrologues, & ils tiroient des Annales sacrées les faits qui pouvoient lui servir d'exemples. Ainsi ce n'est pas comme chez les Grecs un seul homme ou une seule femme qui est revêtue du sacerdoce, mais c'est une société de plusieurs personnes qui transmettent à leurs descendans la science & la pratique du culte des Dieux. D'ailleurs ils sont exemts de toute charge & ils sont par leur rang

& par leur crédit les premiers du Royaume après le Roy. La seconde part de l'Egypte appartenoit aux Rois. Ils en tiroient tout ce qui leur étoit nécessaire pour la guerre & pour soutenir leur dignité: elle leur suffisoit même pour récompenser ceux qui s'étoient distinguez par leur mérite & par leurs services: De sorte qu'ils n'avoient jamais besoin d'accabler le peuple d'impôts. La troisiéme étoit pour l'état militaire & pour tous ceux qui sont sujets aux convocations en tems de guerre; afin qu'étant liez à la patrie par leur propre bien, ils s'exposassent plus volontiers aux périls & aux travaux attachez à leur profession. En effet il ne paroît pas y avoir de la prudence à confier la garde & la sureté d'un pays à des gens qui n'ont aucun intérêt personnel à le défendre. Mais le but principal du Législateur à cet égard avoit été de faciliter le mariage aux soldats; afin que l'état militaire s'entretenant par ce moyen, l'Egypte n'eût jamais besoin de troupes étrangéres. On a observé que ces enfans élevez par leurs peres dans le métier des armes, & pleins d'émulation pour les actions qu'ils leur avoient vû faire, se signaloient de bonne heure par leur courage & même par leur expérience.

LE COMMUN des habitans est divisé en trois classes : les laboureurs, les pasteurs, & les artisans. Les laboureurs prennent pour un tems, à un prix modique, les terres du Roi, ou des Prêtres ou des soldats, & employent tout ce tems à les cultiver. Étant nez dans ces exercices, ils sçavent mieux l'agriculture qu'on ne la sçait partout ailleurs. Ils connoissent parfaitement la nature des terres, les tems des débordemens du Nil, la saison propre aux semailles, aux moissons, & aux transports des denrées; soit par les instructions qu'ils ont reçûes de leurs peres, soit par les épreuves qu'ils ont faites eux-mêmes. Il en est ainsi des pasteurs qui ont reçû de leurs parens comme par héritage, la connoissance de tout ce qui regarde les troupeaux, qui l'ont cultivée par une longue habitude & qui de plus inventent souvent des maniéres nouvelles d'augmenter les profits qu'on peut tirer des bestiaux. Ce qu'il y a de plus particulier est que ceux qui élevent des oiseaux de basse-cour, trou-

XXV.
Le peuple partagé en trois classes.

vent par leur application & par leur industrie, des moyens de les faire multiplier tout autres que les voyes ordinaires qu'il semble que la nature ait établies pour cet effet. Car au lieu de laisser couver les œufs par les oiseaux mêmes qui les ont pondus, ils ont la patience de les faire éclorre en les échauffant dans leurs mains. Par-là ils avancent l'ouvrage de la nature, & ils augmentent considérablement ses productions. Mais rien n'est plus admirable que l'utilité & la perfection des arts qui s'exercent chez les Egyptiens. C'est le seul pays du monde où ceux qui sont nez dans une profession, & qui pour ainsi dire l'ont reçûe des loix, ne la quittent jamais pour en exercer une autre: De sorte que ni les jalousies domestiques, ni leur ambition particuliére, ne les tirent jamais de la profession paternelle. On voit fort souvent chez les autres peuples que les jeunes gens par légéreté d'esprit, ou par envie de gagner davantage, se dégoûtent de la profession de leurs parens, ou s'appliquent à diverses choses à la fois. Ceux qui sont nez laboureurs veulent devenir marchands ou être même les deux ensemble. Dans les états populaires les plus vils ouvriers courent aux assemblées publiques, qu'ils remplissent de tumulte, gagnez la plûpart du tems par l'argent de quelques hommes mal-intentionnez. Mais chez les Egyptiens si quelque artisan se mêloit des affaires d'état, quittoit sa profession pour en prendre une autre, ou en vouloit exercer plus d'une, il étoit grievement puni. Par cette police l'ancienne Egypte maintenoit sa distinction entre les ordres de l'état & la perfection en chacun d'eux.

LA VIGILANCE des Egyptiens étoit extrême en matière de justice ; ils étoient persuadez que la manière de la rendre étoit le soûtien ou la ruine de la société. L'exactitude à punir les crimes & la protection ouverte de l'innocence, sont les freins les plus forts pour contenir les scélérats. Mais dès que l'on peut éluder les menaces de la justice par les présens & par les brigues, il n'y a plus de sûreté dans un état. Ainsi les Egyptiens choisirent les plus hommes de bien de leurs principales villes comme d'Heliopolis, de Thébes & de Memphis pour composer une cour de justice, qui ne

XXVI.
Exercice de la justice chez les Egyptiens.

cédoit point à l'Aréopage d'Athénes ni au Sénat de Lacédémone. Ils étoient au nombre de trente; & après avoir élu le plus vertueux d'entr'eux pour présider à leurs jugemens, ils appelloient un homme des Villes que nous avons nommées, pour remplir toujours le nombre de trente, sans compter leur chef. Le Roi fournissoit à ces Juges tout ce qui étoit nécessaire pour leur entretien; mais la pension assignée au chef de la justice étoit beaucoup plus considérable que celle des autres. Il portoit à son cou une chaine d'or où pendoit une figure composée de plusieurs pierres précieuses, qui représentoit la vérité. Les Juges n'alloient point aux avis que leur Chef n'eut pris en main cette figure. On ouvroit devant eux les huit volumes qui contenoient les loix; & alors l'accusateur présentoit un écrit, dans lequel étoit exposée la nature du crime qu'il dénonçoit aux Juges, ou la qualité de l'injure qu'il prétendoit avoir reçûe. L'accusé ayant pris & lû cet écrit, répondoit qu'il n'avoit pas fait la chose, ou que l'ayant faite, il n'avoit pas commis une injustice, ou enfin que s'il en avoit commis une, elle ne méritoit pas la punition que l'accusateur demandoit. L'accusateur soûtenoit par une replique, ce qu'il avoit avancé, & l'accusé donnoit encore sa défense. Quand toutes ces piéces avoient été remises aux trente Juges, il falloit qu'ils se communiquassent leurs avis. Ensuite dequoi, le Chef de la Justice touchoit avec la figure de la vérité une des deux parties pour marque qu'elle avoit gagné sa cause. C'est ainsi que tous les jugemens se rendoient chez les Egyptiens; parce qu'ils croyoient que les discours des Avocats ne servent qu'à obscurcir la vérité. Les figures de Rhetorique, aussi-bien que la contenance hypocrite ou les larmes de ceux qui plaident, ont fait souvent oublier les loix : & les crimes les plus avérez ont échapé plus d'une fois à la justice par les charmes trompeurs d'une déclamation touchante. Les Egyptiens évitoient ce piége en faisant mettre tous les procez par écrit, & égaloient par là l'homme simple & dénué des avantages de l'esprit & du corps à l'Orateur le mieux fait, le plus disert & le plus hardi. Afin que personne n'eut lieu de se plaindre, on donnoit un tems suffisant à l'accusateur & à l'accusé pour dresser leurs actes, aussi-bien qu'aux Juges pour les examiner. Mais à l'occasion de loix de l'Egypte, il ne sera pas hors de propos de rapporter ici celles qui sont remarquables par leur antiquité, ou par leur singularité, ou par quelque autre circonstance utile ou curieuse pour les Lecteurs.

XXVII. Détail des loix de l'Egypte, en matière criminelle.

PREMIEREMENT le parjure étoit irrémissiblement puni de mort, parce qu'ils y croyoient voir deux des plus grands crimes du monde ; l'un est celui d'insulter les Dieux, & l'autre, celui de détruire le plus ferme fondement de la foi humaine. Secondement on punissoit de mort celui qui rencontroit, en son chemin à la campagne, un homme qu'on vouloit tuer ou à qui l'on faisoit quelque outrage, & qui ne le défendoit pas, le pouvant faire. S'il étoit vrai qu'il n'eut pû le défendre, il devoit déclarer les voleurs selon les indices qu'il en avoit eus, & les poursuivre en son propre nom ; ou bien il essuyoit un certain nombre de coups de fouet marqué par la loi, & on le faisoit passer trois jours sans manger. Troisiémement les accusateurs convaincus de calomnie subissoient la peine attachée au crime qu'ils avoient faussement dénoncé. Quatriémement il étoit enjoint à tous les Egyptiens de déclarer leur nom, leur profession, & leurs revenus aux Magistrats; & l'on condamnoit à la mort celui qui faisoit une fausse déclaration, ou qui exerçoit un métier illicite. On dit que Solon étant venu en Egypte, y prit cette loi qu'il établit à Athénes. Cinquiémement on étoit puni de mort pour avoir tué volontairement un homme ou libre ou esclave; les loix voulant que la vie des hommes dépendît de leur conduite, & non de leur condition, & souhaitant d'ailleurs que les citoyens s'accoutumassent par les égards qu'ils auroient pour les esclaves à ne point offenser les personnes libres. On ne faisoit pas mourir les parens qui avoient tué leurs enfans; mais on leur faisoit tenir leurs corps embrassez trois jours & trois nuits de suite, au milieu de la garde publique qui les environnoit. Les Egyptiens croyoient que les parens ayant donné la vie à leurs enfans, devoient être exemts de la punition commune des homicides : mais en même tems ils vouloient empêcher ces sortes d'actions par la crainte d'une peine également rude & honteuse. Ils avoient inventé un supplice extraordinaire pour les enfans qui tueroient leurs peres. Car leur ayant fait entrer dans toutes les parties du corps des brins de chaulme de la longueur du doigt; ils les faisoient brûler vifs sur des épines. Ils regardoient avec raison comme le plus grand des crimes, celui d'ôter la vie à ceux dont on l'avoit reçûe. Sixiémement on attendoit que les femmes enceintes convaincues de quelques crimes fussent accouchées pour les conduire au supplice. La plûpart des Grecs ont adopté cette loi ; ne croyant point qu'il fût permis de punir deux personnes d'un crime commis par une seule, ni d'envelopper un enfant innocent & sans connoissance dans la punition d'une mere volontairement coupable, ni enfin de priver le pere d'un fils qui lui appartient comme à la mere. En un mot c'est être aussi mauvais Juge de faire mourir ceux qui ne l'ont pas mérité, que de sauver ceux dont la justice demande la mort. Ce sont-là les loix principales des Egyptiens en matiére criminelle. A l'égard de la discipline militaire ; c'étoit la derniére infamie qu'on avoit attachée à la lâcheté ou à la désobéissance de ceux qui quitteroient leurs rangs ou qui n'executeroient pas les ordres de leurs Généraux. Cependant s'ils réparoient leurs fautes par des actions de vigueur la tache étoit aussi-tôt effacée. Le Législateur a voulu par là faire entendre que la honte est pire que la mort; & il a cru en même tems qu'il valoit mieux exciter les mauvais soldats par l'envie de rétablir leur honneur que de les rendre entiérement inutiles par la perte de leur vie. On coupoit la langue à ceux qui découvroient aux ennemis quelques secrets de l'état, & les deux mains à ceux qui avoient fait de la fausse monnoye, ou qui avoient usé de faux poids & de fausses mesures, ou qui avoient contrefait le sceau du Prince ou des particuliers. On traitoit de même les Ecrivains publics, qui avoient supposé de fausses piéces, ou qui avoient inséré ou supprimé quelques articles dans les actes qu'ils avoient copiez. Ainsi chacun étoit puni par la partie qui avoit été l'instrument de son crime ; & l'exemple d'un châtiment dont on se sentoit toute sa vie détournoit tout le monde des actions par lesquelles on se l'étoit attiré. Les loix qui concernoient les femmes étoient extrêmement sévéres. On rendoit Eunuque celui qui avoit violé une femme libre. Cette action leur paroissoit contraire à la société par trois endroits : elle enferme une grande insulte, elle ouvre la porte à la corruption, & elle jette de la confusion & de l'incertitude dans la naissance des enfans. Mais si l'adultére s'étoit commis de plein gré de part & d'autre, on donnoit mille coups de verges à l'homme & l'on coupoit le nez à la femme. Car ils estimoient qu'il falloit détruire en elle la beauté dont elle avoit abusé pour le crime.

XXVIII. Loix de l'Egypte en matiére Civile.

On croit que les loix qui regardent le commerce sont de Bocchoris. Elles ordonnent que celui qui nie de devoir un argent qu'il a emprunté sans billet, soit déchargé de sa dette sur son serment. Cette pratique avoit rendu le serment respectable. Il est à présumer qu'un homme persuadé qu'il perdra toute créance en jurant faux, ne se fera point à lui-même
un

un si grand tort. D'ailleurs la pensée du Législateur avoit été d'inviter les hommes à se donner par leurs mœurs & par leur conduite la réputation de probité, afin que leur serment eut plus de force ; car enfin on ne peut s'empêcher d'ajouter foi à la protestation solemnelle d'un homme qu'on n'a point trouvé menteur dans le commerce ordinaire de la vie. A l'égard de ceux qui prétoient par billet, il ne leur étoit point permis de faire monter les intérêts plus haut que le capital. On pouvoit faire saisir les biens de ses débiteurs pour se faire payer ; mais il n'y avoit jamais de prise de corps pour raison de dette. On croyoit que les biens appartenoient aux particuliers qui en avoient hérité ou qui les avoient gagnez, mais que les hommes appartenoient à la Patrie qui devoit seule les avoir en sa disposition pour les besoins de la paix & de la guerre. Il ne paroissoit pas juste qu'un soldat, par exemple, qui s'expose aux coups des ennemis, fut encore sujet à la poursuite d'un créancier ; & que l'avarice d'un seul citoyen prévalut sur l'utilité publique. Il semble que

Solon avoit en vûe cette loi, quand il établit à Athénes *la Seisactie* qui ôtoit au créancier la contrainte par corps; & l'on blâme avec raison la plûpart des autres Législateurs Grecs, qui ont défendu de prendre en gage les armes ou la charrue d'un homme à qui l'on préte, & qui permettent de prendre l'homme même pour exiger son remboursement. Les Egyptiens avoient une loi très-singuliére au sujet des voleurs. Elle ordonnoit que ceux qui en voudroient faire le métier se fissent inscrire chez leur capitaine, & que l'on portât chez lui sur le champ tout ce qu'on déroberoit. Ceux qui étoient volez devoient aller trouver cet homme pour lui signifier la qualité & le nombre des choses qu'on leur avoit prises, en lui marquant le lieu & le tems où le vol s'étoit fait. La chose perdue se retrouvoit immanquablement par cette voye, & l'on donnoit le quart de son prix pour la ravoir. Le Législateur pensoit que ne pouvant empêcher absolument le vol, il donnoit

---

(1) σεισαχθεια excussio oneris, nova tabula, abolition des dettes.

aux citoyens un expédient de recouvrer ce qui leur appartenoit pour une légére contribution.

Les Prêtres ne doivent avoir qu'une femme, mais il est permis à tous les autres Egyptiens d'en prendre autant qu'ils en veulent, pourvû qu'ils élévent tous les enfans qui en viennent. Cette loi favorise la multiplication des habitans dont le grand nombre est la premiére source de la félicité des campagnes & des villes. Ils reconnoissent tous les enfans pour légitimes & ceux mêmes qui sont nez d'une esclave achetée à prix d'argent. Car ils jugent que le pere seul est l'auteur de ses enfans & que la mere leur prête seulement le lieu & la nourriture. Par une semblable raison & tout au contraire des Grecs, ils nomment arbres mâles ceux qui portent du fruit, & arbres femelles ceux qui n'en portent point. Ils élévent leurs enfans à très-peu de frais & dans une frugalité incroyable. Ils leur font cuire quelques herbes des plus communes, de la moële du liber qu'on met sous la cendre, ou bien ils leur donnent des choux ou des racines tantôt cruës, tantôt bouillies, & tantôt rôties. On

XXIX.
Education des enfans, & surtout de ceux des Prêtres.

les fait aller pieds nus & souvent même on les laisse aller tout nus dans tout le tems de leur enfance, la chaleur du climat rendant les habits moins nécessaires. Enfin on éléve un enfant jusqu'à son adolescence, sans qu'il en coûte en tout plus de vingt dragmes. C'est par là que le peuple de l'Egypte est en même tems le plus nombreux & le plus capable de grands travaux qui soit au monde. Les Prêtres instruisent leurs enfans en deux sortes de sciences qui ont leur caractéres ou leurs lettres particuliéres, sçavoir les sciences sacrées & les sciences profanes : mais ils leur font apprendre surtout la Géométrie & l'Arithmétique. Car comme le fleuve en se débordant tous les ans change souvent la face de la campagne & confond les limites des héritages ; il n'y a que des gens habiles dans l'art d'arpenter & de mesurer les terres qui en assignant à chacun ce qui lui appartient, puissent prévenir les procez qui naîtroient continuellement entre les voisins. Ainsi l'Arithmétique leur sert non-seulement pour les spéculations de la Géométrie, mais encore pour les besoins de la société civile.

Elle est aussi d'un grand usage parmi les Astrologues. Car bien que le goût de l'Astrologie soit assez général, aucun peuple ne s'est plus appliqué que les Egyptiens à observer le mouvement & le cours des Astres. Les Prêtres avoient des tables Astronomiques dressées depuis un tems immémorial, & l'amour de cette science leur étoit comme héréditaire. Ils marquoient au juste les révolutions des Planetes & leurs mouvemens directs, stationnaires, & retrogrades : mais de plus ils étudioient leurs influences sur les êtres sublunaires & déterminoient les biens & les maux que leurs différens aspects annonçoient aux hommes. Ils ont souvent rencontré dans les prédictions qu'ils ont faites à diverses personnes, de ce qui leur devoit ariver ; aussi-bien que des années d'abondance ou de stérilité, des maladies qui menaçoient les hommes [ou les animaux, des tremblemens de terre & des déluges, ou enfin de l'apparition des cométes. En un mot, un long usage leur avoit appris les choses les plus éloignées des connoissances ordinaires. On prétend même que les Chaldéens n'ont rendu les divinations Astrologiques si célébres à Babylone que parce qu'ils étoient originaires de l'Egypte, où les Prêtres leur avoient communiqué le secret de leur art. Nous avons déja dit que tous les Egyptiens apprenoient de leurs parens mêmes le métier qu'ils trouvoient dans leur famille: ainsi ils n'apprenoient pas tous à lire; cela n'étoit permis qu'à ceux qui étoient destinez aux sciences par leur état. La lutte & la musique étoient des arts défendus chez eux, parce qu'à l'égard de la lutte, ils croyoient qu'elle pouvoit nuire à la santé & qu'elle ne donnoit au corps qu'une force passagére & dangereuse; & à l'égard de la musique ils la regardoient non-seulement comme inutile, mais encore comme contraire aux mœurs, parce qu'elle amollit l'ame.

XXX. *De la Médecine chez les Egyptiens.*

Ils prévenoient les maladies par des remédes rafraîchissans, par les purgatifs, par les diettes, par les vomissemens. Ils employoient ces remédes plusieurs jours de suite à l'égard des uns, & ils ne les faisoient prendre à d'autres que par intervalle. Ils croyoient que toute nourriture contenoit un superflu, dont s'engendrent les maladies ; & qu'ainsi tout ce qui tend à évacuer le corps étoit le principe du mal, & étoit le moyen le plus sûr d'entretenir ou de ramener la santé. Il n'en coûtoit rien aux Egyptiens pour se faire traiter quand ils étoient à la guerre ou en voyage dans leur pays : car les Médecins étoient gagez du public, & ils exerçoient la Médecine selon les régles qui leur avoient été transmises par le plus grand nombre & les plus illustres de leurs anciens maîtres. S'ils ne pouvoient sauver le malade en suivant cette méthode, qu'ils trouvoient écrite dans les livres sacrez, on ne leur imputoit rien : mais s'ils s'en étoient écartez, ils étoient punis de mort. Le Législateur avoit cru que peu de gens seroient capables de trouver une meilleure route que celle qui avoit été tracée & suivie de tous tems par les plus habiles dans cet art.

ON regardera sans doute comme un article difficile à croire & à comprendre ce qui concerne les animaux sacrez de l'Egypte. Car les Egyptiens respectent jusqu'à l'adoration plusieurs animaux, non-seulement pendant leur vie mais encore après leur

XXXI. Des Animaux sacrez de l'Egypte.

mort; comme les chats, les ichneumons, les chiens, les épreviers & certains oiseaux nommez dans leur langue Ibis, les loups mêmes, les crocodiles & plusieurs autres. Après avoir
donné un détail abrégé de cette superstition nous tâcherons d'en expliquer
les causes. Premiérement on consacre
un champ dont le revenu est destiné
pour la nourriture & pour les autres
soins qu'on prend de chaque espéce
de ces animaux. Outre cela les Egyptiens rendent leurs vœux à certains
Dieux pour leurs enfans échapez de
quelques maladies; & alors ils se font
couper les cheveux & en donnent le
poids en or & en argent aux gardiens
des animaux sacrez. Ceux qui nourrissent les épreviers les appellent à
haute voix pour leur faire prendre les
morceaux de chair tout coupez qu'ils
leur jettent en l'air. Pour les chats & les
ichneumons, on paîtrit du pain dans
du lait & on le leur donne avec quelques morceaux de poisson du Nil, en
les attirant par cette espéce de sifle-
ment dont on se sert pour flater les
animaux. Il en est de même de tous
les autres à qui l'on présente les viandes qui leur conviennent. Non-seu-

lement ces Officiers ne se font pas une peine & une honte de ce ministére ; mais ils s'en glorifient comme s'ils étoient employez aux plus saintes cérémonies de la Religion. Ils ne paroissent jamais dans les villes ou à la campagne qu'avec des marques particuliéres qui les distinguent & qui indiquent même de quels animaux ils sont gardiens : D'aussi loin qu'on les apperçoit tout le monde se prosterne devant eux. Quand il est mort quelqu'un de ces animaux ils l'enveloppent dans un linceul en pleurant & en se frappant la poitrine, & ils le portent à ceux qui ont soin de les saler ; ils les embaument ensuite avec de l'huile de cédre, & d'autres parfums les plus odoriférans & les plus propres à conserver long-tems les corps, & ils les déposent enfin dans des coffres sacrez. Si quelqu'un tue exprès aucun de ces animaux il lui en coûte la vie : mais il y a une distinction pour les chats & pour les ichneumons; c'est qu'un homme qui en auroit tué un, soit exprès, soit par mégarde, est saisi par le peuple qui se jette sur lui, qui lui fait souffrir toute sorte de maux & le massacre ordinairement sans aucune forme de procez. Ainſi ceux qui rencontrent un de ces animaux ſans vie ſe mettent à ſe lamenter de toute leur force, en proteſtant qu'ils l'ont trouvé mort. Cette ſuperſtition eſt tellement enracinée dans l'ame de ces peuples & leur vénération pour ces animaux eſt ſi forte, qu'au tems où le Roi Ptolémée (1) aſpiroit à ſe faire déclarer ami & allié du peuple Romain, & que les Egyptiens avoient toute ſorte d'égards pour ceux qui venoient d'Italie, afin d'éloigner tout prétexte de mécontentement & de guerre de la part de la République qu'ils appréhendoient, un Romain qui avoit tué un chat fut aſſommé par le peuple qui ſe jetta dans ſa maiſon, ſans pouvoir être arrêté ni par l'intérêt de l'état, ni par les remontrances des Officiers du Roi, ni par les proteſtations que faiſoit le Romain même de n'avoir tué le chat que par mégarde. Je n'allégue point ce fait ſur le raport d'autrui & j'en ai été témoin moi-même dans mon ſéjour en Egypte. S'il paroît fabuleux & incroyable, on ſera bien plus ſurpris d'apprendre

―――――――――
(1) C'eſt ſans doute le onziéme Ptolémée ou Ptolémée Auletès,

qu'en une famine dont l'Egypte fut affligée, les hommes en vinrent jusqu'à se manger les uns les autres, sans que personne ait été accusé d'avoir touché aux animaux sacrez. Dans une maison où il meurt un chien tout le monde se rase & se met en deuil; & ce qui est encore plus singulier ils ne se servent plus ni du pain, ni du vin, ni de toutes les provisions de bouche qui se trouvent alors chez eux. Quand ils retournent des pays étrangers où ils ont été à la guerre, ils rapportent avec eux des chats & des vautours, quoiqu'ils ayent à peine de quoi vivre dans le chemin. Il est plus aisé de raconter que de faire croire à ceux qui ne l'ont pas vû, ce qu'ils pratiquent à l'égard du Bœuf Apis à Memphis, du Bœuf Mnevis à Heliopolis, du Bouc à Mendès, du Crocodile au lac de Mœris, du Lion à Leontopolis & de plusieurs autres. Ils nourrissent ces animaux dans des parcs sacrez & ce sont des gens du premier ordre qui s'acquittent de ces fonctions, & qui apprêtent à ces animaux des viandes très-délicates. Car ils leur font des tartes avec du froment & de la fleur de farine paîtries dans du lait.

Ils leur donnent avec cela toutes sortes de compositions de Miel, & de la chair d'Oye ou rôtie ou bouillie. Ils vont à la chasse pour les oiseaux carnaciers qu'ils ont à nourrir, & ils ne plaignent point les plus grands frais pour les entretenir magnifiquement. Ils leur font prendre des bains délicieux: ils les oignent de parfums exquis & font brûler sans cesse des odeurs devant eux. Ils étendent des tapis sous eux & les parent eux-mêmes superbement. Ils ont un grand soin de les apparier suivant leur espéce. Ils recherchent outre cela les plus belles femelles qu'on puisse avoir & les nourrissent avec des attentions particuliéres, comme les concubines de ces animaux. Lorsqu'il en meurt quelqu'un, ils le pleurent comme leurs propres enfans & leur font des funérailles qui passent leurs facultez. Ptolémée fils de Lagus régnant en Egypte après la mort d'Alexandre, un Apis mourut de vieillesse à Memphis: celui qui en avoit soin ayant dépensé tout son bien qui étoit considérable aux préparatifs de ses funérailles, emprunta encore du Roi cinquante talens d'argent pour les achever. Enfin on a vû de notre tems quelques-uns de ces gardiens d'animaux qui avoient dépensé cent talens à leur entretien.

A CETTE occasion nous ferons le récit de ce qui se pratique à l'égard du Taureau qu'ils nomment Apis. Lorsqu'il est mort & qu'il a été enseveli avec toute sorte de magnificence, ses Prêtres cherchent un veau qui pour la forme & pour la couleur approche du Taureau mort. Quand ils l'ont trouvé le deuil cesse, & d'abord ils ménent le nouvel Apis à Nilopolis ou ville du Nil, où ils le nourrissent pendant quarante jours. Ils l'embarquent ensuite dans une gondole où il y a pour lui une chambre dorée, & ils le conduisent comme un Dieu dans le temple de Vulcain à Memphis. Pendant les quarante jours dont nous avons parlé il est permis aux femmes de le voir & elles se tiennent debout devant lui : (1) mais après cela il leur est défendu de paroître en sa présence. Le principe de ce culte selon quelques-uns est qu'à la mort d'Osiris, son ame passa dans le corps d'un Taureau nommé Apis; & que depuis ce tems, elle est entrée

XXXII.
Culte du Taureau Apis, & de plusieurs autres animaux.

(1) Ici le texte ajoûte *sublevatisque vestibus, pu-* | *denda ei ostentans.*

successivement & s'est manifestée dans tous ceux qu'on a substituez à la place de celui-là. D'autres racontent qu'Osiris ayant été tué par Typhon, Isis fit enfermer son corps dans la figure d'une génisse qui étoit couverte d'un drap de pourpre, & que c'est même ce qui a donné le nom à la ville de Busiris. Ils ont encore plusieurs autres fables sur le sujet d'Apis, mais elles nous meneroient trop loin. D'ailleurs il est fort difficile d'assigner l'origine de tant de pratiques bizarres & incroyables; & de plus nous avons averti, en parlant des Dieux, que les Prêtres gardent un profond silence sur ces sortes de matiéres. Ce qui s'en est répandu parmi le peuple se réduit à ces trois causes. La première est très-fabuleuse & tient beaucoup de la simplicité des premiers tems. Ils disent que les Dieux étant autrefois en petit nombre & craignant d'être accablez par la multitude des hommes impies & scélérats, se cachoient sous la forme de divers animaux pour échaper à leur poursuite & à leur fureur. Mais ces mêmes Dieux s'étant enfin rendu les maîtres du monde, avoient eu de la reconnoissance pour les animaux dont la reſſemblance les avoit ſauvez ; ils ſe les étoient conſacrez & avoient chargé les hommes mêmes de les nourrir avec ſoin & de les enſevelir avec honneur. La ſeconde cauſe eſt celle-ci : on dit que les Egyptiens combattant autrefois ſans ordre, & étant ſouvent défaits par leurs ennemis, ils prirent enfin des étendarts pour ſervir de guides à leurs troupes dans la mêlée. Ces étendarts étoient chargez des figures de ces animaux qu'ils révérent aujourd'hui. Les Chefs les portoient au bout de leurs piques & par-là chacun reconnoiſſoit à quel corps ou à quelle compagnie il appartenoit. Cette précaution leur ayant procuré la victoire plus d'une fois, ils s'en crurent redevables aux animaux repréſentez dans leurs enſeignes ; & en mémoire de ce ſecours ils défendirent de les tuer & ordonnérent même qu'on leur rendroit tous les honneurs que nous avons vûs. La troiſiéme cauſe eſt priſe de l'utilité que les hommes retirent de ces animaux pour tous les beſoins de la vie. La vache a porté le bœuf qui laboure la terre & en rend ainſi la culture plus facile. Les brebis metrent bas deux fois l'année; elles fournissent une laine qui habille & qui orne l'homme, & elles lui donnent avec abondance un lait dont on fait des fromages excellens. Le chien est merveilleux pour la chasse & pour la garde des maisons. C'est pour cela qu'on donne au Dieu Anubis une tête de chien, pour marquer qu'il avoit gardé les corps d'Osiris & d'Isis. Quelques-uns disent que lorsqu'Isis cherchoit le corps d'Osiris elle mena des chiens avec elle pour la défendre contre les brigans & contre les bêtes farouches. Ils sembloient même s'intéresser à sa recherche, & ils le lui indiquérent par leurs cris. C'est pour cela que dans les fêtes d'Isis des chiens précédent toujours la pompe sacrée en témoignage du secours qu'ils prêtérent autrefois à la Déesse. Le chat en ce pays-là écarte les aspics & quelques autres serpens dont les morsures sont venimeuses. L'ichneumon cherche les œufs du crocodile pour les casser, sans en tirer aucun profit pour lui-même, puisqu'il ne les mange pas; Mais s'il ne prenoit ce soin là, le fleuve seroit inaccessible aux hommes par la multitude des crocodiles dont ses bords seroient assiégez. L'ichneumon les tue eux-mêmes par une ruse tout-à-fait singuliére & que l'on auroit peine à croire. Pendant que le crocodile dort sur le rivage la gueule ouverte, l'ichneumon s'étant roulé dans la boue se jette tout d'un coup dans son corps, là il lui dévore les entrailles & sort ensuite sans danger du ventre de l'animal qu'il laisse mort. L'Ibis est le plus utile de tous les oiseaux contre les serpens, les sauterelles & les chenilles. Les faucons détruisent les serpens à cornes, les scorpions & quelques insectes plus petits qui tuent l'homme. D'autres croyent que ces oiseaux sont honorez chez les Egyptiens, parce que les Devins observent leur vol pour les augures. D'autres encore racontent qu'autrefois un faucon apporta aux Prêtres de Thébes un livre dont la couverture étoit de couleur de pourpre, & dans lequel étoient contenues les loix & les cérémonies de la religion : & que c'est pour cela que les Ecrivains sacrez portent sur leur tête une bande de pourpre & la figure d'un faucon. Ceux de Thébes honorent l'aigle parce qu'ils le regardent comme un oiseau

Royal & digne de Jupiter même.(1) On rend aux Taureaux sacrez qui sont Apis & Mnevis un culte qui approche de celui qu'on rend aux Dieux mêmes ; soit par respect pour l'institution d'Osiris, soit par reconnoissance de l'utilité qu'on retire de ces animaux par raport au labourage, soit enfin pour conserver à la derniére postérité la mémoire de ceux qui ont procuré aux hommes l'usage des biens de la terre. Cependant il est permis de sacrifier des Taureaux quand ils sont roux, parce que les Egyptiens croyent que Typhon étoit de cette couleur ; c'est lui qui tua Osiris dans une embuscade & sur qui Isis tira vengeance

(1) On a cru qu'il seroit mieux de ne donner qu'en latin l'article qui suit ici dans le texte grec.
Hircum ob genitale membrum inter Deos retulere, quomodo apud Græcos etiam Priapum honorari perhibent. Animal enim hoc in Venerem eximie propensum; & membrum illud corporis, generationis instrumentum, honore dignum esse, quod ab eo natura animantium ortum suum derivet. Denique pudenda (aiunt) non apud Ægyptios tantum, sed apud alios quoque non paucos in mysteriorum ritibus religiose habentur, ut à quibus generatio animalium promanat. At Flamines, qui à patribus Sacerdotia accipiunt, in Ægypto isti Deo primum initiantur. Panes etiam & Satyri eandem ob causam in veneratione sunt apud homines. Quo circa etiam imagines ipsorum in Fanis plerique dedicant, arrectis ita membris, ut hirci naturam imitentur. Hanc enim pecudem ad coitum ferri præcipitissime traditur. Hac igitur significatione gratam Diis mentem præ fæcunditate gentis sua testatam voluére. Rhodoman, p. 78.

de la mort de son Epoux. On dit même que les anciens Rois d'Egypte sacrifioient sur le tombeau d'Osiris tous les hommes qui avoient le poil roux. Les Egyptiens ne l'ont guére ainsi, & ce malheur tomboit plus souvent sur les étrangers. Voilà l'origine de la fable qui a fait passer Busiris chez les Grecs pour un Roi d'Egypte qui immoloit les Etrangers ; au lieu que chez les Egyptiens ce mot sans se rapporter à aucun de leurs Rois signifie tombeau d'Osiris. Ils honorent les loups par la ressemblance qu'ils ont avec les chiens ; en effet ils différent peu & les deux espéces s'accouplent réciproquement. On allégue pourtant une cause plus mystérieuse de ce culte. On dit que lorsqu'Isis & son fils Horus se préparoient à combattre Typhon, Osiris revint des enfers sous la forme d'un loup & se joignit à eux pour les aider ; & que Typhon ayant été tué, on avoit honoré l'animal dont l'apparition avoit procuré cette victoire. D'autres racontent que les Ethiopiens venant porter la guerre en Egypte, une armée de loups les arrêta sur leur passage & les mit en fuite près de la ville nommée Elephantine. Depuis ce jour cette province s'est appellée Lu-copolitaine & les loups ont été en vénération.

XXXIII. Culte des Crocodiles. Différentes abstinences de fruits selon les différens lieux.

Il nous reste à parler de l'adoration des crocodiles. On s'étonnera sans doute, comment on a pû rendre les honneurs divins à un monstre qui dévore les hommes. Les Egyptiens répondent que les crocodiles contribuent autant & plus que le fleuve à la défense & à la sûreté du pays ; parce que les voleurs de l'Arabie & de la Libye n'osent aborder le fleuve dans la crainte qu'ils ont de ces animaux ; & qu'ainsi ce seroit ôter un rempart à l'Egypte que de leur faire la guerre ou de les détruire. On raconte une autre histoire au sujet des crocodiles. Un des anciens Rois de l'Egypte nommé Menès fut poursuivi par ses chiens jusque sur le bord du lac Mœris. Là un crocodile se présenta à lui & contre toute espérance le reçut sur son dos & le transporta de l'autre côté. En mémoire de ce bienfait, Menès bâtit auprès de là une ville qu'on nomma Crocodile. Il voulut que les habitans honorassent ces animaux comme des Dieux, & il consacra ce lac à leur subsistance. Il fit dresser dans le même lieu son tombeau & une Piramide à quatre faces & y fit faire ce Labyrinthe qu'on admire encore. On donne au sujet des autres animaux plusieurs autres raisons semblables qu'il seroit long de rapporter en détail. Il paroît au reste que toutes les coutumes de l'Egypte ont pour fondement quelque raison d'utilité. Il y a, par exemple, quelques-uns des fruits de la terre les plus communs que les uns ou les autres ne mangent point. Ceux-là se privent des lentilles, ceux-ci des pois, d'autres des oignons. Ils ne font cela, dit-on, que pour s'accoutumer à se passer de quelque chose ; car rien ne pourroit suffire, si tout le monde vouloit de tout. Selon une autre tradition, les anciens Rois étoient exposez à de fréquentes révoltes de leurs sujets. Pour remédier à cet inconvénient un des plus sages d'entr'eux s'avisa de fournir à ces peuples des motifs de dissension qui les indisposeroient les uns contre les autres. Dans cette pensée, il partagea son Royaume en diverses Provinces & assigna à chacune l'animal qu'on y devoit adorer & le fruit auquel on ne devoit point toucher. Il prévoioit ce qui est arrivé de-là, que les uns méprisant ce que les autres respectent, les Egyptiens ne seroient jamais d'accord ensemble & se regarderoient mutuellement comme des insensez ou des impies. Une troisiéme raison de la consécration des animaux est celle-ci. Peu après que les hommes eurent abandonné la vie sauvage pour former entr'eux diverses sociétez, ils s'attaquoient & se massacroient continuellement les uns les autres, ne connoissant point encore d'autre loi que celle du plus fort. La nécessité apprit bien-tôt aux plus foibles à se secourir mutuellement, & ils se donnérent pour signal de convocation la figure de quelques-uns des animaux qu'on a consacrez depuis. A cette marque ils se rassembloient & formoient un corps redoutable à ceux qui auparavant les faisoient trembler. La premiére de ces bandes servit d'exemple & de modéle à d'autres ; & toutes ayant pris des animaux différens pour enseignes, c'est la raison pour laquelle les uns sont honorez dans un endroit & les autres dans un autre, comme les auteurs particuliers du salut des différentes troupes qui se sont établies en plusieurs villes. Car il faut remarquer que les Egyptiens sont le peuple du monde le plus reconnoissant pour toute sorte de bienfaits. Ils disent que la reconnoissance est la source de tous les secours & de tous les biens qu'on peut espérer dans la vie. En effet tous les hommes s'empressent de rendre service à ceux dans l'ame desquels ils croyent s'amasser pour ainsi dire un trésor de reconnoissance pour le besoin. C'est-là le principe du respect que les Egyptiens ont pour leurs Rois qu'ils regardent comme des Dieux. L'autorité souveraine que la Providence a donnée aux Rois sur leurs peuples, & le pouvoir de répandre toute sorte de bienfaits leur paroît être un caractére de la Divinité.

Nous n'avons peut-être été que trop longs dans ce qui concerne les loix des Egyptiens & les consécrations de leurs animaux; mais si l'on a été surpris de plusieurs particularitez dans ces deux articles ; on ne le sera pas moins de ce qui concerne la sépulture des morts. Dès qu'un homme est expiré, ses parens & ses amis se couvrant la tête de boue vont pleu-

XXXIV.
Sépulture des morts.

rer dans toutes les rues, jusqu'à ce que le corps soit inhumé. Ils s'abstiennent cependant de vin & de toute nourriture délicate comme aussi des bains & des ajustemens. Ils ont trois sortes de funerailles, les pompeuses, les médiocres, & les simples. Les premiéres coûtent un talent d'argent, les secondes vingt mines, (1) mais les troisiémes se font presque pour rien. La fonction d'ensevelir est une profession particuliére qui a été apprise, comme les autres, dès l'enfance. Ceux qui l'exercent vont porter chez les parens un état de ce qu'on peut dépenser à ce sujet, & leur demandent à quoi ils jugent à propos de s'en tenir. Etant convenus de tout ils prennent le corps & le donnent aux Officiers qui doivent le préparer. Le premier est l'écrivain : C'est lui qui désigne sur le côté gauche du mort le morceau de chair qu'il en faut couper. Après lui vient le coupeur qui fait cet office avec une pierre d'Ethiopie : mais il s'enfuit aussi-tôt de toute sa force ; parceque tous les autres le poursuivent à coups

---

(1) Si le talent contenoit 60 mines, suivant l'opinion commune, 20 mines n'en faisoient que le tiers ; & la mine, sur le pied de 3000. liv. le talent, devoit valoir 50. livres.

de pierre comme un homme qui a encouru la malédiction publique : Car ils regardent comme un ennemi commun celui qui a fait quelque blessure ou quelque outrage que ce soit à un corps de même nature que le sien. Ceux qui salent viennent ensuite : Ce sont des Officiers très-respectez dans l'Egypte : car ils ont commerce avec les Prêtres & l'entrée des lieux sacrez leur est ouverte, comme à eux. Ils s'assemblent tous autour du mort qu'on vient d'ouvrir, & l'un d'eux introduit par l'incision sa main dans le corps, & en tire tous les visceres excepté le cœur & les reins. Un autre les lave avec du vin de palme & des liqueurs odoriférantes. Ils oignent ensuite le corps pendant plus de trente jours avec de la gomme de cédre, de la myrrhe, du cinnamome, & d'autres parfums qui non-seulement contribuent à le conserver dans son entier pendant très-long-tems, mais qui lui font encore répandre une odeur très-suave. Ils rendent alors aux parens le corps revenu à sa première forme, de telle sorte que les poils mêmes des sourcils & des paupiéres sont démêlez, & que le mort semble avoir gardé l'air de son visage & le port de sa personne. Plusieurs Egyptiens ayant conservé par ce moyen toute leur race dans des cabinets faits exprès, trouvent une consolation qu'on ne peut exprimer, à voir leurs ancêtres dans la même attitude & avec la même physionomie que s'ils étoient encore vivans. Quand le corps doit être inhumé, on en va annoncer le jour premiérement aux Juges & ensuite à toute la famille & à tous les amis du mort. Cette indication se fait en exprimant son nom & en disant qu'il va passer le lac. Aussi-tôt quarante Juges s'assemblent & vont s'asseoir dans un tribunal formé en demi cercle, & placé à l'autre bord du lac. Des ouvriers préposez à cette fonction mettent sur ce lac une barque qu'ils ont construite & qui est gouvernée par un pilote que les Egyptiens nomment Caron en leur langue. On dit qu'Orphée étant venu en Egypte & ayant vû cette cérémonie, bâtit sur elle la fable de l'Enfer, en ajoûtant quelques circonstances à ce qu'il avoit vû pratiquer. Nous en parlerons bientôt plus au long. Avant qu'on place le cercueil dans cette barque, la

Livre I. Sect. II.

loi permet à tout le monde de venir faire ses plaintes contre le mort. Si quelqu'un le convainc d'avoir mal vécu, les Juges portent la Sentence & privent le mort de la sépulture qu'on lui avoit préparée. Mais si celui qui a intenté l'accusation ne la prouve pas, il est sujet à de grandes peines. Quand aucun accusateur ne se présente, ou que ceux qui se sont présentez sont convaincus eux-mêmes de calomnie; tous les parens quittent le deuil, louent le défunt sans parler néanmoins de sa race, comme font les Grecs, parce que tous les Egyptiens se croyent également nobles. Ils commencent son éloge par son éducation & parcourant ensuite tous les âges de sa vie, ils relevent sa piété, sa justice, son courage, & prient les Dieux infernaux de le recevoir dans le séjour des bienheureux. Toute l'assistance applaudit à cette Oraison funébre, elle y mêle de nouvelles louanges, & félicite le mort de ce qu'il doit passer l'éternité dans la paix & dans la gloire. Ceux qui ont des tombeaux à eux, y mettent leurs morts dans les places qui les attendent: Ceux qui n'en ont pas les gardent en leurs maisons en des lieux préparez pour cela & posent leurs cercueils debout contre la muraille. Ils retiennent aussi chez eux les corps de ceux qui sont exclus de la sépulture, pour raison de crime ou de dette; & il arrive quelquefois que leurs descendans devenus riches ou puissans satisfont leurs créanciers, ou poursuivent leur justification, & les font enfin ensevelir honorablement. Car les Egyptiens se sont fait de tous tems une religion d'honorer particuliérement leurs parens morts. Ils donnent assez souvent leur corps pour sûreté de leurs dettes; & ceux qui ne les retirent pas sont déclarez infâmes pendant leur vie, & privez de sépulture après leur décès. C'est au fond une précaution très-estimable dans ceux qui ont institué ces cérémonies d'avoir fait dépendre la bonté & la politesse des mœurs non-seulement des égards que l'on auroit pour les vivans, mais encore des honneurs qu'on rendroit aux morts, chacun selon ses facultez. Les Grecs ont corrompu par leurs fictions & par leurs fables ce que l'on doit croire de la récompense des bons & de la punition des méchans; & par là ils ont livré aux railleries des libertins un des plus puissans motifs qu'on puisse proposer aux hommes pour les engager à bien vivre. Mais chez les Egyptiens le discernement du vice & de la vertu n'est pas renvoyé à un tribunal invisible : il se fait à la mort en présence de tout le monde ; les peuples en sont témoins tous les jours, & l'attente d'un jugement semblable retient chaque particulier dans l'exacte observation de ses devoirs. Les plus belles loix ne sont pas celles qui tendent à rendre les hommes plus riches : mais ce sont celles qui peuvent les rendre plus sages & plus propres à former entr'eux une société qui leur soit à tous également avantageuse.

APRE's avoir rapporté ces loix extraordinaires & merveilleuses, il est juste de dire un mot des Législateurs mêmes. Au sortir de la vie simple & naturelle que la fable dit qu'on avoit menée sous le régne des Dieux & des Héros ; Mnevès homme recommandable par la supériorité de son esprit & digne d'être comparé à ses prédécesseurs, fut le premier qui porta les hommes à suivre des loix écrites.(1)

XXXV.
Noms des Législateurs de l'Egypte.

1. Maevès.

(1) Le Grec porte ἀγράπτοις. Loix non écrites, mais

Il suppoſa qu'il les tenoit de Mercure qui les lui avoit données pour le bien du genre humain. C'eſt ainſi que parmi les Grecs, Minos en Crête & Licurgue à Lacédémone firent croire à leurs peuples que les loix qu'ils leur propoſoient leur avoient été dictées par Jupiter ou par Apollon ; & cette perſuaſion a toujours tourné à l'avantage des peuples mêmes. On dit que chez les Arimaſpes Zathrauſtès avoit feint que ſes loix lui venoient d'un bon génie qui l'aſſiſtoit. Zamolxis vantoit aux Gétes ſes communications avec la Déeſſe Veſta, & Moyſe alléguoit aux Juifs celles qu'il avoit eües avec le Dieu (1) Jao. Ils en uſoient ainſi ſoit qu'ils regardaſſent comme un

---

le ſens a engagé les traducteurs à retrancher l'a privatif & à traduire loix écrites.

(1) M. Huet dans ſa démonſtration évangelique, c. 2. art. 35. à l'occaſion de cette allégation de Moyſe & du Dieu Jao ou Jehova par Diodore, cite ſaint Juſtin Martyr dans ſon exhortation aux Grecs, & ſaint Cyrille d'Alexandrie, contra Julian. l. 1. comme deux Péres de l'Egliſe qui ſe ſont autoriſez de ce paſſage pour faire voir que le Dieu de Moyſe avoit été connu des payens mêmes. Cela leur ſuffiſoit dans cette vûe particuliére ; & ils ne s'attendoient pas ſans doute qu'un Auteur profane donnât à ſon allégation le tour convenable, & tel que la vraye Religion l'auroit dicté. L'aveuglement du Paganiſme en a écarté Diodore encore davantage en deux fragmens conſervés par Photius. L'un du Livre 34. & l'autre du 40.

don surnaturel & divin le talent qu'ils sentoient en eux de faire des loix sages & convenables ; soit qu'ils prévissent que les noms des Dieux qu'ils empruntoient seroient d'une autorité infiniment plus grande dans l'esprit des peuples. Le second Législateur de l'Egypte a été Sazychès homme d'un génie distingué. Il ajoûta quelques particularitez aux loix déja établies, & il s'appliqua à perfectionner le culte des Dieux. On le fait passer pour l'inventeur de la Géométrie : & c'est lui, dit-on, qui a donné aux Egyptiens la méthode des observations Astronomiques. Le troisiéme a été Sésostris, qui non content de s'être rendu célèbre par ses grands exploits, a établi encore des loix militaires, & a prescrit tout ce qui concerne la guerre & les armées. Le quatriéme a été le Roi Bocchoris prince sage & habile : Celui-ci a réglé les droits & les devoirs du Souverain & tout ce qui regarde la forme des contracts & des conventions. Il a tellement excellé dans la jurisprudence que l'on a conservé jusqu'à ce jour plusieurs de ses décisions & de ses jugemens. On dit que d'ailleurs il étoit

2. Sazychès.

3. Sesoosis ou Sésostris.

4. Bocchoris.

foible de corps & de plus fort attaché à l'argent. Après lui Amasis travailla encore aux loix : Il fit quelques ordonnances nouvelles sur les départemens des provinces & donna à l'Egypte la forme de son gouvernement. On vante beaucoup son intelligence, sa douceur & sa justice; & ce furent même ces qualitez qui lui procurérent le sceptre qui n'étoit pas dans sa maison. Les habitans d'Elis, où se célébrent les jeux Olympiques, ayant député vers lui pour lui demander des régles sur la distribution de leurs prix; il leur répondit qu'elles seroient toujours assez équitables, si leurs Citoyens n'entroient jamais en concurrence avec les étrangers. Il s'étoit lié d'amitié avec Polycratès Tyran de Samos : Mais comme celui-ci usoit de vexation envers les habitans de son Isle & envers les étrangers mêmes qui y abordoient ; on dit qu'Amasis lui envoya d'abord quelques personnes de confiance pour l'exhorter à se rendre juste & raisonnable. Mais Polycratès n'ayant pas profité de son avis, le Roi d'Egypte lui écrivit une lettre par laquelle il lui déclaroit qu'il renonçoit à son amitié pour prévenir les cha-

5. Amasis.

grins que lui causeroient incessamment les malheurs d'un homme qui abusoit ainsi de son pouvoir. Les Grecs admirérent la sagesse qui paroissoit dans cette lettre d'Amasis, & encore plus le prompt accomplissement de sa prédiction. Darius pere de Xercès est le sixiéme qui ait eu part aux loix de l'Egypte. Ayant conçû de l'horreur pour les impiétez & les inhumanitez qui s'étoient commises dans la conquête que son prédécesseur Cambyse avoit faite de cette nation, il entreprit d'y rétablir la Religion & la tranquillité publique. Il eut de fréquentes communications avec les Prêtres & il se fit instruire par eux de la Théologie & des autres secrets enfermez dans les livres sacrez. Il prit enfin une telle émulation pour la sagesse, l'équité, & la magnanimité des anciens Rois qu'il se rendit semblable à eux. En un mot il porta si loin les vertus Royales que seul de tous les Rois d'Egypte il fut regardé comme un Dieu de son vivant, & qu'il obtint encore après sa mort les plus grands honneurs qu'on ait rendus aux plus religieux & aux plus justes de ses prédécesseurs. Ce sont-là les auteurs de

6. Darius.

ces loix fameuses chez tous les peuples de la terre. Mais plusieurs de celles qui paroissoient les plus judicieuses ont été abolies lorsque les Macédoniens se sont rendus maîtres de l'Egypte en ces derniers tems, & en ont renversé l'ancienne Monarchie.

XXXVI. Grecs illustres qui ont voyagé en Egypte, & des fables ou des pratiques qu'ils ont tirées des usages de cette Nation.

Pour finir cette matiére nous dirons un mot ici des anciens Grecs qui, ayant excellé en sagesse & en lumiéres, ont entrepris le voyage d'Egypte pour s'instruire des loix & des mœurs de cette nation. Les Prêtres lisent dans leurs Annales qu'on a vû chez eux (1) Orphée, Musée, Mélampe, & Dédale, le Poëte Homére, Lycurgue de Sparte, l'Athénien Solon & Platon le Philosophe, Pythagore de

(1) Les quatre premiers appartiennent aux tems fabuleux. Orphée de Thrace, Musée d'Athénes, Mélampe fils d'Amithaon, tous trois Auteurs & par conséquent Poëtes, suivant l'opinion commune qui rend la prose bien postérieure aux Ouvrages de Poësie. Dédale originaire d'Athénes ingénieur, architecte & statuaire fameux, que Diodore place lui-même au tems de Thésée, *l.* 4. Il a été déja parlé d'Homére,

Premiére Section. art. 6.
Lycurgue Législateur de Sparte 150 ans avant la premiére Olympiade, 900 ans avant J. C. & contemporain d'Homére. *Marsham, p.* 224.
Solon Législateur d'Athénes en la 36 Olympiade 631 ans avant J. C.
Platon Philosophe trop connu pour le désigner ici naquit en la 88. Olymp. 426 ans avant J. C. L'arrangement des noms n'est pas conforme ici à l'ordre des tems. Car Platon est

Samos & le Mathématicien Eudoxe, Démocrite Abdéritain, & Œnopidès de Chio : il n'est aucun d'eux du passage ou du séjour duquel on ne montre quelque marque, comme leur portrait ou quelque ouvrage ou même quelque lieu qui porte leur nom. Ils donnent aussi diverses preuves qui font voir que tous ces Sages ont tiré de l'Egypte ce qu'il y a eu de plus merveilleux dans les sciences qu'ils ont professées. Orphée, disent les Egyptiens, a rapporté de son voyage les mystéres, ses Orgies & toute la fable de l'Enfer. Il n'y a d'autre différence que celle du nom entre les fêtes de Bacchus & celles d'Osiris, comme entre les fêtes de Cerès & celles d'Isis. Les supplices des méchans dans le Tartare, le séjour des bons aux Champs Elisées, & quelques autres idées semblables sont visiblement prises des funérailles des Egyptiens. Mercure conducteur des

---

bien postérieur à Pythagore qui vint en Italie vers la 50 Olympiade. Celui-ci est bien postérieur aussi à Numa Pompilius, dont quelques-uns l'ont fait contemporain.

Eudoxe de Cnide fa-meux Mathématicien & Astronome, alla en Egypte avec Platon. *Strabon. l.* 17.

Démocrite. *Voyez* l'art. 14. de la Section précédente.

Oenopidès. *Voyez* Section premiére dernier article.

I vj

ames chez les Grecs a été imaginé sur un homme à qui l'on remettoit anciennement en Egypte le corps d'un Apis mort, pour le porter à un autre qui le recevoit avec un masque à trois têtes comme celles de Cerbére. Orphée ayant parlé en Grece de cette pratique, Homére (1) en a fait usage dans ces vers de l'Odyssée.

Avec son caducée, au bords des fleuves sombres
Mercure des Héros avoit conduit les ombres.

Le Poëte ajoûte un peu plus bas : (2)

Ils passent l'Ocean & le pâle rocher ;
Et bien-tôt abordant par l'effort du Nocher,
Aux portes du Soleil, lieu des images vaines ;
Ils parviennent enfin à ces heureuses plaines
Où jouissant de tout excepté de leurs corps,
Et libres de nos soins, on voit errer les Morts.

Or l'Ocean est le Nil même, auquel les Egyptiens donnent en leur langue

---

(1) Premiers vers du 24. l. de l'Odyssée.
(2) Ibid. v. 11. & suivans.

un nom qui signifie la même chose qu'Ocean. Les portes du Soleil sont la ville d'Heliopolis : Et ces plaines heureuses qu'on dit être le séjour des Justes morts, ne sont à la lettre que les belles campagnes qui sont aux environs du lac d'Acheruse auprès de Memphis ; & qui sont partagées par des champs & par des étangs couverts de Blé ou de Lotos. Ce n'est pas sans quelque fondement qu'on a dit que les morts habitent-là. Car c'est-là qu'on termine les funérailles de la plûpart des Egyptiens, lorsqu'après avoir fait traverser le Nil & le lac d'Acheruse à leurs corps, on les dépose enfin dans des tombes qui sont arrangées sous terre en cette campagne. Les cérémonies qui se pratiquent encore aujourd'hui dans l'Egypte conviennent à tout ce que les Grecs disent de l'Enfer, comme à la barque qui transporte les corps, à la piéce de monnoye qu'il faut donner au Nocher nommé Caron en langue Egyptienne, au temple de la ténébreuse Hécate placé à l'entrée de l'Enfer, aux portes du Cocyte & du Lethé posées sur des gonds d'airain, à d'autres portes qui sont celles de la vérité, au simulacre de la Justice qui est sans tête. Il en est ainsi de tout le reste qui paroît n'être qu'une copie exacte de ces funérailles, telles même qu'on les fait actuellement. Dans la ville d'Acanthe qui est au-delà du Nil du côté de la Libye à six-vingts stades de Memphis; il y a un tonneau percé dans lequel trois cens soixante Prêtres versent tous les jours de l'eau apportée du Nil. Non loin de-là, on execute réellement la fable de l'Ane dans une assemblée publique, où un homme file une longue corde de jonc qui est défilée en même tems par des gens qui sont derriére lui. (1) On dit que c'est Mélampe qui a apporté d'Egypte les fêtes de Bacchus en Gréce, la fable de Saturne, le combat des Titans, les périls & les malheurs des Dieux. Dédale a imité dans la Créte le Labyrinthe de l'Egypte, qui subsiste encore aujourd'hui; quoiqu'il ait été bâti sous le Roi Mendès ou comme d'autres le croyent sous le Roi Marus, bien des années avant Minos. Toutes

---

(1) Les Anciens représentoient par un âne ou une ânesse qui rongeoit une corde à mesure qu'un cordier la filoit, une femme qui ruine un mari qui de son côté travaille beaucoup. Cherchez dans les Adages d'Erasme, *Ocnus funum torquet*.

les statues que le même Dédale a faites en Gréce sont du même goût que celles qu'il avoit vûes en Egypte. Il avoit fait même le merveilleux Vestibule du temple de Vulcain à Memphis; ouvrage qui lui acquit tant de gloire que l'on plaça dans ce temple sa statue en bois, faite de sa propre main. Mais de plus le génie & les inventions de Dédale, le mirent dans une si haute réputation, qu'on lui a rendu les honneurs divins; & l'on voit encore aujourd'hui dans une des Isles voisines de Memphis un temple consacré sous son nom & qui est en grande vénération dans le pays. Les Egyptiens allèguent différens témoignages du séjour d'Homére chez eux, mais particuliérement le breuvage qu'il fait donner par Hélene à Télémaque chez Ménelas, (1) pour lui faire oublier ses maux. Car ce Nepenthès que le Poëte feint qu'Hélene a reçû de Polymneste femme de Thon à Thébes en Egypte, n'est autre que ce fameux reméde usité chez les femmes de Diospolis & qui a fait dire d'elles qu'elles avoient seules le secret de dissiper la colére & le chagrin. Or

(1) Odyssée, l. 4.

ils prétendent que Diospolis & Thébes ne sont qu'une seule & même Ville. L'épithéte de toute d'or, qu'Homére donne à Venus, vient de l'Egypte; où l'on voit encore auprès de Memphis un champ consacré à la Déesse ainsi surnommée. Il a tiré de la même source le mariage de Jupiter & de Junon, & le voyage des Dieux en Ethiopie. Car tous les ans on transporte d'Egypte er Lbye, en traversant le fleuve, une chapelle de Jupiter que l'on ramene quelques jours après, pour représenter le retour du Dieu de son voyage d'Ethiopie. L'union de Jupiter & de Junon a été imaginée par Homére sur certaines Fêtes, où les Prêtres portent les deux Chapelles de ces deux Divinitez à côté l'une de l'autre, sur une montagne qu'on a jonchée de fleurs. Nous avons déja remarqué ce que les Egyptiens disent au sujet des loix de Licurgue, de Solon & de Platon; à l'égard de Pythagore ils soutiennent que ses Symboles, ses Théorémes de Géométrie, ses Nombres, & sa Métempsycose ont été puisez chez eux. Ils prétendent aussi que Démocrite a passé cinq ans en Egypte & qu'il y a appris tout ce qu'il a sçû d'Astrologie. Œnopidès, selon eux, ayant eu commerce avec leurs Prêtres & leurs Astronomes, s'est instruit de même de plusieurs particularitez touchant les Astres; & entr'autres le Soleil, dont le mouvement propre & annuel se fait dans un cercle oblique à l'équateur & en un sens contraire au mouvement journalier du premier mobile. Ils disent la même chose d'Eudoxe qui s'acquit beaucoup de gloire en portant chez les Grecs les observations Astrologiques & d'autres découvertes des Egyptiens. Ils vont plus loin; car ils assûrent que les plus fameux des anciens sculpteurs de la Gréce ont été élevez dans leurs écoles. Tels sont Teleclès & Théodore fils de Rhœcus, qui ont fait la statue d'Apollon Pythien qui est à Samos; de telle sorte que Teleclès en ayant fait une moitié à Samos, pendant que son frere Théodore faisoit l'autre à Ephése, les deux piéces se rapportérent si juste que toute la figure ne paroît être que d'une seule main. Ils ajoûtent que cet art particulier qui est peu connu des sculpteurs Grecs est très-cultivé par les sculpteurs Egyptiens. Car ceux-ci ne jugent pas, comme les Grecs, d'une figure par le simple coup d'œil; mais mesurant toutes ses parties l'une par l'autre, ils taillent séparément & dans la derniére justesse toutes les pierres qui doivent former un statue. C'est pour cela qu'ils ont divisé le corps humain en vingt-une parties & un quart. Ainsi quand les ouvriers sont une fois convenus entre eux de la hauteur de la figure, ils vont faire, chacun chez soi, les parties dont ils se sont chargez; & elles s'ajustent toujours ensemble d'une maniére qui frappe d'étonnement ceux qui ne connoissent pas cette pratique. Or les deux piéces de l'Apollon de Samos se joignent, à ce qu'on dit, suivant toute la hauteur du corps; & quoi qu'il ait les deux bras étendus & en action, & qu'il soit dans la posture d'un homme qui marche; il est partout semblable à lui-même, & la figure est dans la plus exacte proportion. Enfin cet ouvrage qui est fait suivant l'art des Egyptiens céde peu aux chefs-d'œuvre de l'Egypte même.

Voilà ce que nous avions à rapporter de l'Histoire & des choses mémorables de l'Egypte. Pour suivre notre deſſein, tel que nous l'avons exposé au commencement de ce premier Livre, nous parcourrons ce qu'on a dit de vrai ou de faux sur les différentes nations de l'Aſie, en commençant par les Aſſyriens.

Fin de la II. Section du Livre I.

HISTOIRE
UNIVERSELLE
DE
DIODORE DE SICILE.

LIVRE SECOND.

I.
Avant-
propos.

E Livre précédent qui est le premier de tout cet Ouvrage contient ce qui concerne l'Egypte. Nous y avons exposé la Théologie fabuleuse des Egyptiens ; nous y avons donné une idée générale de tout le pays , & nous y avons fait une ample description du Nil , sans omettre les singularitez incroyables qu'on rapporte de ce fleuve. Nous sommes venus ensuite à l'Histoire des anciens Rois de l'Egypte. Nous avons

raconté leurs principales actions, & entr'autres le soin qu'ils ont pris de faire élever ces Pyramides fameuses qui ont été mises au nombre des sept merveilles du Monde. Nous avons parlé des loix & des jugemens, des animaux sacrez, de la sépulture des morts : & nous avons fini par les noms des Grecs les plus sçavans dans l'art d'enseigner & de conduire les hommes, & qui ont été eux-mêmes chercher dans l'Egypte une grande partie des pratiques & des instructions qu'ils ont laissées à la Gréce. Le Livre où nous entrons contiendra l'ancienne histoire de l'Asie, en commençant par les Assyriens.

ON NE raconte aucune action mémorable des anciens Rois qui ont gouverné l'Asie où ils étoient nez; & leurs noms même sont tombez dans l'oubli. Le premier dont l'Histoire fasse mention est Ninus Roi des Assyriens; aussi a-t-il fait de grandes choses dont nous essayerons de donner quelque détail. Ce Prince étoit né avec une forte inclination pour la guerre, & une grande émulation pour la vertu. Il avoit choisi de bonne heure ce qu'il y avoit de plus distingué

II.
Ninus, premier Roi des Assyriens connu par l'Histoire.

parmi les jeunes gens de son Royaume, & il les avoit accoutumez à toute sorte de travaux & de dangers. Il en fit bien-tôt une armée nombreuse & formidable avec laquelle il alla proposer un traité d'alliance à Ariëus Roi d'Arabie, dont le pays étoit plein alors d'hommes très-forts & très-courageux. Les Arabes sont extrêmement jaloux de leur liberté, & rien ne seroit capable de leur faire accepter un maître étranger. De-là vient que ni les Rois de Perse ni ceux de Macédoine, quelque puissance qu'ils ayent eûe, n'ont jamais pû les soûmettre. Il faut dire aussi que l'Arabie est défendue par des déserts arides dont le sable trompeur couvre des puits qui ne sont connus que des gens du pays. Le Roi d'Assyrie menant donc avec lui le Roi des Arabes alla attaquer les Babyloniens qui étoient ses plus proches voisins.

III. Conquêtes innombrables de Ninus.

LA VILLE de Babylone que nous voyons aujourd'hui n'étoit pas encore bâtie. Mais il y avoit un grand nombre d'autres villes considérables dans la Babylonie. Ninus subjugua bientôt ces peuples qui n'avoient aucune expérience de la guerre; & après leur avoir imposé un tribut annuel, il emmena prisonnier leur Roi & ses enfans qu'il fit mourir. De-là il conduisit ses troupes dans l'Arménie ; & ayant renversé quelques villes, il fit trembler toutes les autres. Ainsi Barsanès Roi d'Armenie voyant qu'il n'étoit point en état de tenir tête à son ennemi vint au-devant de lui chargé de présens & se soûmit à toutes ses volontez. Ninus usa généreusement de son avantage. Il rendit à Barsanès ses Etats, & le recevant au nombre de ses Alliez, il n'exigea de lui que de lui envoyer des troupes & des provisions de guerre. Son armée grossissant de plus en plus entra dans la Medie. Pharnus qui en étoit Roi s'avança contre son ennemi avec une armée qui paroissoit capable de lui résister : mais après avoir perdu la meilleure partie de ses troupes, il fut pris & mis en croix avec sa femme, & sept enfans qu'il avoit. Ces premiers succès inspirérent à Ninus une violente envie d'enfermer dans son Empire toute la partie de l'Asie qui est comprise entre le Tanaïs & le Nil : tant il est vrai que la prospérité & l'abondance ne sont qu'irriter les desirs de l'homme. Ainsi il laissa dans la Medie un Satrape en qui il avoit confiance, & poursuivant ses conquêtes il subjugua en dix-sept ans toute l'Asie, excepté la Bactriane & les Indes. Aucun Ecrivain n'a conservé le nombre exact des batailles qu'il a gagnées, ni des Nations qu'il a vaincues : ainsi nous nous en tiendrons aux faits les plus remarquables, à l'exemple & sur le rapport de l'Historien Ctésias de Cnide. Ninus suivant les côtes de la mer & s'enfonçant aussi dans le continent conquit l'Egypte, la Phénicie, la Célé-Syrie, la Cilicie, la Pamphylie, la Lycie, la Carie, la Phrygie, la Mysie & la Lydie. Il réduisit encore la Troade, la Phrygie sur l'Hellespont, la Propontide, la Bythinie, la Cappadoce & toutes les nations Barbares qui bordent la Mer jusqu'au Tanaïs. Il se rendit maître des Caddusiens, des Tapyriens, des Hircaniens & des Dahes ; aussi-bien que des Derbices, des Carmaniens & des Choramniens & même des Borcaniens & des Parthes. Il pénétra jusques dans la Perse, dans la Susiane & dans la Caspiane où l'on entre par des passages étroits qu'on qu'on appelle pour cette raison les portes Caspiennes. Nous ne finirions jamais si nous voulions nommer les autres peuples moins considérables qui tombérent sous sa puissance.

A L'EGARD de la Bactriane comme il étoit difficile d'en forcer les Barriéres, le pays étant fort peuplé & les habitans très-aguerris; après plusieurs tentatives inutiles, Ninus renvoya à un autre tems la guerre qu'il avoit dessein de leur faire, & ramenant son armée dans la Syrie, il choisit un lieu favorable pour bâtir une grande ville. Car ayant par l'éclat de ses victoires effacé tous ses prédécesseurs, il forma encore le projet d'une ville si magnifique, que non-seulement elle surpassât toutes celles qu'on pouvoit avoir vûes jusques alors, mais encore qu'il fût très-difficile à la postérité d'en voir jamais une pareille. Ainsi après avoir comblé de présens le Roi des Arabes & partagé avec lui ses riches dépouilles, il le renvoya dans son Royaume avec ses troupes. Il ne songea plus qu'à rassembler des ouvriers & à ramasser des matériaux, sur le bord de l'Euphrate, où il bâtit une ville entourée de puissantes fortifications & plus lon-

Tome I. K

IV.
Il fait bâtir Ninive.

gue que large. Sa longueur étoit de cent cinquante stades & sa largeur de quatre-vingt dix : ce qui fait en tout quatre cens quatre-vingt stades de tour. Ninus ne fut point trompé dans ses espérances : Car aucune ville n'a égalé celle-ci ni par la grandeur du circuit ni par la magnificence des murailles. Elles avoient cent pieds de haut & trois chariots pouvoient marcher de front sur leur épaisseur. Elles étoient encore fortifiées de quinze cens tours posées d'espace en espace, dont chacune avoit deux cens pieds de haut. La plus grande partie de la ville étoit occupée par les plus riches Assyriens; mais Ninus y reçut aussi tous les étrangers qui voulurent s'y établir. Il donna aux habitans les campagnes des environs pour leur subsistance & nomma la ville Ninus ou Ninive de son nom.

V. Sémiramis femme de Ninus. Naissance & éducation de cette Reine.

Apre's l'execution de ce grand dessein, Ninus s'arma de nouveau pour entrer dans la Bactriane où il épousa Sémiramis. Comme c'est la plus illustre de toutes les femmes de l'antiquité, il est à propos de dire avant toutes choses comment d'une fortune très-basse elle parvint à un si haut de-

LIVRE II.

gré de gloire. Il y a dans la Syrie une ville nommée Ascalon auprès de laquelle est un grand & profond lac abondant en poissons, & un temple dédié à une Déesse fameuse que les Syriens appellent Dercéto. Elle a la tête & le visage d'une femme, mais tout le reste du corps est d'un poisson. Voici la cause qu'on allégue de cette forme. Les plus habiles de la nation disent que Venus ayant été offensée par Dercéto lui inspira un amour violent pour un jeune Sacrificateur fort bienfait. Dercéto ayant eu de lui une fille conçut une si grande honte de sa foiblesse qu'elle fit disparoître le jeune homme, & ayant exposé l'enfant dans un lieu desert & plein de rochers, (1) elle se jetta elle-même dans le lac, où son corps fut métamorphosé en poisson. De-là vient que les Syriens s'abstiennent encore aujourd'hui de cette nourriture & révérent les poissons comme des Dieux. Cependant sa petite fille fut sauvée & nourrie miraculeusement par des colombes qui venoient en grand nombre faire leur nid au lieu où elle avoit

---

(1) Ici Rhodoman a omis une phrase du texte, répétée & mieux placée plus bas.

été exposée. Les unes s'assemblant sur elle la rechauffoient, pendant que les autres observant le moment où les pasteurs d'alentour laissoient en se retirant du lait dans des vases, en apportoient dans leur bec & le versoient dans la bouche de cet enfant. Quand elle eut un an & qu'une nourriture plus solide lui devint nécessaire, les colombes eurent soin de lui apporter des morceaux de fromage. Les Bergers, remarquant à leur retour leurs fromages becquetez & entamez, en cherchérent & en suivirent la cause avec tant d'attention, qu'ils découvrirent enfin la petite fille dont l'extrême beauté les frappa : aussi-tôt l'emportant dans leur village, ils la donnérent à celui qui avoit soin des troupeaux du Roi, & qui s'appelloit Simma. Celui-ci n'ayant point d'enfans éleva cette fille avec autant d'affection que si elle avoit été la sienne, & la nomma Semiramis ; nom qui dans la langue Syriaque fait allusion aux colombes que ces peuples depuis ce tems ont regardées comme des Divinitez. Voilà à peu près l'histoire ou la fable de la naissance & de l'éducation de Semiramis. Quand elle

Livre II.

fut en âge d'être mariée elle surpassoit en beauté toutes ses compagnes: le Roi envoya visiter alors ses troupeaux par un de ses favoris appellé Menonès, chef de son conseil & gouverneur de la Syrie. Celui-ci étant descendu chez Simma, fut saisi d'amour à l'aspect de Semiramis : de sorte que l'ayant demandée en mariage à son hôte il l'épousa, & l'ayant emmenée avec lui à la cour, il en eut deux enfans Hypatès & Hydaspes. Au reste Semiramis qui avoit autant d'esprit & de sagesse que de beauté, se rendit maitresse absolue de son époux qui ne faisant plus rien sans son avis réussissoit en toutes choses.

Ninus ayant donc achevé la construction de sa Ville songea à conquérir la Bactriane. Mais connoissant le nombre & le courage des habitans de ce Royaume, sçachant d'ailleurs que la nature l'avoit rendu inaccessible en plusieurs endroits, il fit lever des soldats dans toute l'étendue de son Empire. Car ayant manqué la première fois son entreprise, il voulut s'en assurer le succés par une armée à laquelle rien ne put resister. Elle montoit, selon le dénombrement

VI. Entreprise de Ninus contre la Bactriane.

qu'en a fait Crefias dans fon hiftoire, à dix-fept cens mille hommes d'infanterie, à deux cens dix mille hommes de Cavalerie, & à près de dix mille fix cens chariots armez de faulx. Ce nombre furprendra fans doute ceux qui n'ont vû que nos armées; mais il ne paroîtra point incroyable à ceux qui connoiffent l'Afie, & qui fçavent la multitude d'hommes qu'elle renferme. Car fans parler de l'armée de huit cens mille hommes que Darius mena contre les Scythes, & de celle de Xercès qui defcendit en Gréce avec des troupes innombrables; il n'y a pas long-tems que l'Europe même en a vûes qui doivent nous aider à croire ce que nous difons de celle de Ninus. Denis tyran de Sicile tira de la ville de Syracufe une armée de fix-vingt mille hommes de pied & de douze mille chevaux, & du feul port de la même Ville quatre cens grands Navires dont plufieurs étoient à trois & à cinq rangs de rames. Un peu avant la defcente d'Annibal en Italie, les Romains, prévoyant l'importance de cette guerre, firent le dénombrement de ceux qui étoient capables de porter les armes dans l'étendue de leur domination, & ils en trouvérent près d'un million tant de leurs sujets que de leurs alliez. Or pour le nombre des habitans l'Italie entiére n'approche pas d'une seule province de l'Asie. Cela suffit contre ceux qui veulent juger du nombre des habitans des Villes anciennes par la solitude qui y régne aujourd'hui. Ninus donc, partant pour la Bactriane avec toutes les troupes que nous venons de marquer, fut obligé par la difficulté des chemins & des passages de les faire défiler séparément. Entre plusieurs grandes villes dont la Bactriane est remplie, il y en a une très-magnifique où les Rois faisoient leur séjour. On l'appelloit Bactres, & elle surpassoit toutes les autres par sa grandeur & par la beauté de ses fortifications. Oxyates, qui en étoit Roi, fit assembler toute la jeunesse de sa ville & en composa une armée de quatre cens mille hommes. Il la conduisit sur les frontiéres de son Royaume à la rencontre de Ninus; de telle sorte pourtant qu'il laissa entrer dans la Bactriane une grande partie des troupes ennemies. Quand il crut qu'il y en avoit assez pour rendre sa victoire décisive, il se mit en bataille dans la plaine; & après un sanglant combat, les Bactrians ayant défait les Assyriens, les poursuivirent jusqu'au détroit des montagnes, & leur tuérent cent mille hommes. Mais tout le reste des troupes Assyriennes ayant eu enfin le tems de passer; elles se trouvérent encore plus nombreuses que les Bactrians: de sorte que ceux-ci jugérent à propos de se séparer pour aller défendre les Villes particuliéres. Ninus les prit facilement les unes après les autres; mais il ne pouvoit emporter de force la capitale à cause des fortifications qui la défendoient & des munitions de guerre dont elle étoit pourvûe.

VII. *Semiramis vient au siége de Bactres & prend elle-même la ville. Le Roi l'épouse, & il meurt à son retour.*

COMME le siége traînoit en longueur, le mari de Semiramis qui avoit suivi le Roi fut impatient de revoir sa femme & l'envoya chercher. Elle étoit pleine d'intelligence, de courage & de toutes les qualitez qui ménent à la plus haute fortune; ainsi elle accepta avec joie cette occasion de faire voir de quoi sa vertu la rendoit capable. Comme le voyage étoit long, elle prit un habit ambigu &

& par lequel on ne pouvoit pas juger si elle étoit homme ou femme: d'un côté il étoit très-propre à garantir son corps & son visage des impressions du Soleil dans le chemin, & de l'autre il laissoit une pleine liberté à tous ses membres pour les exercices de guerre. Cet habit avoit d'ailleurs tant de grace qu'il a été pris par les Médes, & ensuite par les Perses, lorsque ces deux peuples se sont rendus successivement maîtres de l'Asie. Dès qu'elle fut arrivée elle examina l'état du siége & de la place. Elle vit que toutes les attaques se faisoient du côté de la plaine, par où il paroissoit plus aisé d'entrer dans la ville, & qu'on abandonnoit la Citadelle bâtie sur un lieu escarpé & que l'on croyoit inaccessible. Elle observa aussi que les assiégez ne faisoient aucune garde dans la Citadelle & qu'ils ne se défendoient qu'aux fortifications basses qu'on avoit d'abord attaquées. Aussi-tôt elle prit avec elle quelques soldats accoutumez à grimper sur des Rochers; & par un sentier très-difficile elle arriva jusques dans la Citadelle dont elle s'empara sans obstacle, en donnant en même tems à l'armée qui étoit dans la plaine le signal dont on étoit convenu. Les afiégez épouvantez de la prife de leur Citadelle defefpérérent de fauver leur Ville & abandonnérent leurs portes & leurs murailles. Le Roi admirant le courage & la fageffe de Semiramis la combla d'abord de magnifiques préfens, & s'étant laiffé gagner enfuite à fes charmes il propofa à fon mari de la lui céder, en lui offrant en échange fa propre fille nommée Sofanne. Menonès ne pouvant s'y réfoudre, le Roi le menaça de lui faire créver les yeux, s'il ne fe rendoit à fes defirs: de forte que ce mari infortuné agité d'amour & de crainte tomba dans le defefpoir & fe pendit. Semiramis monta ainfi fur le trône. Cependant Ninus s'étant faifi de tous les tréfors des Baêtres qui confiftoient en une quantité prodigieufe d'or & d'argent, régla toutes chofes dans la Baêtriane & licentia fon armée. Il eut enfuite un fils de Semiramis nommé Ninias, & il mourut bien-tôt après laiffant fon Royaume entre les mains de fa femme. Semiramis fit enfevelir le Roi fon époux dans l'enceinte de fon Palais, & fit élever fur fa tombe une terrasse qui, au rapport de Ctésias, avoit neuf stades de haut & dix de large : de sorte que comme la ville présente son aspect à une grande plaine du côté de l'Euphrate, ce tombeau paroît de loin comme une puissante forteresse. On dit qu'il subsiste encore, quoi que les Médes ayent détruit l'empire des Assyriens & Ninive même.

SEMIRAMIS qui étoit née pour les grandes choses voulant porter sa gloire au-delà de celle de son époux, conçut le dessein de bâtir d'abord une grande ville dans la Babylonie. Elle fit venir des architectes & des ouvriers de tous les endroits de son Royaume, au nombre de deux millions d'hommes, & fit amasser tous les matériaux nécessaires à cette entreprise. Mettant l'Euphrate au milieu de son plan, elle fit faire un mur de trois cens soixante stades qui étoit partagé & fortifié par de grandes & grosses tours. Son épaisseur étoit telle qu'elle auroit fourni l'espace nécessaire à six chariots de front. Sa hauteur à s'en tenir au recit de Ctésias, seroit incroyable : mais au raport de Clitarque (1) & de quel-

VIII.
Semiramis bâtit la ville de Babylone.

(1) Un de ceux qui suivirent Alexandre dans la

ques autres qui passèrent en Asie à la suite d'Alexandre, on avoit affecté de donner au circuit des remparts autant de stades qu'il y a de jours dans l'année, c'est-à-dire trois cens soixante-cinq. Les murailles étoient faites de brique liée avec du bitume. Leur hauteur, selon Ctésias, étoit de cinquante toises: mais selon des Ecrivains plus recens, elle n'alloit qu'à cinquante coudées, & leur largeur étoit de plus de deux chariots de front. Enfin elles étoient flanquées de deux cens cinquante tours d'une grosseur & d'une hauteur proportionnée au reste de l'ouvrage. Le nombre des tours paroîtra peut-être petit, eu égard au circuit des murailles: Mais la ville étoit bordée de marais en plusieurs endroits, de sorte qu'on pouvoit s'y passer de fortifications de main d'homme. Il y avoit de tous côtez la longueur de deux arpens entre les maisons & les murailles de la Ville. Pour hâter l'execution d'une si grande entreprise, la Reine avoit donné à chacun de ses principaux amis un

expéditions; & qui en écrivirent l'Histoire. Il a été beaucoup cité par les anciens, qui n'en parlent pas néanmoins comme d'un Auteur du premier ordre. Voss. *l. 1. c.* 4.

stade de muraille à faire, en leur fournissant les ouvriers & les matériaux, & en les engageant à l'achever dans l'année. Elle eut lieu de se louer de la diligence qu'ils avoient apportée à remplir leur commission. Elle s'étoit chargée cependant de construire un pont sur l'endroit du fleuve le plus étroit. Le pont ne laissa pas d'avoir cinq stades de long. Les piles étoient distantes l'une de l'autre de douze pieds; & il avoit fallu beaucoup d'art & de travail pour en jetter les fondemens: Elle en avoit fait lier toutes les pierres avec des clefs de fer & remplir tous les joints de plomb fondu; elle avoit fait faire aux piles du côté du flot des éperons extrêmement avancés, qui coupant l'eau de fort loin & la faisant glisser le long de leurs flancs arrondis, en réduisoient presque à rien le coup & le poids. Le dessus du pont étoit un plancher de bois de cédre & de cyprès posé sur des poutres & des solivaux de palmier d'une très-grande longueur; car le pont avoit trente pieds de large, & répondoit parfaitement à la magnificence des autres ouvrages de Semiramis. Elle fit faire des deux côtez du fleuve des quais dont les murs étoient presque aussi larges que ceux de la Ville & de la longueur de cent soixante stades. Elle fit bâtir deux palais pour elle, un à chaque entrée du pont ; de sorte qu'en même tems elle découvroit toute la Ville, & étoit maitresse des passages les plus importans. Ainsi comme l'Euphrate traverse Babylone du Septentrion au Midy, ses deux palais étoient exposez l'un au Levant & l'autre au Couchant. Elle les bâtit magnifiquement l'un & l'autre. Elle prit pour celui qui étoit au Couchant un terrain de soixante stades de tour, qu'elle fit environner de murailles trèshautes de brique cuite. Elle fit en dedans un second mur, dont l'enceinte étoit parfaitement ronde ; & elle y fit représenter en relief sur la brique, dans le tems qu'elle étoit encore molle, des animaux de toute espéce, sur lesquels on avoit mis ensuite leurs couleurs naturelles, de sorte qu'ils paroissoient vivans. Ce second mur avoit quarante stades de tour, trois cens briques d'épaisseur, & cinquante toises de haut, selon Crésias. Les tours qui l'accompagnoient s'élevoient jusqu'à soixante & dix toises. Elle fit enfin un troisiéme mur qui environnoit la Citadelle, dont le tour étoit de trente stades, & ce mur surpassoit celui du milieu en largeur & en hauteur. (1) On avoit aussi représenté sur le troisiéme mur, & sur les tours qui le partageoient, toutes sortes de bêtes en relief & en couleur. Il y avoit d'abord une chasse pleine d'animaux qui passoient tous quatre coudées de haut. Au milieu d'eux paroissoit Sémiramis à cheval qui perçoit un tigre de son dard, & auprès d'elle étoit Ninus qui tuoit un lion d'un coup de lance. Ce palais avoit trois grandes portes audelà desquelles étoient trois salons à murs d'airain qui s'ouvroient par machine ; & il surpassoit de beaucoup par sa grandeur & par sa magnificence celui qui étoit de l'autre côté du fleuve. L'unique mur qui environnoit celui-ci étoit aussi de brique cuite, mais il n'avoit que trente stades de tour. Au lieu des animaux qui or-

(1) Le Grec, & même le Latin, dit que le troisiéme mur intérieur surpassoit celui du milieu en longueur, ce qui est impossible ; ainsi à la correction de Rhodoman qui change τελευταῖον en τελευταῖα j'ajoûte de changer μῆκος en ὕψει.

noient le premier on avoit placé dans le second la statue de Jupiter appellé Belus par les Babyloniens, celles de Ninus, de Semiramis & des principaux Officiers de l'Etat. On y voyoit aussi des armées & des chariots d'une beauté surprenante. Elle choisit ensuite le lieu le plus bas des environs de Babylone pour y faire creuser un lac quarré de trente-cinq piez de profondeur & dont chaque côté avoit trois cens stades de long ; il étoit revétu partout d'un mur de brique & de bitume. On y fit entrer le fleuve pendant qu'on executoit une autre entreprise qu'elle avoit conçûe : C'étoit de bâtir une galerie sous l'eau. Les murs qui la formoient, enduits en dedans d'une couche de bitume de six pieds d'épaisseur, avoient vingt briques de large & douze pieds de haut jusqu'à la naissance de la voute, & l'intérieur de sa galerie avoit quinze pieds de largeur. Tout ce travail fut achevé en deux cens soixante jours après lesquels la Reine fit ramener le fleuve dans son lit ordinaire. Ainsi ses eaux couvrant la galerie, Semiramis alloit d'un de ses palais à l'autre par dessous le fleuve. Elle fit fermer cette galerie de portes d'airain qui subsistoient encore sous le règne des Perses.

ENFIN elle éleva au milieu de la Ville le temple de Jupiter nommé Belus par les Babyloniens, comme nous l'avons déja dit. Les Historiens qui en ont parlé en ayant fait des descriptions différentes ; & ce temple même étant absolument ruiné, nous n'en pouvons rien dire de bien exact ; mais on convient qu'il étoit d'une hauteur excessive, & que les Chaldéens y ont fait leurs principales découvertes en Astronomie, par l'avantage qu'il y avoit d'observer de-là le lever & le coucher des Astres. Tout l'édifice construit d'ailleurs avec un soin extrême étoit de brique & de bitume. Elle plaça sur le haut trois statues d'or massif, celle de Jupiter, celle de Junon & celle de Rhea. Jupiter étoit debout dans la disposition d'un homme qui marche. Il avoit quarante pieds de haut & étoit du poids de mille talens (1) babyloniens.

IX.
Temple de Belus.

(1) Le talent babylonien, suivant les Auteurs qui ont écrit sur cette matière, étoit composé comme le talent attique, de 60 mines ; mais les 60 mines babyloniennes, en valoient 70 des attiques.

Rhéa représentée assise dans un chariot d'or étoit du même poids : elle avoit à ses genoux deux lions, & à côté d'elle deux énormes serpens d'argent qui pesoient trente talens. Junon, qui étoit debout & du poids de huit cens talens avoit à la main droite un serpent qu'elle tenoit par la tête, & à la main gauche un sceptre chargé de pierreries. Il y avoit devant ces trois Divinitez une table d'or longue de quarante pieds, large de quinze, & du poids de cinq cens talens. Sur cette table étoient posées deux urnes chacune du poids de trente talens & deux cassolettes chacune de trois cens. Il y avoit aussi trois grandes coupes : Celle qui étoit devant Jupiter pesoit douze cens talens & les deux autres chacune six cens. Les Rois de Perse ont pillé ces trésors ; & à l'égard des palais & des autres édifices le tems en a détruit une partie & considérablement endommagé l'autre: Car aujourd'hui il n'y a qu'un très-petit quartier de l'ancienne Babylone qui soit habité, & on laboure au-dedans des murailles.

X.
De Jardin

Il y avoit dans la Citadelle un jardin suspendu : mais Semiramis n'y

a point de part, & il a été fait par un appellé jardin de Semiramis.
Roi Syrien (1) du nombre de ses successeurs, en faveur d'une Courtisane.
Comme elle étoit de Perse, où l'on voit des prez & des vergers jusques sur les montagnes, elle inspira au Roi d'imiter à Babylone par les efforts de l'art cet agrément de la Perse. Les côtez de ce jardin qui étoit quarré avoient chacun quatre arpens de longueur. On y arrivoit en montant; & l'avenue en étoit bordée de part & d'autres de bâtimens convenables, ce qui lui donnoit l'air d'un théatre. Les degrez ou plûtôt les plates-formes par lesquels on y montoit étoient soutenues par des arcades qui servoient aussi à porter le poids du jardin. Ces arcades s'élevoient presque insensiblement les unes au-dessus des autres. Mais enfin la dernière étoit de cinquante coudées de haut & soutenoit le devant du jardin, qui gardoit ensuite un parfait niveau dans toute son étendue. Il étoit posé sur des espéces de piliers d'une solidité extrême, puisqu'ils avoient vingt-deux pieds d'épaisseur en quarré. (2) Com-

---

(1) Ou un Roi nommé Syrus.

(2) C'est-à-dire que la base de chacun de ces pi-

me ils n'étoient distans les uns des autres que de dix pieds, on avoit jetté de l'un à l'autre des blocs de pierre de seize pieds de long & de quatre pieds d'épaisseur. Ces pierres soutenoient un plancher ou une première couche de roseaux liez avec une grande quantité de bitume; une seconde couche, qui étoit double, de briques cuites liées avec du plâtre; & une troisiéme couche de plomb pour empêcher que l'humidité de la terre qu'on mettroit dessus ne pénétrât jusqu'aux murs. On y en avoit porté une si grande quantité que sa hauteur suffisoit aux racines des plus grands arbres. Le jardin en contenoit en effet un grand nombre de toutes les espéces qui étoient d'une grandeur & d'une beauté surprenante. Comme le jour entroit librement par dessous les arcades, on avoit pratiqué entre les piliers plusieurs chambres magnifiques

---

liers étoit de 484 pieds quarrez. J'ai cru devoir rendre ainsi le texte qui pourroit signifier seulement que les murs épais de 22 pieds & séparez, comme il est dit ensuite, de 10 pieds les uns des autres étoient continuez sous le jardin suivant toute sa longueur. Mais des murs continus ne sont point aussi favorables que de simples piliers, au jour qui, selon que l'Auteur le dit plus bas, entroit librement par les arcades.

où l'on pouvoit manger. Un seul des murs étoit creux depuis le haut jusqu'en bas. C'est celui dans l'épaisseur duquel on avoit placé des pompes qui descendoient dans le fleuve & qui apportoient jusques dans le jardin toute l'eau dont on pouvoit avoir besoin pour l'arroser : de sorte que du dehors on n'appercevoit rien de toute cette construction. Mais comme nous l'avons déja dit, ce jardin étoit postérieur à Semiramis. Cette Reine avoit bâti plusieurs autres villes le long de l'Euphrate & du Tigre, dans lesquelles elle avoit établi des entrepôts pour toutes les marchandises qui venoient de la Médie, de la Paratacéne & des pays circonvoisins.

XI. Fleuves & autres avantages de la Babylonie.

Après le Nil, le Gange & un petit nombre d'autres fleuves; les plus célébres de l'Asie sont l'Euphrate & le Tigre qui sortent des montagnes d'Arménie & dont les sources sont éloignées l'une de l'autre de quinze cens stades. A l'extrêmité de la Médie & de la Paratacéne ils embrassent la Mésopotamie à laquelle même ils ont donné ce nom, parce qu'en effet elle est située entre ces deux fleuves. Traversant ensuite la Babylonie ils vont se jetter dans la Mer (1) Rouge : Comme ces fleuves sont fort grands & qu'ils parcourent de grands pays, ils sont très-favorables pour le commerce. De-là vient que les villes qu'ils arrosent sont très-marchandes & contribuent par-là à l'éclat & à la magnificence de Babylone. Semiramis avoit tiré des montagnes d'Arménie une pierre de cent trente pieds de longueur & de vingt-cinq de largeur & d'épaisseur. L'ayant fait traîner par plusieurs couples d'ânes & de bœufs jusques sur le fleuve on la mit sur une barque faite exprès ; de sorte qu'étant arrivée jusques dans la Babylonie on dressa sur le grand chemin ce monument, qu'on a mis au nombre des sept merveilles du Monde, & qu'on a appellé Obelisque à cause de la forme d'aiguille qu'on lui avoit donnée. Entre les choses surprenantes qu'on voit dans la Babylonie, la quantité de Bitume qui s'y forme n'est pas des moins considérables. Car

---

(1) Diodore appelle ici Mer Rouge le Golfe Persique dans lequel l'Euphrate & le Tigre vont se jetter : ou, suivant une interprétation plus favorable, ces fleuves traversent le Golphe Persique, pour se jetter dans la Mer Rouge, qui est la Mer des Indes, & non pas le sein Arabique qui porte seul aujourd'hui le nom de Mer Rouge.

outre l'usage qu'on en a fait dans les bâtimens immenses dont nous avons parlé ; tout le peuple en va prendre autant qu'il en veut, & le met au feu comme du bois après l'avoir fait sécher. Quoi que le nombre de ceux qui en puisent tous les jours soit prodigieux, ce qui en reste paroît toujours dans la même quantité comme l'eau d'une fontaine intarissable. Auprès de la grande source de Bitume, il y en a une autre plus petite, mais remarquable par une propriété terrible. Elle jette une vapeur de soufre si violente que tout animal qui s'en approche perd la respiration & meurt sur le champ, suffoqué par l'odeur qui sort de cette source empoisonnée. L'inflammation & l'enflure gagne tout le corps, mais particuliérement les parties qui sont autour du poulmon. Il y a aussi au-delà du fleuve un lac environné d'une terre extrêmement séche. Ceux qui ne le connoissant pas entreprennent de s'y baigner nagent quelque tems ; mais à peine sont-ils vers le milieu qu'ils se sentent comme tirez par une force inconnue ; de sorte qu'essayant de gagner le bord pour se sauver ils ne peuvent en venir à bout. Les jambes, les cuisses, les reins s'engourdissent successivement, jusqu'à ce qu'enfin tout le corps devenant perclus tombe au fond & revient bien-tôt sans vie au-dessus de l'eau. Nous finirons-là les particularitez qui concernent le pays de la Babylonie.

XII. Expédition de Semiramis dans la Médie, dans la Perse, dans la Libye & dans l'Éthiopie. Ouvrages qu'elle fait faire dans sa route.

SEMIRAMIS ayant achevé tous ces ouvrages marcha avec une grande armée contre les Médes; & étant arrivée au pié d'une montagne appellée le Bagistan elle y forma son camp; & de plus elle traça dans la plaine un jardin de douze stades de tour. Au milieu de ce jardin il y avoit une fontaine qui fournissoit l'eau nécessaire pour l'arroser. Le mont Bagistan qui est consacré à Jupiter présentoit au jardin une de ses faces, qui étoit un rocher escarpé de dix-sept stades de hauteur & plein d'inégalitez. Semiramis le fit unir par le bas, & y fit tailler sa figure accompagnée de cent gardes. Elle y ajoûta une inscription en caractéres Syriens qui portoit que Semiramis, en mettant en un monceau le bagage dont étoient chargées les bêtes de somme qui suivoient son armée, étoit montée jusqu'au

Livre II.

qu'au haut de la montagne. Ayant décampé de-là pour aller auprès de Chaone ville de la Médie, elle apperçut sur un terrain assez élevé une pierre d'une grosseur étonnante. Elle traça là un autre jardin très-grand au milieu duquel la pierre se trouvoit enfermée. (1) Elle fit bâtir à l'entour des maisons de délices, d'où elle découvroit non-seulement tout le jardin, mais encore son armée qui étoit campée dans la plaine. Elle passa un très-long tems en ce lieu, en se livrant à toutes les voluptez qui se présentoient à son esprit. Elle ne voulut jamais se marier de peur que son mari ou ses enfans ne la dépossédassent de l'Empire ; mais elle choisit les plus beaux hommes de son armée pour avoir commerce avec elle, & les fit tous mourir ensuite. De-là elle marcha vers Ecbatane & arriva à la montagne appellée Zarcée. Cette montagne occupe plusieurs stades de terrain, & les rochers & les précipices qui la partagent lui donnent un très-grand circuit. La Reine voulant

---

(1) Le Grec semble dire que la pierre enfermoit le jardin. Mais j'ai suivi Rhodoman qui adoucit cette exagération.

abréger sa route & en même-tems immortaliser sa mémoire, fit couper des rochers & combler des précipices, traçant ainsi à grands frais un chemin droit & uni qui retient encore aujourd'hui le nom de Semiramis. Etant arrivée à Ecbatane ville située dans la plaine, elle y bârit un palais magnifique & prit même un soin plus particulier de cette Ville que des autres. Car comme elle manquoit souvent d'eau & qu'il n'y avoit pas de sources dans son voisinage, elle fit venir avec des travaux immenses une si grande abondance de la plus belle eau que toute la Ville en étoit arrosée. A douze stades d'Ecbatane est une montagne appellée Oronte fort droite & si élevée, qu'elle à vingt-cinq stades de hauteur perpendiculaire. De l'autre côté est un grand lac qui se décharge dans le fleuve. La Reine fit percer cette montagne vers le pied, pour y faire passer un canal auquel elle donna quinze pieds de largeur sur quarante de profondeur ; & qui conduisoit l'eau depuis le lac jusqu'à Ecbatane.

Suite de l'expédition de Semiramis. DE LA Médie elle passa dans la Perse & parcourut tous les pays qu'elle possédoit dans l'Asie. Changeant partout en plaines les montagnes & les précipices, elle fit des chemins magnifiques. Dans les lieux plains au contraire elle fit élever des Terrasses pour y placer les tombeaux des principaux Officiers de son armée, ou même des collines pour y bâtir des Villes. Elle avoit coutume aussi de faire faire de petites hauteurs à côté de son camp, afin qu'y faisant dresser sa tente elle put découvrir toute son armée. Plusieurs de ces travaux subsistent encore dans l'Asie où on les appelle les ouvrages de *Semiramis*. Elle entra ensuite dans l'Egypte & ayant subjugué la plus grande partie de la Libye, elle alla jusqu'au temple de Jupiter Ammon pour interroger l'Oracle sur le tems de sa mort. On dit qu'il lui fut répondu qu'elle disparoîtroit d'entre les hommes & que quelques nations commenceroient à lui rendre les honneurs divins, lorsque son fils Ninyas lui auroit dressé des embuches. De-là elle passa chez les Ethiopiens qu'elle vainquit, & où elle observa toutes les singularitez du pays ; par exemple, ce lac quarré qui a cent soixante pieds de tour dont l'eau est de la couleur du Cinabre, & qui répand une odeur très-agréable & approchante de celle du vin vieux. Mais cette eau a, dit-on, une propriété extraordinaire, c'est qu'elle fait tomber ceux qui en boivent dans un délire qui leur fait révéler des crimes qu'ils avoient oubliez eux-mêmes depuis lontems. Cependant on n'ajoûte pas beaucoup de foi à cette particularité. A l'égard des Ethiopiens; ils ont des cérémonies très-singuliéres dans leurs funérailles. Après avoir salé les corps, ils les mettent dans une niche de verre qu'ils posent sur une colomne, de sorte qu'on les voit à découvert. C'est ainsi que le rapporte Hérodote. (1) Mais Ctésias soutient qu'il se trompe. Il dit qu'à la vérité on sale les corps, mais qu'on ne les voit point à nud dans une niche de verre. Car comme ils ont été altérez par le feu où on les a fait passer, ils ne sçauroient conserver la ressemblance du défunt: & il soûtient que l'on fait une statue d'or qui le représente, dans laquelle son cadavre est enfermé; & que c'est cette statue que l'on pose dans une niche & qu'on voit au travers du ver-

(1) Hérodote, l. 3.

re. Au reste ce ne sont que les plus riches que l'on ensevelit ainsi. On fait faire des statues d'argent pour ceux qui le sont moins & des statues de terre cuite pour les pauvres. A l'égard du (1) verre, on en trouve abondamment en Ethiopie & il n'est personne qui ne soit en état d'en avoir. Mais nous parlerons bien-tôt des loix des Ethiopiens & des choses remarquables qui se voyent en leur pays, lorsque nous raconterons ce que l'histoire véritable ou fabuleuse a conservé de leurs antiquitez.

XIII. Retour de Semiramis à Bactres: Préparatifs extraordinaires pour la guerre qu'elle veut porter aux Indes.

SEMIRAMIS, ayant réglé toutes choses dans l'Ethiopie & dans l'Egypte, reprit le chemin de l'Asie, & revint à Bactres avec toute son armée. Se voyant de très-grandes forces, elle voulut se signaler après une longue paix par une guerre d'éclat. Ayant donc appris que les Indiens formoient la plus grande nation de la terre & qu'ils occupoient un très-grand & très-beau pays, elle résolut de les aller combattre. Stabrobatès étoit alors Roi des Indes, & il entretenoit tou-

---

(1) Palmérius remarque ici que le verre dont il s'agit doit être un fossile ou un métail différent du verre que nous connoissons.

jours une armée innombrable. Il avoit plusieurs éléphans qu'on paroit magnifiquement & qui étoient terribles dans les combats. L'Inde surpasse en beauté tous les pays du monde : Elle est arrosée d'un grand nombre de fleuves qui la traversent, & elle fournit double récolte par an. Ainsi les habitans y trouvent en abondance toutes les choses nécessaires à la vie. On dit que le climat y est si favorable qu'on n'y a jamais vû de famine, ni même aucun de ces accidens qui nuisent ailleurs aux fruits de la terre. Il y a une quantité prodigieuse d'éléphans qui en courage & en force surpassent de beaucoup ceux de la Libye. Elle produit de l'or, de l'argent, du fer, du cuivre, toute sorte de pierreries très-parfaites, en un mot tout ce qui peut enrichir les hommes ou contribuer à leurs plaisirs. Ces avantages qui étoient connus de Semiramis l'engagérent à déclarer la guerre à ces peuples, quoi qu'elle n'eut reçû d'eux aucune offense. Comme cette expédition demandoit une armée nombreuse; elle envoya des ordres à tous les commandans de ses Provinces de faire enrôler l'élite de la jeunesse au nombre qu'elle avoit prescrit, selon l'étendue de chaque gouvernement. Toutes ces troupes devoient paroître bien équipées & avec des armes neuves, à une revûe générale qu'elle indiqua à Bactres dans le terme de trois ans. Elle fit venir aussi des ouvriers de Marine de la Phénicie, de la Syrie, de l'Isle de Chypre & de toutes les côtes de la mer. Elle leur fit fournir les bois nécessaires pour des bateaux qui se pussent démonter. Elle en vouloit avoir sur le fleuve Indus qui bornoit ses Etats, un assez grand nombre pour passer chez les ennemis, & pour les arrêter quand ils entreprendroient de venir chez elle. Mais comme il n'y a pas de forêts aux environs du fleuve Indus, il falloit y porter par terre ces barques toutes prêtes. Semiramis ne trouvoit son armée inférieure à celle des Indiens que du côté des éléphans qui lui manquoient. Pour y suppléer elle imagina de faire des représentations de ces animaux qui surprendroient extrêmement des peuples persuadez qu'il n'y avoit d'éléphans que dans leur pays. Elle choisit pour cet effet trois cens mille bœufs noirs, dont elle laissa par avance toutes les chairs au profit des ouvriers qui executeroient son dessein. C'étoit d'en assembler les cuirs & de les remplir de foin de telle sorte qu'on leur donnât la figure qu'elle demandoit. On ajustoit ces cuirs sur des chameaux, & l'on trouvoit moyen de placer un homme dans la machine pour la faire mouvoir, de sorte qu'elle paroissoit de loin un véritable éléphant. Ceux qu'on choisit pour ce travail furent enfermez dans un bâtiment muré de tous les côtez, & dont la porte étoit si étroitement gardée qu'aucun d'eux ne pouvoit sortir, & que personne ne pouvoit ni les voir ni leur parler. Elle en usoit ainsi de peur que la chose se divulguant ne parvînt jusqu'aux oreilles des Indiens. Ayant employé deux ans tant à la préparation de ces faux éléphans qu'à celle de ses barques, elle assembla toutes ses troupes dans la Bactriane. Son armée, selon Ctésias, montoit à trois millions d'hommes d'infanterie, à cinq cens mille hommes de cavalerie, & à cent mille chariots. Il y avoit de plus cent mille hommes montez sur des chameaux & tous armez d'épées de six pieds de long. Elle avoit deux mille de ces barques qui se démontoient, & elle les fit porter jusqu'au fleuve sur des chameaux, aussi-bien que les formes d'éléphans dont nous avons parlé ; les cavaliers marchant à côté accoutumoient leurs chevaux à cet objet extraordinaire. Persée Roi de Macédoine mit en usage un stratagême à peu près semblable contre les Romains qui avoient dans leur armée des éléphans de Libye : cette tromperie ne lui réussit pas mieux qu'à Semiramis. Nous allons voir plus en détail ce qui arriva à l'égard de cette Reine.

STABROBATES ayant appris les préparatifs immenses que l'on faisoit contre lui, s'efforça de porter les siens à un tel excès qu'ils surpassassent encore ceux de Semiramis. Dans cette vûe il fit faire quatre mille barques de roseaux. Car dans les Indes les lieux voisins des fleuves & des marécages portent des roseaux d'une telle grosseur, que c'est tout ce que peut faire un homme que de les embrasser ; & l'on dit de plus que les vaisseaux qui sont faits de cette espéce de bois sont d'un excellent usage, parce qu'il est incorruptible. On forgea aussi des ar-

XIV.
Elle est vaincue par Stabrobatès Roi des Indes, & elle revient à Bactres.

mes avec un soin particulier, & les levées qu'il fit faire dans tous ses Etats lui fournirent une armée beaucoup plus nombreuse que celle de Semiramis. Il envoya des chasseurs à la poursuite des éléphans sauvages pour augmenter le nombre de ceux qu'il avoit nourris jusqu'alors ; & il les fit enharnacher de sorte que leur vûe seule inspiroit la terreur. En effet quand on les mit en marche il ne sembloit pas à leur nombre & à l'armure dont ils étoient couverts qu'aucune force humaine pût leur résister. Ayant ainsi disposé toutes choses pour sa défense ; il envoya des hérauts au-devant de Semiramis qui attestérent les Dieux en sa présence, qu'elle venoit attaquer une Nation qui ne lui avoit fait aucun tort. Les lettres dont ils étoient chargez étoient remplies d'ailleurs de reproches secrets sur les déréglemens de sa vie ; & il assuroit par serment que si elle tomboit en sa puissance il la feroit mettre en croix. Semiramis ayant lû ces lettres répondit en se moquant que dans le combat elle feroit preuve de sa vertu. S'étant ensuite avancée jusques sur le fleuve Indus elle trouva l'armée ennemie rangée en bataille. Aussi-tôt mettant ses barques en état, & les remplissant de ses meilleurs soldats elle entreprit un combat naval, de telle sorte pourtant qu'elle étoit encore aidée des troupes qu'elle avoit disposées sur le rivage. L'on combattit vaillamment de part & d'autre : mais enfin la victoire demeura à Semiramis. Elle coula à fond mille barques & fit un grand nombre de prisonniers. Encouragée par cette premiére victoire elle prit toutes les Isles du fleuve & toutes les Villes qui y étoient bâties, & fit dans cette seule course cent mille captifs. Le Roi des Indes retira ses troupes d'auprès du fleuve en faisant semblant de fuir, mais dans le dessein d'attirer l'ennemi sur ses terres. Semiramis flatée par ces succès fit jetter sur le fleuve un pont d'une largeur extraordinaire par dessus lequel elle fit passer toutes ses troupes. Elle laissa soixante mille hommes à la garde du pont & conduisit le reste à la queuë des fuyards, en faisant marcher à la tête de son armée ses faux éléphans, afin que les espions du Roi lui en fissent le rapport. Elle ne fut pas trompée à cet égard; & comme les espions parloient du nombre prodigieux de ces animaux, les Indiens se demandoient les uns aux autres comment une armée Assyrienne pouvoit avoir tant d'éléphans : Cependant la fraude fut bien-tôt découverte. Quelques soldats de Semiramis surpris à faire mauvaise garde pendant la nuit, & craignant d'en être punis étoient passez chez les Indiens & leur avoient dévoilé tout le mystére. Le Roi prenant un nouveau courage sur ce rapport, & découvrant à ses soldats ce qu'il avoit appris des transfuges, revint en bataille rangée contre ses ennemis. La Reine s'étoit préparée à le recevoir : ainsi quand les deux armées furent en présence, le Roi des Indes fit avancer sa cavalerie avec les chariots pour commencer le combat. Semiramis soutint vigoureusement ce choc, en leur opposant ses faux éléphans qui étoient rangez à la tête de l'armée en égale distance les uns des autres. Les chevaux Indiens en furent bien-tôt effrayez : Cet aspect ne les effarouchoit pas d'abord, parce qu'ils étoient accoutumez à voir des éléphans que ces figures mouvantes représentoient de loin ; mais quand ils en furent plus proches ; l'odeur des cuirs à laquelle ils n'étoient pas faits, jointe aux différences très-sensibles de près entre de vrais éléphans & ces formes monstrueuses les mirent absolument en désordre. Ainsi les uns jettoient par terre leurs cavaliers, les autres n'obéissant plus à la main portoient les leurs au milieu des ennemis. Semiramis profitant de ce tumulte se jette avec l'élite de ses soldats sur la cavalerie ennemie & la met en fuite. Stabrobatès étonné de cette déroute fait avancer ses fantassins précédez de ses éléphans. Lui-même commandant l'aile droite & monté sur le plus beau de tous, alla droit à la Reine que le hazard avoit amenée devant lui. Les faux éléphans s'avançant aussi de leur côté soûtinrent peu de tems l'impétuosité des véritables. Car ces animaux étant extraordinairement courageux & se confiant en leur force, tuoient du premier coup tous ceux qui s'opposoient à eux. Ainsi écrasant les uns avec leurs pieds, déchirant les autres avec leurs dents & jettant les autres en l'air avec leurs trompes, ils eurent bien-tôt répandu une terreur générale dans l'armée de Semiramis. Enfin comme les morts s'entaſſoient les uns ſur les autres, & que le carnage avoit quelque choſe de plus effroyable qu'à l'ordinaire, on ne gardoit plus de rang. Toute l'armée étant en déroute, le Roi des Indes s'attacha à Semiramis & lui tira d'abord une fléche qui l'atteignit au bras. Enſuite il lui lança un dard qui par un mouvement qu'elle fit la bleſſa au dos. Semiramis quoiqu'elle ſentit à peine le coup monta à cheval & s'enfuit, laiſſant derriére elle l'Eléphant du Roi qui ne couroit pas aiſément. Toute ſon armée retourna précipitamment vers le fleuve où conduiſoit un ſeul chemin aſſez étroit ; de ſorte que ſe foulant aux pieds les uns les autres, & tombant pêle-mêle hommes & chevaux, ils périſſoient d'une maniére étrange. Comme les ennemis les ſerroient de près, le déſordre ne fut pas moins terrible ſur le pont où ils ſe jettérent en ſi grand nombre que n'y pouvant tenir tous, ils tomboient de part & d'autre dans le fleuve. Cependant dès que Semiramis vit que la plus grande partie de ſes troupes échapées du combat étoit passée, elle fit rompre le pont. Toute la charpente qui le soutenoit se partageant en mille piéces, emporta avec elle les bateaux des Indiens qui poursuivoient les fuyards, & qui se noyant dans les eaux rapides du fleuve, laissérent en sûreté Semiramis. Outre cela le Roi des Indes ayant vû des signes dans le Ciel qui, selon l'interprétation de ses devins, lui défendoient de passer outre, cessa sa poursuite ; & Semiramis ayant échangé ses prisonniers revint à Bactres après avoir perdu les deux tiers de son armée.

XV.
Mort de Semiramis.

QUELQUE tems après son fils Ninyas lui dressa des embûches par l'entremise d'un Eunuque son confident. Elle les découvrit, & se ressouvenant alors de l'Oracle de Jupiter Ammon, elle ne prit aucune résolution violente contre son fils : au contraire, elle lui céda la couronne, & ayant recommandé à tous ses sujets de lui obéïr, elle disparut ; comme pour faire croire qu'elle alloit passer au rang des Dieux, suivant la promesse de l'Oracle. Quelques-uns content qu'elle fut changée en colombe, & qu'une bande de ces oiseaux s'étant venue placer sur son palais, elle s'étoit envolée avec elles. C'est une des raisons pour lesquelles les Assyriens ayant immortalisé Semiramis, ont rendu les honneurs divins à la colombe. Ainsi ayant été souveraine de toute l'Asie, excepté des Indes, Semiramis finit ses jours après une vie de soixante & deux ans & un régne de quarante-deux. Nous nous sommes conformez à Ctésias de Cnide, dans tout ce que nous avons dit d'elle jusqu'à présent. Mais Athenée, (1) & quelques autres Historiens, ont écrit qu'elle avoit été une belle courtisane qui avoit gagné par ses attraits le Roi d'Assyrie. Elle n'avoit d'abord eu qu'un crédit médiocre auprès de lui : mais dans la suite ayant été déclarée sa femme légitime, elle lui proposa de la laisser maitresse de l'Empire pendant cinq jours. Ayant donc pris le manteau Royal & le sceptre, elle employa le premier jour à faire des festins magnifiques, auxquels elle in-

---

(1) Cet Athenée pourroit être celui qui gouvernoit en Cilicie pour les Romains, & qui étoit ami de Muréna du tems d'Auguste. Car le fameux Athenée de Naucrate dont il nous reste le banquet des Philosophes en 15 livres, ayant vécu sous Marc-Auréle, étoit bien postérieur à Diodore. Voss. *l. 2. c. 15.*

vita les grands Seigneurs & tous ceux qui avoient quelque autorité dans l'État, pour les mettre dans ses intérêts. Toute la Cour s'étant accoutumée ce jour-là à la traiter de Souveraine; dès le lendemain elle fit mettre son mari en prison; & étant pleine d'ambition & de courage, elle se saisit de l'autorité Royale, & fit pendant une longue vie de très-grandes choses. C'est ainsi que les Historiens varient au sujet de Semiramis.

NINYAS son fils, qu'elle avoit eu de Ninus, lui succéda; & s'éloignant de l'humeur guerriére & entreprenante de sa mere, il entretint la paix pendant tout son régne. Il passa toute sa vie dans son palais, ne se laissant voir à personne qu'à des concubines & à des Eunuques. Il n'étoit jaloux que de son indolence & de ses plaisirs; il ne travailloit qu'à éviter la douleur & le chagrin, & il faisoit consister le plus grand avantage de la Royauté à satisfaire librement tous ses desirs. Cependant pour assurer sa couronne & pour maintenir ses sujets dans l'obéissance, il faisoit lever tous les ans dans chaque province de son vaste Empire un certain nombre de soldats

XVI.
Ninyas son fils lui succéde. Oisiveté & politique de ce Prince.

soumis à un chef de la même Nation. Il faisoit camper l'armée composée de toutes ces milices autour de sa capitale, & donnoit cependant à chaque Nation un Gouverneur dévoué à sa personne. A la fin de l'année il renvoyoit ces soldats chacun chez eux & en levoit de nouveaux. Il retenoit ainsi dans le devoir tous ses peuples qui voyoient une armée nombreuse toujours prête à aller réduire les rebelles les plus éloignez. Le changement annuel de ses troupes empêchoit d'un autre côté que les Officiers & les soldats ne prissent de trop fortes liaisons les uns avec les autres, & n'acquissent même dans les armées une expérience & une hardiesse qui inspirent souvent des entreprises séditieuses. Le soin qu'il prenoit de se cacher n'alloit à vrai dire qu'à dérober au public la vûe de ses débauches : Cependant on le regardoit comme un Dieu invisible dont personne n'osoit mal parler. Enfin quoiqu'il passât sa vie à Ninive il ne laissa pas d'établir des Généraux dans les armées, des Gouverneurs dans les Provinces ; & des Juges dans les Villes ; en un mot il pourvut à tout ce qui lui parut nécessaire pour le bon ordre de ses Etats. Ses successeurs se conduisirent à peu près de la même manière pendant trente générations & jusqu'à Sardanapale.

Sous celui-ci la Monarchie des Assyriens passa aux Médes après avoir subsisté treize cens soixante & tant d'années, selon la supputation de Ctésias de Cnide en son second Livre. Mais il n'a daigné nous rapporter ni le nom de chacun de ces Rois ni la durée de leur régne ; parce qu'on n'en cite rien de remarquable, si ce n'est le secours qui fut envoyé à Troye par les Assyriens sous le commandement de Memnon fils de Tithon : Car on dit que Teutamus, vingtiéme Roi de l'Asie depuis Ninyas, étant sur le trône plus de mille ans après la fondation de cet Empire, Agamemnon mena les Grecs au siége de Troye ; & que Priam Roi de la Troade se sentant pressé envoya demander du secours au Roi d'Assyrie dont il relevoit. Teutamus lui donna, dit-on, dix mille Ethiopiens & autant de Susians avec deux cens chariots sous le commandement de Memnon. On ajoûte que Tithon qui étoit le Général des Perses, avoit la premiére place dans la

XVII.
Il y a eu une longue suite de Rois inconnus jusqu'à Sardanapale.

faveur du Roi, & que son fils se trouvant alors à la fleur de son âge surpassoit tous les autres Satrapes par son courage & par ses autres grandes qualitez. Ce fut lui qui bâtit dans la Citadelle de Suse un Palais qui a subsisté jusqu'au tems de la Monarchie des Perses, & qui avoit retenu son nom, aussi-bien qu'un grand chemin qu'il avoit fait faire dans cette Province. Cependant les Ethiopiens voisins de l'Egypte rendent douteuses ces dernières circonstances. Car ils prétendent que Memnon est né chez eux, & ils montrent encore de vieux palais qu'ils appellent Memnoniens. Ils conviennent de son voiage à Troye à la tête du secours que nous avons marqué plus haut, & ils disent qu'il s'y signala par son courage & qu'il tua plusieurs Grecs de sa main ; après quoi il fut tué lui-même par les Thessaliens dans une embuscade. Les Ethiopiens ayant recouvré son corps le brûlérent & rapportérent ses cendres à Tithon. Ces Barbares assurent que son Histoire est ainsi racontée dans les annales de leurs Rois.

XVIII.
Sardanapa-

SARDANAPALE dernier Roi de la Monarchie des Assyriens & le tren-

LIVRE II.

tiéme depuis Ninus qui l'avoit fon- *le dernier*
dée surpassa tous ses prédécesseurs en *Roi d'Assy-*
fainéantise & en volupté : Car outre *rie.*
qu'il ne se laissoit voir à personne,
il menoit absolument la vie d'une
femme. Il en portoit l'habit, il en
affectoit la voix, & étant sans cesse
au milieu de ses concubines, il n'a-
voit entre les mains que des ouvrages
de laine & de pourpre. Il se fardoit
avec de la céruse & se parfumoit le
visage & tout le corps de ces essen-
ces recherchées qu'employent les plus
molles & les plus lascives courtisa-
nes. Il recherchoit avec soin les viandes & les breuvages qui provoquent
aux actions impudiques, & il abusoit
des deux sexes sans se soucier de l'infamie attachée à cet horrible excès.
Enfin il s'étoit plongé si avant dans
l'intempérance & dans les plus hon-
teuses débauches qu'il fit lui-même en
langue barbare cette épitaphe qui depuis a été mise en deux vers Grecs.

J'emporte, des trésors que je laisse aux vi-
    vans,
Tout ce que j'en ai mis à contenter mes
    sens.

Il avoit recommandé à ses successeurs

de la faire graver sur son tombeau.

XIX. Conjuration & guerre contre Sardanapale. Il y succombe.

SARDANAPALE étant tel que nous venons de le représenter, non-seulement fit une fin malheureuse pour lui-même; mais de plus il fut cause du renversement de la Monarchie des Assyriens qui avoit duré plus long-tems que toutes celles dont nous avons connoissance. Arbacès qui avoit de l'élévation d'esprit & du courage, conduisoit les troupes que la Médie où il étoit né, envoyoit tous les ans à Ninive. Le chef des troupes Babyloniennes avec qui il s'étoit lié d'amitié lui mit dans l'esprit de changer l'état des choses en Assyrie. Celui-ci se nommoit Belesis le plus illustre des Prêtres que les Babyloniens appellent Chaldéens. Comme il étoit fort versé dans l'Astrologie & dans la divination, il avoit fait à plusieurs personnes des prédictions que l'événement avoit justifiées. S'étant mis par-là dans un grand crédit, il assura le capitaine des Médes son ami qu'il régneroit un jour à la place de Sardanapale. Arbacès le remerciant lui promit, si la prophétie s'accomplissoit, de le faire Satrape de Babylone. Et cependant aussi plein d'espérance que s'il avoit oui la voix d'un Dieu, il rechercha l'amitié des chefs des autres provinces. Il leur faisoit de grands festins, & leur donnant chaque jour de nouvelles marques de confidération il les mettoit infenfiblement dans fon parti. Il voulut d'abord pénétrer jufques dans le palais du Roi & s'inftruire au vrai de la vie qu'il y menoit. Il ne lui en coûta pour y parvenir qu'une coupe d'or dont il fit préfent à un, des Eunuques. Etant donc introduit chez le Roi il fut témoin de fa molleffe & de fes débordemens. Il le méprifa comme un Prince indigne de fon rang, & il s'affermit plus que jamais dans fon projet & dans fes efpérances. Ainfi fe liant par ferment avec Belefis, ils convinrent entr'eux qu'Arbacès feroit révolter les Perfes, tandis que Belefis feroit entrer les Babyloniens dans cette conjuration, à laquelle il tâcheroit auffi d'attirer le Roi des Arabes, (1) qui étoit fon ami particulier. Le tems arriva cependant de remener les troupes de l'année pour en lever d'autres, felon la coutume. Arbacès profita de cette occafion pour

(1) Nous fuivons ici Rhodoman qui change Barbares en Arabes.

exciter les Médes à se rendre maîtres de l'Empire d'Assyrie, & il flata en même tems les Perses d'un gouvernement plus libre. Belesis de son côté pressa les Babyloniens de secouer le joug; & passant dans l'Arabie il fit goûter sa proposition au Roi qui la gouvernoit, & qui avoit été son hôte & son ami. Au commencement de la nouvelle année, les troupes de toutes les provinces se rendirent à Ninive, en apparence pour satisfaire à la coutume établie, mais en effet pour ôter l'Empire aux Assyriens. Les quatre Nations que nous venons de nommer, c'est-à-dire les Médes, les Perses, les Babyloniens, & les Arabes s'assemblérent en un même lieu, & composérent une armée de quatre cens mille hommes; ce fut-là qu'ils tinrent leur premier conseil de guerre.

Arbacès capitaine des Médes, & Belesis Devin de Babylone, Chefs de la conjuration perdent trois batailles & demeurent vainqueurs dans la quatriéme.

SARDANAPALE ayant appris ces nouvelles assembla de son côté les troupes de toutes les autres Provinces. Le combat s'étant donné dans la plaine, les conjurez furent vaincus & poursuivis avec une grande perte jusques sur une montagne éloignée de soixante-dix stades de Ninive. Cependant ils en redescendirent bien-tôt pour

LIVRE II. 265
pour tenter encore une fois la fortune. Sardanapale après avoir rangé toutes ses troupes en bataille, envoya des Hérauts à l'armée des ennemis, pour déclarer de sa part qu'il donneroit deux cens talens d'or à celui qui tueroit le Méde Arbacès, & deux fois autant avec le gouvernement de la Médie à celui qui le lui ameneroit vivant. Il fit faire une déclaration à peu près semblable à l'égard de Belesis Babylonien. Ces promesses n'ayant tenté personne, il livra un second combat où les conjurez perdirent encore beaucoup des leurs, & le reste s'enfuit dans le camp qu'ils avoient sur la montagne. Découragez qu'ils étoient par cette seconde défaite, ils consultérent entr'eux sur le parti qu'ils avoient à prendre. La plûpart étoient d'avis de s'en retourner chacun dans sa Province & de s'y retrancher, jusqu'à ce qu'ils eussent rétabli leurs forces. Mais Belesis les excitant par des motifs qui convenoient à leur situation présente, & leur promettant de la part des Dieux un succès heureux pour prix & pour terme de leurs travaux; les engagea de nouveau dans le péril. Il se donna un troisiéme com-

bat où le Roi victorieux pour la troisiéme fois se rendit maître de leur camp, & les poursuivit jusques dans les montagnes de la Babylonie. Arbacès faisant des prodiges de valeur & ayant tué de sa main plusieurs Assyriens fut blessé lui-même. Les chefs des Conjurez, voyant la fortune opposée si constamment à leur entreprise, commencérent à en desespérer & ne songeoient, plus qu'à leur sureté particuliére. Mais Belesis ayant passé toute une nuit dans un lieu découvert a observer les Astres, leur assura que s'ils avoient la patience d'attendre seulement cinq jours, ils recevroient un secours auquel ils ne s'attendoient point, & qui feroit absolument changer la face des choses, Il avoit vû, disoit-il, cette destinée clairement écrite dans le Ciel : ainsi il ne leur demandoit que ce terme pour leur donner une preuve complette de son savoir, & de la faveur des Dieux. Les Conjurez s'étant laissé gagner par ses instances & par des promesses qui devoient être si-tôt vérifiées, reçurent avis qu'il venoit au Roi en diligence un puissant renfort de la Bactriane & qu'il étoit prêt d'arriver. Arbacès jugea à propos d'aller à sa rencontre avec une élite de soldats armés à la légére, afin que s'il ne pouvoit inspirer à ces Bactrians d'entrer dans son parti il fut en état de les y contraindre. Mais la liberté qu'il leur promit gagna bien-tôt ces nouvelles troupes; & tous les Conjurez se réunirent ensemble dans le même camp. Cependant le Roi d'Assyrie qui ignoroit la défection des Bactrians & qui comptoit alors sur la fortune qui lui avoit été jusqu'alors si favorable, étoit retombé dans l'oisiveté. Il avoit fait distribuer à ses soldats la chair d'un nombre infini de victimes, du vin en abondance, & toutes sortes de provisions de bouche, de maniére que son armée passoit le tems en festins. Arbacès ayant appris par des transfuges la négligence & l'yvresse où l'on étoit dans le camp du Roi, l'alla attaquer inopinément. Alors tombant à propos & en bon ordre sur des soldats hors de leurs rangs, & qui ne s'attendoient à rien de pareil; il les chassa de leur camp & en ayant fait un grand carnage il poursuivit le reste jusqu'à Ninive. Le Roi laissant Salémenès, frere de sa femme, à la tête des troupes qui lui restoient en campagne, s'enferma dans la Ville pour la défendre. Les Conjurez ayant livré deux combats sous les murailles demeurérent deux fois vainqueurs. Salémenès fut tué, & ses troupes ne pouvant se réfugier dans la ville dont les ennemis fermoient le passage, furent contraintes de se précipiter dans l'Euphrate où elles périrent presque toutes. Le nombre des morts fut si grand que le fleuve porta fort loin la couleur dont il étoit teint. Quand on vit le Roi enfermé dans sa capitale, la plûpart de ses sujets l'abandonnérent & furent ravis de s'affranchir d'un joug honteux. Le Roi, se voyant prêt à tomber du Trône, envoya avec de grands trésors trois fils & deux filles qu'il avoit chez Cotta Gouverneur de la Paphlagonie, le plus fidéle de ses Satrapes. Pour lui il écrivit de tous côtez dans les Provinces qui lui étoient encore fidéles, pour avoir des troupes & les munitions de guerre & de bouche qui lui étoient nécessaires pour soutenir un siége. Or il y avoit un ancien Oracle qui avoit dit que Ninive ne seroit jamais prise de force à moins que le fleuve même ne devint ennemi de la Ville. Comptant que cette condition qu'il regardoit comme impossible rendoit la Ville imprenable, il résolut de la défendre en attendant les secours qui devoient lui venir des Provinces. Les assiégeans de leur côté animez par leurs derniers succès continuoient leurs attaques : mais la hauteur des murailles mettoit les assiégez à l'abri de leurs insultes. Car les tortues, les béliers, les Catapultes, & toutes les machines propres pour abbatre les murs n'étoient pas encore inventées ; & la Ville étoit abondamment fournie de vivres par le soin particulier que le Roi avoit pris sur cet article. Ainsi le siége traînant en longueur ils demeurérent deux ans entiers devant les remparts, empêchant d'ailleurs exactement qu'on ne put sortir de la place. Mais la troisiéme année il y eut des pluyes si abondantes que l'Euphrate se débordant inonda une partie de la Ville, & renversa vingt stades de murailles. Le Roi jugeant par le dommage que le fleuve avoit causé, que la condition de l'Oracle étoit accomplie, desespéra de son salut : Et pour ne pas tomber vivant au pouvoir de ses ennemis, il fit dresser au milieu de son palais un grand bucher, sur lequel il fit mettre tout son or, tout son argent & tous les vêtemens Royaux. Il fit aussi enfermer toutes ses concubines & tous ses Eunuques dans une chambre construite au milieu du bucher. On y mit le feu & il fut ainsi consumé avec son palais & ses trésors. Les Rebelles, ayant appris la mort de Sardanapale, entrérent dans la Ville par la bréche que les eaux y avoient faite; & ayant revétu Arbacès des ornemens de la Royauté ils le proclamérent & le reconnurent maître absolu de l'Empire.

XX. Arbacès est fait Roi & donne dès le commencement de son régne un grand exemple de générosité. Il transporte le trône d'Assyrie chez les Médes.

LE NOUVEAU Roi ayant distribué des présens convenables à tous ceux qui l'avoient servi dans son entreprise, & ayant établi des Satrapes dans toutes les Provinces; Belesis se présenta à lui pour le faire ressouvenir de la part qu'il avoit à son élévation, & pour lui demander le gouvernement de la Babylonie qu'il lui avoit promis pour récompense de ce service. Il lui dit aussi que dans les périls qu'ils avoient courus, il avoit fait vœu à Jupiter Bélus que si Sardanapale étoit défait & que l'on brûlât son palais, il en transporteroit les cendres à Babylone pour en élever auprès du temple un monument qui rappellât à tous ceux qui descendroient l'Euphrate la mémoire de celui qui avoit renversé la Monarchie des Assyriens. Il faisoit cette demande, parce qu'il avoit appris d'un Eunuque de Sardanapale qui s'étoit donné à lui, & qu'il tenoit caché dans sa maison, la circonstance de l'or & de l'argent mis dans le bucher. Arbacès ne sçachant rien de tout cela, parce qu'il n'étoit resté personne de la maison du Roi qui pût l'en instruire, accorda à Belesis les cendres qu'il lui demandoit, & lui donna Babylone exemte de tout tribut. Celui-ci ayant fait charger plusieurs barques de ces cendres aussi-bien que de l'or & de l'argent qu'elles couvroient, les envoya incessamment à Babylone. Cependant la chose s'étant découverte d'elle-même, le Roi nomma pour Juges de cette action tous les Capitaines qui avoient combattu pour lui. L'accusé ayant avoué son larcin, les Juges opinèrent tous à la mort. Mais le Roi qui étoit généreux, & qui vouloit donner des marques de bonté & de elémence au commencement de son régne, non-seulement pardonna à Belesis, mais encore lui fit don de tout ce qu'il avoit enlevé. Il ne lui ôta point non plus le gouvernement de Babylone; disant que les services que Belesis lui avoit rendus auparavant l'emportoient de beaucoup sur la faute qu'il venoit de commettre. Le bruit de sa modération s'étant répandu partout il en recueillit une estime & une bien-veillance générale : & l'on disoit de toutes parts que celui qui étoit si indulgent étoit très-digne de la Royauté. Arbacès se conduisit avec justice & avec douceur à l'égard des habitans de Ninive; mais faisant donner à chacun ce qui lui appartenoit, il les envoya tous habiter à la campagne : Après quoi il fit raser la Ville jusqu'aux fondemens, & transporta à Ecbatane de Médie tout l'or & tout l'argent qu'on put retirer encore des cendres du palais brûlé, ce qui ne laissa pas de monter à plusieurs talens. C'est ainsi que la Monarchie des Assyriens qui avoit subsisté jusqu'à la trentiéme génération, & plus de quatorze cens ans depuis Ninus, fut renversée & passa aux Médes.

Il ne paroît pas hors de propos de dire ici quelque chose des Chaldéens de Babylone & de leur origine, afin de ne rien omettre de tout ce qui nous reste de l'antiquité qui soit digne de mémoire. Les Chaldéens descendent des plus anciennes familles de Babylone, & ils observent une forme de vie approchante de celle des Prêtres d'Egypte. Car pour se rendre plus sçavans & plus entendus au service des Dieux, ils s'appliquent continuellement à la Philosophie, & se sont fait surtout une grande réputation en Astronomie. Ils étudient avec un grand soin l'art de la divination. Ils prédisent l'avenir & croyent pouvoir détourner les maux & procurer les biens par leurs expiations, par leurs sacrifices, & par leurs enchantemens. Ils ont aussi l'expérience des augures ou du vol des oiseaux, & ils sont versez dans l'interprétation des songes & des prodiges. Outre cela ils consultent les entrailles des victimes & en tirent des connoissances qui passent pour certaines. Au reste ils s'instruisent dans ces sciences d'une maniére toute autre que ceux d'entre les Grecs qui s'y adonnent. Chez les Chaldéens cette

XXI.
Chaldéens de Babylone Prêtres & Devins. Leur Philosophie.

Philosophie demeure toujours dans la même famille; elle passe du pere aux enfans, & ils se dispensent de toute autre fonction. Ainsi n'ayant pour maîtres que leurs parens, la jalousie ne fait rien cacher à celui qui enseigne, & le disciple apporte toute la docilité nécessaire pour s'instruire. De plus ayant commencé dès le bas âge ils acquiérent une habitude extrême dans ces matiéres, soit par la facilité que l'on a d'apprendre dans l'enfance, soit par la longueur du tems qu'ils y ont employé. Chez les Grecs au contraire la plûpart entrent dans cette étude fort tard ou sans disposition naturelle; & après s'y être appliquez quelque tems les besoins de la vie les en détournent. Ceux-mêmes qui s'y adonnent entiérement ne le font guéres que dans le dessein d'y trouver leur subsistance. Ainsi au lieu de s'en tenir aux anciens fondemens de cette science ils cherchent à s'attirer des disciples en s'écartant eux-mêmes des principes de leurs maîtres. Les barbares au contraire ne faisant jamais qu'une seule chose s'y rendent infiniment plus habiles. Ils évitent d'ailleurs l'inconvénient où tombent les Grecs par la recherche des nouveautez qui les font paroître si opposez les uns aux autres, que leurs disciples voyant ces contradictions perpétuelles, s'entretiennent dans la défiance à leur égard, & n'osent compter sur rien de ce qu'on leur enseigne. En effet si l'on examine les principales Sectes de la Philosophie Grecque; on les trouvera différentes les unes des autres dans les points les plus importans. Les Chaldéens prétendent que la matiére est de toute éternité, & que n'ayant point eu besoin de génération elle n'est pas sujette à corruption. Mais ils croyent que l'arrangement & l'ordre du monde vient d'une intelligence divine, & que tout ce que l'on voit dans les Cieux & sur la terre est l'effet non d'un mouvement fortuit ou nécessaire, mais de la sagesse & de la puissance des Dieux.

Les Chaldéens ayant fait d'ailleurs de longues observations des Astres, & connoissant plus parfaitement que tous les autres Astrologues leurs mouvemens & leurs influences, ils prédisent aux hommes la plûpart des choses qui doivent leur ar-

Astronomie & Astrologie des Chaldéens.

river. Ils regardent surtout comme un point difficile & de conséquence la théorie des cinq Astres qu'ils nomment interprêtes & que nous appellons planetes : & ils observent particuliérement celle à qui les Grecs ont donné le nom de Cronus (1). Cependant ils disent que le Soleil (2) est non-seulement le plus brillant des corps célestes, mais encore celui dont on tire le plus d'indications pour les grands événemens. Ils distinguent les quatre autres comme les Grecs, par les noms particuliers d'Arès, d'Aphrodite, d'Hermès & de Zeus (3). Ils leur ont donné le nom d'interprêtes, parce que les étoiles fixes gardant toujours la même position & les mêmes distances entr'elles ; celles-là ont un mouvement propre qui sert à marquer l'avenir & elles assurent souvent les hommes de la bienveillance des Dieux. Car les unes par leur lever; les autres par leur coucher, d'autres par leur couleur seule annoncent diverses choses à ceux qui les obser-

(1) Saturne.
(2) Le Soleil n'est pourtant pas compris ici, non plus que la Lune, dans les cinq planettes dont il veut parler, & il ne donne pas même ce nom à l'un ni à l'autre.
(3) Mars, Venus, Mercure & Jupiter.

vent attentivement. On est averti par elles des vents, des pluyes & des chaleurs extraordinaires. Ils prétendent aussi que les apparitions des Cométes, les Eclipses du Soleil & de la Lune, les tremblemens de terre, & tous les changemens qui arrivent dans la nature, sont des présages de bonheur ou de malheur, non-seulement pour les Nations entiéres, mais encore pour les Rois & pour les moindres particuliers. Ils s'imaginent que les cinq planetes commandent à trente étoiles subalternes qu'ils appellent Dieux conseillers dont la moitié domine sur tout ce qui est au-dessous (1) de la terre, & l'autre moitié observe les actions des hommes, ou contemple ce qui se passe dans le Ciel. De dix jours en dix jours une étoile est envoiée par les planétes sous la terre, & il en part une de dessous la terre pour leur apprendre ce qui s'y passe. Cette vicissitude a été ainsi déterminée de tout tems, & se doit continuer toute l'Eternité. Ils comptent douze Dieux supérieurs qui président chacun à un mois & à un signe du Zo-

(1) Je change ici comme Rhodoman ὑπὶς en ὑπὸ.

diaque. Le Soleil, la Lune & les cinq Planétes paſſent par ces douze ſignes; mais le Soleil ne fait ce chemin que dans une année & la Lune l'acheve dans un mois. Chaque Planéte a ſa période particuliére; mais leurs révolutions ſe font avec de grandes différences de tems & de grandes variations de viteſſes. Les Aſtres, ſelon eux, influent particuliérement ſur la naiſſance des hommes; & l'obſervation de leurs aſpects dans ce moment contribue beaucoup à faire connoître les biens ou les maux qu'ils doivent attendre. Ils alléguent pour exemples les prédictions qui ont été faites à un grand nombre de Rois; mais particuliérement à Alexandre vainqueur de Darius, & à ſes ſucceſſeurs Antigonus & Séleucus Nicanor; prédictions qui paroiſſent toutes avoir eu leur accompliſſement : Nous en parlerons dans leur lieu (1). Ils aſſurent auſſi qu'ils ont prédit l'avenir à des particuliers d'une maniére ſi juſte que ceux-ci en ont été frappez d'admiration, & n'ont pu ſe diſpenſer de reconnoître

---

(1) Au Livre 19, où l'on verra une prédiction qui les regarde tous deux enſemble, p. 698. de Rhodoman & 701. de H. &c.

en cela quelque chose de surnaturel. Ils déterminent hors du Zodiaque vingt-quatre constellations, douze Septentrionales & douze Méridionales; les douze qui se voyent dominent sur les vivans & celles qui ne se voyent pas dominent sur les morts, & ils les croyent juges de tous les hommes. La Lune est placée au-dessous de toutes les Etoiles & de toutes les Planétes dont nous venons de parler. Comme elle est la moindre de toutes, elle est aussi la plus proche de la terre ; & sa révolution se fait en moins de tems non à cause d'une plus grande vitesse, mais à cause de la petitesse de son orbite. Ils conviennent avec les Grecs qu'elle n'a qu'une lumiére empruntée, & que ses éclipses viennent de ce qu'elle entre dans l'ombre de la terre. Ils n'ont encore qu'une théorie fort imparfaite des éclipses de Soleil, & ils n'oseroient les déterminer ni les prédire. Ils ont des idées particuliéres au sujet de la terre qu'ils prétendent être creuse; & ils apportent un grand nombre de raisons assez vrai-semblables en faveur de ce sentiment & de plusieurs autres qui leur sont particuliers sur ce qui se passe dans la nature; mais toutes ces opinions sont trop étrangéres à notre Histoire. Il nous suffit de dire que les Chaldéens sont les plus habiles Astrologues qu'il y ait au monde, comme ayant cultivé cette science avec plus de soin qu'aucune autre Nation connue. Au reste on n'ajoûtera pas foi aisément à ce qu'ils avancent sur l'ancienneté de leurs premiéres observations. Car, selon eux, elles ont commencé quatre cens soixante & treize mille ans avant le passage d'Alexandre en Asie. Nous ne parlerons pas plus long-tems des Chaldéens de peur de nous trop écarter de notre sujet, & nous y rentrerons en revenant à la translation de l'Empire des Assyriens au Médes.

XXII. Différentes opinions sur l'Empire des Médes. L'Auteur s'en tient à la suite de ses Rois donnée par Ctesias. Il parle aussi à leur occasion des Caduciens, des Parthes, & des Saces.

COMME les plus célébres Auteurs sont partagez sur ce qui concerne cette fameuse Monarchie, la fidélité de l'Histoire demande que nous comparions leurs différentes opinions. Hérodote qui vivoit du tems de Xercès dit que les Assyriens furent subjuguez par les Médes après avoir tenu l'Empire de l'Asie l'espace de cinq cens ans; mais il soûtient que d'abord après ce changement il n'y a pas eu de Roi qui ait prétendu avoir une autorité abſolue & unique, & qu'au contraire pendant pluſieurs générations toutes les Villes ont été indépendantes les unes des autres, & ſont demeurées dans le Gouvernement Démocratique. Enfin, dit-il, après pluſieurs années les Médes choiſirent pour Roi un homme plein de vertu appellé Cyaxarès (1). Celui-ci ſoûmit aux Médes les peuples voiſins & devint le fondateur de la nouvelle Monarchie. Ses deſcendans augmentérent de proche en proche leur Empire, juſqu'à Aſtyagès qui fut vaincu par Cyrus & par les Perſes. Nous raconterons dans leur tems & plus en détail (2) ces événemens que nous ne faiſons qu'indiquer ici. Car ce ne fut, ſelon Hérodote, qu'en la ſeconde année de la dix-ſeptiéme Olympiade que Cyaxarès fut élû Roi des Médes. Ctéſias de Cnide eſt à la vérité poſtérieur à Hérodote, ayant vécu dans le tems de l'expédition du jeune Cyrus contre ſon frere Artaxercès ; mais auſſi ayant

---

(1) Palmérius avertit ici qu'Hérodote nomme ce premier Roi Déjocès. Mais notre Auteur nous a déja avertis qu'il ſuivoit Cteſias que nous n'avons plus.

(2) Dans les Livres perdus entre le cinquiéme & le onziéme.

été fait prisonnier dans cette guerre, & son habileté dans la Médecine l'ayant mis en honneur & en crédit auprès du Roi Artaxercès, il a eu occasion, pendant dix-sept ans qu'il a séjourné dans cette cour, de visiter les archives de la Perse. C'est en effet de ces membranes sur lesquelles les Perses, conformément à une ancienne loi, ont écrit de tout tems ce qui s'est passé chez eux, que Ctésias a tiré, avec une grande exactitude & un grand ordre, l'Histoire qu'il a composée pour les Grecs. Il assure, qu'après la destruction de l'Empire d'Assyrie, les Médes se rendirent maîtres de l'Asie sous Arbacès devenu Roi par la défaite & la mort de Sardanapale, ainsi que nous l'avons raconté. Il ajoûte qu'Arbacès ayant régné vingt-huit ans, son fils Madaucès monta sur le trône qu'il occupa l'espace de cinquante ans. Après lui Sozarmès régna trente ans, Attias cinquante, Arbianès vingt-deux, & Artée quarante. Il s'éleva sous celui-ci une guerre sanglante entre les Médes & les Cadusiens dont nous allons expliquer le sujet. Un Persan nommé Parsodès, homme plein de courage, de prudence & de toutes sortes de vertus en un degré éminent, s'étoit acquis l'amitié du Roi & étoit devenu le premier de son conseil. Cependant ayant été offensé dans la suite, d'un jugement que le Roi avoit porté contre lui, il se retira chez les Cadusiens avec trois mille fantassins & mille chevaux. S'étant attaché celui qui avoit le plus d'autorité dans cette Nation, par sa sœur qu'il lui donna en mariage, & ayant gagné tous les Cadusiens par l'espérance de la liberté, il les engagea dans sa révolte: & sa valeur le fit choisir pour chef de l'entreprise. Apprenant qu'on assembloit dans la Médie de nombreuses troupes contre lui, il fit armer tous les Cadusiens, & s'alla poster sur les frontiéres pour fermer les passages de la Province, n'ayant avec lui guéres moins de deux cens mille hommes. Artée le vint attaquer, & quoi que celui-ci fût à la tête de huit cens mille hommes, il eut du dessous, il laissa sur la place cinq cens mille de ses soldats, & fût obligé de sortir avec le reste, des confins des Cadusiens. Ceux-ci conçûrent une si grande opinion de Parsodès sur cette victoire qu'ils l'élûrent pour leur Roi. Ils firent ensuite des courses continuelles dans la Médie & ravagérent tout le pays. Parsodès, étant enfin arrivé à une glorieuse vieillesse, exigea de celui qui devoit lui succéder un serment, par lequel il promettroit d'entretenir toujours la haine qui étoit entre les Médes & les Cadusiens; sous peine de voir périr toute sa race & toute sa Nation. C'est la raison pourquoi les Cadusiens ont toujours été ennemis des Médes, & ne se sont jamais soûmis à leur Roi, jusqu'à Cyrus qui transporta l'Empire des Médes aux Perses. Artunès succéda à Artée, & régna vingt-deux ans. Après Artunès vient Artibarnas qui en régna quarante. Sous celui-ci les Parthes s'étant révoltez contre les Médes livrérent leur pays & leur ville aux Saces. Ce fut-là la cause d'une guerre qui dura plusieurs années entre les Médes & les Saces. Mais enfin la paix fut conclue entr'eux à ces conditions: sçavoir que les Parthes rentreroient sous l'obéïssance des Médes; mais que d'ailleurs les uns & les autres se tiendroient dans leurs anciennes bornes & feroient entr'eux une ligue offensive & défensive.

Livre II.

Les Saces avoient alors une Reine nommée Zarine, très-belliqueuse, & qui par sa hardiesse & son habileté étoit fort au-dessus de toutes les femmes de sa Nation; quoi que ce soit la coutume en ce pays-là que les femmes soient braves & partagent avec les hommes le péril & la gloire des entreprises militaires. On dit que cette Reine étoit parfaitement belle & qu'elle faisoit voir autant de sagesse dans ses projets que de courage dans leur execution. Elle avoit défait les Barbares ses voisins, peuples féroces & formidables qui avoient tenu long-tems les Saces en esclavage. Elle adoucit même les mœurs du pays & bâtissant plusieurs Villes elle fit goûter à ses sujets le plaisir & les avantages de la société. En mémoire & en reconnoissance de ces bienfaits les Saces lui dressèrent le tombeau le plus magnifique qui soit chez eux : C'est une Pyramide triangulaire dont chaque côté a trois stades de long & dont le sommet qui se termine en pointe a un stade de hauteur. Ils posèrent sur sa tombe une statue d'or Colossale. Ils lui rendirent tous les honneurs qu'on rend aux héros, & de plus

Zarine Reine des Saces.

grands qu'ils n'en avoient rendus encore à aucun de ses prédécesseurs. Astibaras Roi des Médes étant mort de vieillesse à Ecbatane eut pour successeur son fils Aspadas, que les Grecs nomment Astyage. C'est en lui que finit la Monarchie des Médes que Cyrus leur vainqueur fit passer aux Perses de la manière que nous le raconterons quand nous serons arrivez à ce tems-là. Mais c'est assez parler de l'Empire des Assyriens & de celui des Médes, aussi-bien que des variations des Historiens sur leur sujet. Nous allons entrer dans l'histoire des Indes, & rapporter même ce qu'on en a dit de fabuleux.

XXIII. Description de l'Inde.

L'Inde est d'une figure quarrée. Les côtez qui regardent le Levant & le Midy sont les bords d'une vaste Mer. Vers le Septentrion le Mont Hémade la sépare de cette partie de la Scythie qui est habitée par les Saces ; & vers le Couchant elle est bornée par le fleuve Indus le plus grand qui soit au monde, après le Nil. On dit que la longueur de l'Inde de l'Orient à l'Occident est de vingt-huit mille stades & de trente-deux mille du Septentrion au Midy. Il paroît par cette grandeur que l'Inde est de tous les pays du Monde celui qui s'étend le plus sous le Tropique du Cancer. En effet vers son extrêmité méridionale le stile d'un cadran horisontal ne fait quelquefois point d'ombre à midy ; l'Ourse paroît se coucher & l'Arcturus même en certains endroits, où l'ombre en Eté se tourne vers le pôle austral. L'Inde a plusieurs montagnes fort hautes & couvertes d'arbres chargez de fruits. On y voit aussi de grandes plaines très-abondantes & coupées par des riviéres qui les embellissent extrêmement. La terre y est d'une fécondité merveilleuse. Elle fournit deux récoltes par an ; & le climat est favorable à toute sorte d'animaux terrestres, aussi-bien qu'à toute sorte d'oiseaux qui y sont tous grands & forts dans leur espéce. Il s'y trouve surtout une grande quantité d'éléphans que la bonté des pâturages rend bien plus beaux que ceux de la Libye (1). Le mâle & la femelle de ces animaux ne se joignent point, ainsi que quelques-uns l'ont dit, d'une

―――――――

(1) Nous plaçons ici un détail des éléphans qui paroît déplacé dans la page 85 de Henri Estienne, & 126 de Rhodoman. Nous avertirons plus bas de l'endroit où ce détail est dans le texte.

manière qui leur soit particulière ; mais il en est d'eux en ce point comme des chevaux & de tous les animaux à quatre piez. La femelle porte seize mois au moins, & dix-huit au plus. Elle ressemble à la jument en ce qu'elle ne fait pour l'ordinaire qu'un seul éléphant, mais elle le nourrit six ans. Cet animal vit un grand âge d'homme & quelques-uns même vont à deux cens ans (1). Les Indiens en prennent beaucoup à la chasse pour les mener à la guerre. Le secours qu'ils tirent de ces animaux dans les combats décide très-souvent de la victoire. La qualité du pays est avantageuse aux hommes mêmes qui sont-là plus grands & plus gros qu'ailleurs. Comme ils respirent un air très-pur & qu'ils boivent des eaux très-légéres, ils sont aussi plus propres aux arts que les autres Nations. Si la terre pousse au dehors toutes sortes de fruits; elle renferme au dedans des mines de toutes sortes de métaux d'or, d'argent, de cuivre, de fer, d'étain, en un mot de toutes les matières de cette espéce qu'on employe à l'ornement, aux usages ordinaires de la vie, ou à

(1) Fin du passage transporté ici.

LIVRE II. 289
la guerre. Outre les bleds dont on fait du pain, l'Inde rendue féconde par la nature des eaux qui l'arrofent, porte une quantité extraordinaire de millet, de ris, d'un grain qu'on nomme Bofpore, d'excellens légumes, & plufieurs autres productions de la terre qui fervent à la nourriture. Il feroit trop long de parler de toutes les herbes & de tous les fruits qui ne font propres qu'aux animaux. Il fuffit de dire que la difette de quelqu'une des chofes qui peuvent contribuer aux befoins & aux plaifirs de la vie, eft un accident inconnu dans l'Inde. On a déja vû qu'il s'y fait deux récoltes par an, l'une à l'entrée de l'hyver, lorfque les femailles fe font ailleurs ; & l'autre au milieu de l'Eté qui eft le tems où ils fement auffi leur Orge, leur Bofpore, leur Sefame, & leur Millet. Les deux récoltes font pour l'ordinaire également heureufes, mais en tout cas fi l'une (1) manque, l'autre y fupplée abondamment. Les fruits mêmes qui naiffent fans culture, & toutes les racines qui croiffent dans les lieux marécageux font d'une bon-

---

(1) Nous fuivons ici Rhodoman qui ajoûte une négative au texte Grec.

té & d'une douceur à fournir elles seules d'excellens repas : En effet presque toutes les campagnes se sentent des vapeurs favorables qui s'élévent des riviéres, & qui se resolvent tous les Etez en des pluyes réglées & périodiques. La chaleur du Soleil qui pénétre jusqu'au fond des marais y fait naître abondamment toutes les racines & particuliérement celles des grands roseaux. Au reste les loix que les Indiens gardent entre eux contribuent beaucoup à les préserver de la famine. Quand les autres Nations se font la guerre elles ravagent mutuellement leurs campagnes, & quelquefois même les rendent infertiles pour long-tems. Mais chez les Indiens les terres sont sacrées & inviolables, & l'on a vû des laboureurs tracer tranquillement leurs sillons à côté de deux armées qui se battoient. Les soldats se massacrent les uns les autres; mais ils respectent ceux qui travaillent à la terre comme leurs bienfaicteurs communs. Ils ne mettent jamais le feu aux bleds ni la coignée au pied des arbres de leurs ennemis. Le pays est plein de fleuves très-grands & très-navigables qui ont leurs sources dans les montagnes du Septentrion, & qui se répandent de tous côtez dans la campagne. Plusieurs de ces fleuves se rencontrant dans leur cours vont se rendre tous ensemble dans le Gange. Ce fleuve a trente stades de large, il coule du Septentrion au Midy, & allant se décharger dans l'Ocean, il borde du côté de l'Orient le pays des Gandarides qui est rempli d'éléphans d'une grandeur extraordinaire. Aucun Prince étranger n'a jamais subjugué ces peuples par la crainte qu'on a du nombre & de la force de ces animaux qui les défendent. Alexandre qui a mis sous ses loix toute l'Asie n'a point attaqué les Gandarides. Mais étant arrivé jusqu'aux bords du Gange, vainqueur de toutes les Nations qu'il laissoit derriére lui, & dans le dessein de porter plus loin ses conquêtes ; il s'arrêta dans sa course dès qu'il eut appris que ces peuples l'attendoient avec quatre mille éléphans. Le fleuve Indus qui est voisin du Gange vient aussi du côté du Septentrion & dans sa route jusqu'à la mer, il sépare l'Inde du reste de l'Asie. Comme il arrose un vaste pays il reçoit dans son lit

N ij

plusieurs autres fleuves navigables, dont les plus célébres sont l'Hypanis, l'Hydaspe & l'Acesine. Je ne nomme point les autres qui sont en très-grand nombre & qui traversant toute l'Inde en font un jardin fertile & délicieux. Leurs Philosophes & leurs Physiciens rapportent une raison de cette quantité de riviéres & d'autres eaux qui se trouvent dans l'Inde. Ils disent que les campagnes des Scythes, des Bactrians & des Arians étant beaucoup plus élevées que l'Inde dont elles sont voisines, toutes les eaux vont s'y rendre comme dans un fond, humectent d'abord toutes les terres & forment enfin les plus grands fleuves. Il y en a un nommé Silla qui sort d'une source de même nom & qui a une propriété singuliére. Son eau ne soutient aucun corps, & l'on voit s'y enfoncer les matiéres les plus légéres. Quoique l'Inde soit peuplée de plusieurs Nations différentes en bien des choses, il n'en est aucune qui soit venue d'ailleurs, & elles se croyent toutes indigénes. Les Indiens n'ont jamais reçû de Colonies, & n'en ont jamais envoyé nulle part. On rapporte que les anciens habitans ne vivoient que des fruits de la terre que même ils ne cultivoient point ; & ne se couvroient que de peaux de bête, comme on l'a dit des premiers Grecs. Ils inventérent bien-tôt les arts & toutes les pratiques nécessaires pour la vie ou pour la société ; le besoin conduisant à tout un animal à qui la nature a donné la raison, la parole, & des mains.

Nous devons placer ici quelque chose de ce que les Indiens les plus sçavans dans leurs antiquitez racontent de leurs premiers tems. Ils disent que lorsqu'ils n'habitoient encore que dans des villages, Bacchus venant des pays Occidentaux entra chez eux avec une puissante armée, & qu'il parcourut aisément toute l'Inde, n'y ayant alors aucune Ville qui fût capable de l'arrêter. Des chaleurs excessives étant survenues, & la maladie s'étant mise dans son armée ; cet habile Capitaine la tira des lieux bas pour la conduire sur les montagnes. Les vents frais que ses soldats y recevoient, & les eaux pures qu'ils buvoient dans leurs sources les eurent bien-tôt rétablis. Ce lieu qui avoit été si salutaire pour ses troupes étoit

XXIV.
Abrege de l'histoire de l'Inde.

appellé Méros, *mot qui en Grec signifie cuisse* : & c'est-là l'origine de la fable qui porte que Bacchus a été conservé dans la cuisse de Jupiter. On dit qu'il apprit aux Indiens la culture des fruits, qu'il leur donna l'invention du vin, & leur communiqua d'autres secrets nécessaires ou utiles. Outre cela il bâtit des villes considérables & bien situées, & y appella les habitans des villages pour les peupler. Il leur enseigna le culte des Dieux, & leur donna des loix. Il établit la justice parmi eux, & mérita enfin par tant de bienfaits le nom de Dieu & les honneurs divins. On ajoûte qu'il avoit mené un grand nombre de femmes dans son armée ; que la trompette n'étant pas encore en usage il se servoit de tambours & de tymbales dans les batailles ; & qu'il mourut enfin de vieillesse après un régne de cinquante deux ans. Ses fils lui succédérent & transmirent le Royaume à leur postérité qui le conserva pendant plusieurs générations, jusqu'à ce qu'enfin la Monarchie fût changée en Démocratie. C'est l'abregé de ce que les habitans des montagnes de l'Inde disent de Bacchus & de ses descendans. Ils prétendent aussi qu'Hercule est né parmi eux, & ils donnent à ce héros la massue & la peau de Lion comme les Grecs. Ils croyent comme eux qu'il a surpassé tous les hommes du monde en force & en courage, & qu'il a purgé de monstres la terre ferme & les rivages des Mers. Hercule suivant leur recit eut plusieurs enfans de différentes femmes, & une seule fille. Quand ils furent tous en âge il partagea l'Inde entr'eux, & les fit Rois chacun dans la portion de l'héritage qui leur étoit échûe, sans excepter sa fille qui fut Reine dans son canton. Il avoit bâti plusieurs Villes dont la principale fut Palibothre. Il y avoit élevé des palais superbes, il l'avoit remplie d'habitans, & l'avoit entourée de fossez profonds & pleins d'eau vive que les fleuves leur fournissoient. Hercule étant mort fut mis au rang des Dieux. Ses descendans, dont le régne fut continué un grand nombre d'annees, firent plusieurs actions vertueuses & mémorables. Mais ils n'ont point conduit d'armée ni envoyé de Colonies hors de leur pays. Quoique la plûpart des Villes eussent dans la suite secoué le joug des Rois, il en restoit pourtant encore quelques-uns à l'arrivée d'Alexandre.

XXV.
Loix & mœurs des Indiens.

LES LOIX des Indes sont presque toutes assez particuliéres ; mais la plus remarquable est la maxime que leur ont laissée leurs anciens philosophes de ne traiter personne en esclave, & de se croire tous égaux. Ils ont estimé que rien ne dispose mieux les hommes à toutes sortes d'événemens que de les accoutumer à ne se regarder ni comme supérieurs ni comme inférieurs à d'autres hommes ; & qu'il est ridicule de faire des loix uniformes pour tous les sujets d'un Etat en permettant la différence des biens. Toute la Nation se divise en sept classes. La premiére est celle des Philosophes moindre en nombre que la plûpart des autres, mais la plus illustre & la plus révérée. Comme ils sont exemts de toute fonction publique, ils ne commandent & n'obéissent à personne. Ils sont seulement employez par les particuliers aux sacrifices & aux obséques, comme étant les amis des Dieux, & ayant des connoissances de l'autre vie. On leur fait pour cela des présens considérables qu'on accompagne de plusieurs marques de respect. Ils rendent aussi de grands services au public. Lorsqu'ils se trouvent au commencement de chaque année dans l'assemblée générale des Etats; ils prédisent les sécheresses, les pluyes, les vents & les maladies qui régneront pendant l'année, & différentes circonstances dont il est utile d'être instruit: Alors le Roi & les particuliers prévenus de ce qui doit arriver prennent leurs mesures pour remédier par avance à une partie de ces inconvéniens. Lorsqu'un Philosophe s'est trompé dans sa prédiction, il ne reçoit d'autre châtiment que de perdre sa voix dans l'assemblée pour le reste de ses jours. La seconde classe est celle des Laboureurs qui est la plus nombreuse. Ils sont dispensez de la guerre ainsi que des autres offices publics, & ne s'occupent que de l'agriculture. Il n'est aucun soldat qui voulût les insulter dans sa route, ils respectent tous une profession utile à tout le monde. C'est pour cela aussi que les campagnes soigneusement cultivées satisfont abondamment aux besoins & aux desirs des habitans. Les laboureurs passent leur vie à la campagne avec leurs femmes & leurs enfans, & il ne leur arrive jamais d'entrer dans les villes. Chacun d'eux paye un tribut au Roi qui eſt propriétaire de tous les biens dont il ne laiſſe que l'uſufruit aux particuliers. Outre ce tribut ils lui donnent encore le quart de leurs fruits. La troiſiéme claſſe comprend les paſteurs de toutes ſortes de bétail. Ils n'habitent ni dans les Villes ni même dans les villages, & ils paſſent leur vie ſous des tentes. Comme ils chaſſent continuellement, ils défendent les terres labourées des bêtes farouches & des oiſeaux de toute eſpéce, qui étant en grand nombre dans les Indes ne laiſſeroient rien dans les campagnes. Les ouvriers compoſent la quatriéme claſſe. Entre ceux-ci les uns travaillent aux armes, les autres font les inſtrumens néceſſaires à l'agriculture & aux différens uſages de la vie. Non-ſeulement ils ſont exemts de tribut, mais le Roi leur fait même une diſtribution de blé. Dans la cinquiéme claſſe ſont les ſoldats & ceux qui ſuivent les armées. Elle eſt la plus nombreuſe après celle des labonreurs. Ceux qui en ſont paſſent le tems de la paix dans l'oisiveté & dans les jeux. Le Roi les nourrit tous, aussi-bien que les chevaux & les éléphans destinez à la guerre. La sixiéme est la classe des Ephores : Ce sont des gens exactement instruits de ce qui se passe au-dedans du Royaume, & qui en font un rapport fidéle au Roi ; ou, si c'est une République, aux Magistrats qui la gouvernent. La septiéme classe est des Conseillers & des Sénateurs. Elle est la moins nombreuse, mais la plus considérable par la noblesse & par la prudence de ceux qui la composent. Les uns assistent le Roi de leurs conseils, les autres exercent les charges de l'Etat ; d'autres rendent la justice qui est toujours (1) très-sévére à l'égard des coupables. C'est enfin de cette classe que l'on tire les Gouverneurs des provinces & les Généraux d'armée. Voilà à peu près la division de la République des Indiens. Il n'est pas permis de se marier dans une autre classe que la sienne, ni de sortir de sa profession pour en prendre une autre, ni même d'en exercer deux à

───────────────

(1) On met ici cette circonstance, qui paroît mal placée dans le texte quelques lignes plus bas, p. 126 de Rhodoman & 89 de Henri-Etienne.

la fois. Ainsi le soldat ne peut point s'appliquer à l'agriculture, ni l'artisan à la Philosophie. Il y a chez les Indiens des gens préposez pour recevoir les étrangers & pour empêcher qu'on ne leur fasse d'injustice (1) : on leur méne des Médecins quand ils sont malades : on a d'eux tout le soin possible & on les ensevelit honorablement quand ils sont morts : on rend enfin les biens qu'ils laissent à ceux à qui ils peuvent appartenir. Mais en voilà assez sur l'histoire & sur les mœurs des Indiens par rapport à notre dessein.

XXVI. Idée de la nation des Scythes.

Nous rapporterons maintenant quelques particularitez des Scythes qui sont leurs voisins du côté du Septentrion. Ceux-ci n'occupoient d'abord qu'un canton assez borné ; mais s'étendant peu à peu, leur courage les a enfin rendu maîtres d'un vaste pays, & leur courage leur a acquis une grande réputation dans la guerre. Ils n'habitoient d'abord que le long du fleuve Araxe, & l'on méprisoit leur petit nombre ; lorsqu'un de leurs Rois qui aimoit & qui sçavoit

(1) On trouve ici le détail des éléphans qu'on a cru devoir placer plus haut dans la traduction.

la guerre, se rendit maître de toutes les montagnes qui sont aux environs du Caucase, & de toute la plaine qui s'étend de l'Ocean aux Palus Méotides & au Tanaïs. Les fables des Scythes disent qu'ils ont eu chez eux une fille née de la Terre qui avoit la tête & la moitié du corps d'une femme, & qui de la ceinture en bas avoit la forme d'un serpent. Jupiter l'ayant aimée eut d'elle un fils appellé Scythès. Celui-ci s'étant rendu fameux laissa son nom à la nation des Scythes. Il y a eu dans sa postérité deux freres d'une vertu distinguée dont l'un s'appelloit Palus & l'autre Napès. Ceux-ci ayant partagé entre eux le Royaume, nommérent leurs peuples chacun de leur nom, & diviférent ainsi les Scythes en Palusiens & en Napesiens. Quelque tems après, des Rois de leur race grands hommes de guerre, étendirent leurs conquêtes au-delà du Tanaïs jusqu'à la Thrace, & d'un autre côté jusqu'en Egypte & jusqu'au Nil. Ayant aussi subjugué de grandes Provinces à droite & à gauche, l'Empire des Scythes s'accrut beaucoup, & comprit enfin tout ce qui est enfermé entre l'Ocean Oriental, la mer Caspienne, & les Palus Méotides. La Nation se multiplia aussi prodigieusement, & c'est d'elle que sont sortis les Saces, les Massagétes, les Arimaspes & plusieurs autres peuples. Elle a eu des Rois illustres qui amenérent plusieurs Colonies des pays qu'ils avoient conquis. Les deux plus fortes sont celles qu'ils ont tirées, l'une des Assyriens pour l'envoyer dans les terres situées entre la Paphlagonie & le Pont, & l'autre des Médes pour l'établir le long du Tanaïs. Ce sont aujourd'hui les Sauromates. Ces derniers devenus plus nombreux avec le tems, ravagérent la plus grande partie de la Scythie, y mirent tout à feu & à sang, & la rendirent presque deserte. Cette désolation ayant éteint la famille Royale & même la Royauté pendant un tems; le trône des Scythes fut rempli dans la suite par des femmes courageuses. Car parmi cette Nation les femmes vont à la guerre comme les hommes & ne leur cédent point en valeur. Aussi y en a-t-il eu de très-fameuses non-seulement chez les Scythes, mais encore chez leurs voisins. Cyrus Roi de Perse, dont la puissance surpassoit celle de tous les Rois de son tems, ayant conduit une armée formidable en Scythie, (1) la Reine le défit, le prit & le fit mettre en croix. C'est-là que sont nées les Amasones si célébres par leur courage. On sçait que non-seulement elles se rendirent maitresses des pays circonvoisins, mais qu'elles conquirent même une grande partie de l'Europe & de l'Asie. Il n'est point hors de propos de rapporter ici une partie des choses incroyables que l'on raconte d'elles.

XXVII. Des Amazones.

AUPRE's du fleuve Thermodoon étoit jadis un peuple puissant gouverné par des femmes, & dont les femmes portoient les armes à l'exemple de leurs maris. Mais on dit qu'une de leurs Reines distinguée par sa force & par sa bravoure leva une armée qui ne fut composée que de femmes. Elle les exerça pendant quelque tems, & les conduisit ensuite contre quelques-uns de ses voisins. Ses succès lui ayant enflé le cœur, elle mena son armée plus loin; & la fortune la favorisant de plus en plus, elle se dit d'abord fille de Mars. Elle con-

(1) L'Auteur a sans doute en vûe Thomiris quoi- qu'il ne la nomme pas.

traignit ensuite les hommes de travailler à la laine & aux autres ouvrages des femmes, pendant que les femmes iroient à la guerre, & auroient en toutes choses une autorité absolue sur les hommes. Elles estropioient les bras & les jambes à leurs enfans mâles dès qu'ils venoient au monde, afin de les rendre incapables de tous les exercices militaires. Elles brûloient la mammelle droite aux filles, de peur que cette partie qui s'avance ne les empêchât de tirer de l'arc. C'est cette pratique qui leur a fait donner le nom d'Amasones (1). Cette même Reine qui étoit intelligente en tout, bâtit une grande Ville à l'embouchure du Thermodoon. Elle la nomma Themiscyre & elle y fit élever un magnifique palais. Après avoir établi une excellente discipline parmi ses troupes, elle porta son Empire jusqu'au-delà du Tanaïs, & elle fut tuée enfin dans une bataille où elle avoit combattu vaillamment. Sa fille lui succéda & la surpassa même en quelques-unes de ses actions. Dès sa plus tendre jeunesse elle menoit les filles à la chasse, & leur faisoit faire

(1) Le mot grec signifie qui n'a pas de mammelle.

tous les jours quelque exercice de guerre. Elle institua des sacrifices en l'honneur de Mars & de Diane surnommée Tauropole. Elle porta ses armes fort avant au-delà du Tanaïs, & joignit à ses Etats tout le pays qui s'étend depuis ce fleuve jusqu'à la Thrace. Etant revenue chargée de dépouilles, elle éleva des temples somptueux aux Dieux que nous venons de nommer, & s'acquit l'amour de ses sujets par la modération & la justice de son gouvernement. Revenant du côté de l'Asie, elle en conquit une partie considérable & étendit sa domination jusque dans la Syrie. Les Reines qui lui succédérent soutinrent l'honneur de leur race & firent toujours croître la gloire & la puissance de leur Nation. Le bruit de leur valeur s'étant répandu par toute la terre; on dit que dans la suite Euryftée imposa à Hercule fils de Jupiter & d'Alcméne un de ses plus grands travaux, en exigeant de lui qu'il lui apportât le baudrier de l'Amasone Hippolyte. Hercule ayant entrepris cette expédition gagna une grande bataille dans laquelle il prit Hippolyte vivante, & porta le coup mortel à la Nation entiére des Amaſones. Car les Barbares qu'elles avoient pour voiſins les mépriſant après cette défaite, & ſe ſouvenant des ravages qu'elles avoient faits chez eux, les attaquérent & les battirent tant de fois qu'ils détruiſirent juſqu'au nom même de leur Empire. Il eſt vrai que quelques années après & au tems de la guerre de Troye, on dit que Penthéſilée fille de Mars & Reine du petit nombre des Amaſones qui avoient échapé à la fureur de leurs ennemis, ayant été obligée de quitter le trône & ſa patrie pour un meurtre qu'elle avoit commis, combattit parmi les Troyens après la mort d'Hector; qu'elle tua même pluſieurs Grecs, & qu'après s'être diſtinguée dans toutes les rencontres, elle perdit glorieuſement la vie par la main d'Achille. Mais c'eſt la derniére des Amaſones dont on faſſe une mention honorable; & leur Nation ayant toujours décliné depuis ce tems-là eſt enfin diſparue. C'eſt ce qui fait que ceux qui entendent parler aujourd'hui de l'origine & des exploits de ces femmes belliqueuſes traitent leur hiſtoire de fable.

PENDANT que nous en sommes aux peuples de l'Asie voisins du Nord, nous dirons un mot de ceux qu'on a appellez Hyperboréens. Entre les Ecrivains qui ont ramassé les antiquitez du monde; Hécatée & quelques autres disent qu'au-delà des Gaules, dans l'Ocean & du côté du Septentrion, il y a une Isle aussi grande que la Sicile. C'est-là qu'habitent les Hyperboréens, ainsi nommez parce qu'on les croit au-dessus de l'origine du vent Borée. Le terroir de l'Isle est excellent. Il est propre à toutes sortes de fruits & fournit deux récoltes par an. C'est, disent-ils, le lieu de la naissance de Latone; & de-là vient que ces insulaires révèrent particuliérement Apollon son fils. Ils sont tous, pour ainsi dire, Prêtres de ce Dieu; car ils chantent continuellement des hymnes en son honneur. Ils lui ont consacré dans leur Isle un grand terrain au milieu duquel est un temple superbe, de forme ronde, toujours rempli de riches offrandes. Leur ville même est consacrée à ce Dieu, & elle est pleine de Musiciens & de joueurs d'instrumens qui célébrent tous les jours ses vertus & ses bienfaits. Ils

XXVIII.
Des Hyperboréens.

parlent une langue particuliére. Ils ont aimé de tout tems les Grecs & surtout ceux d'Athénes & de Délos. Ils prétendent que plusieurs de cette Nation sont venus chez eux, & qu'ils y ont laissé des offrandes chargées d'inscriptions Grecques. Ils ajoûtent que de leur côté Abaris vint autrefois dans la Gréce pour renouveller l'ancienne alliance des Hyperboréens avec les Deliens. Les mêmes Historiens rapportent que la Lune paroît-là très-proche de la terre, & qu'on y découvre clairement des montagnes semblables aux nôtres. Les Hyperboréens croyent qu'Apollon descend dans leur Isle tous les dix-neuf ans qui sont la mesure du cycle lunaire. (1) Les Grecs appellent cette période le cycle de Meton. (2) Le Dieu lui-même joue de la lyre & danse toutes les nuits l'année de son apparition, depuis l'Equinoxe du

---

(1) L'Auteur semble parler du retour ou de la rencontre des Astres en général en un même point du Ciel, ce qui seroit faux : mais il faut restreindre le mot d'Astres au Soleil & à la Lune : ce qui sera vrai, sauf la différence de l'heure où les deux Astres se rencontreront au bout de dix-neuf ans.

(2) Je me sers de la leçon de la marge dans le grec qui nomme l'Auteur du cycle lunaire, préférablement à celle du texte qui dit seulement, *la grande année*.

Printems jusqu'au lever des Pleïades; comme s'il se réjouissoit des honneurs que l'on lui rend. La dignité Royale & en même tems Sacerdotale est possédée dans cette Isle par les Boreades descendans de Borée, dont la succession n'a point encore été interrompue.

Nous passerons maintenant aux autres peuples de l'Asie dont nous n'avons pas encore fait mention, & nous commencerons par l'Arabie. Elle est située entre la Syrie & l'Egypte, & elle enferme plusieurs peuples différens. Les Arabes qui sont du côté de l'Orient se nomment Nabatéens. Leur pays est presque entiérement désert, stérile & sans eau. Ce sont des Brigands qui ne vivent que du pillage qu'ils vont faire chez leurs voisins, & qu'il est impossible de détruire ; car ils ont creusé dans leurs plaines des puits qui ne sont connus que d'eux, & où ils trouvent le rafraichissement dont ils ont besoin; pendant que les étrangers qui les poursuivent meurent de soif dans ces sables arides, ou sont fort heureux de revenir à moitié chemin, accablez de fatigues & de maladies. C'est par-là que les Arabes Nabatéens toujours invincibles ont tou-

XXIX. De l'Arabie & premiérement des Arabes Nabatéens.

jours conservé leur liberté, & qu'il n'est point de conquérant qui les ait soumis. Les anciens Assyriens, Les Médes, les Perses & enfin les Rois de Macédoine ont été successivement obligez d'abandonner l'entreprise de les subjuguer, après y avoir employé toutes leurs forces. Il y a au milieu de leur pays une espéce de forteresse escarpée où l'on ne monte que par un sentier étroit, & dans laquelle ils vont mettre leurs captures. Ils ont aussi un lac qui produit du bitume dont ils tirent de grands revenus. Ce lac a près de cinq cens stades de long sur soixante de large. Son eau est puante & amére; de sorte que bien que le lac recoive dans son sein un grand nombre de fleuves dont l'eau est excellente, sa mauvaise odeur l'emporte, & l'on n'y voit ni poisson, ni aucun autre des animaux aquatiques. Tous les ans le bitume s'éléve au-dessus du lac, & occupe l'étendue de deux arpens & quelquefois de trois. Ils appellent *Taureau* la grande étendue, & *Veau* la petite. Cette masse de bitume nageant sur l'eau paroît de loin comme une Isle. On prévoit plus de vingt jours auparavant le tems où le bitume doit monter. Car il fe répand à plufieurs ftades aux environs du lac une exhalaifon forte qui ternit l'or, l'argent & le cuivre. Mais la couleur revient à ces métaux dès que le bitume eft diffipé. Cependant les lieux proches du lac font mal-fains & corrompus ; les hommes y font languiffans & vivent peu. Les palmiers néanmoins croiffent parfaitement bien dans ce voifinage, furtout dans les champs traverfez par des riviéres ou par des ruiffeaux. Il naît auffi du baume dans un vallon de cette partie de l'Arabie ; c'en eft même la plus grande richeffe : car on ne trouve en aucun autre endroit du Monde cette plante, dont on fait tant de cas & tant d'ufage dans la Médecine. Les campagnes qui confinent à un pays fi defert & fi affreux en font fi différentes, que l'abondance des fruits & des autres productions de la terre leur a fait donner le nom d'Arabie heureufe. C'eft-là que naiffent le rofeau, le fchinus, & un nombre infini d'autres plantes aromatiques, où defquelles diftillent des fucs odoriférans. C'eft au fond de l'Arabie qu'on va chercher de tous les endroits du monde la Myrre & l'encens qu'on brûle dans les temples. Il y a là des plans ou pour mieux dire des forêts de coste, de canelle & de cinnamome, si touffues & si épaisses que ces bois que l'on prend ailleurs au poids & à la mesure pour les mettre sur les autels des Dieux, ou que l'on garde comme des raretez dans les Cabinets, servent-là pour chauffer les fours & pour faire des lits d'esclaves. Le Cinnamome surtout a des usages merveilleux. Nous ne parlerons point de la resine, ni du terebinthe qu'on trouve dans toute la contrée. Les montagnes sont chargées non-seulement de Pins & de Sapins, mais encore de Cédres, de Genévriers & d'Agyrées. Il y a plusieurs autres plantes qui répandent une odeur très-suave & qui réjouit extrêmement ceux qui s'en approchent. Les vapeurs même de la terre ont quelque chose de semblable à la fumée qui s'éleve sur un Autel où l'on brûle de l'encens. En creusant la terre on trouve en certains endroits des veines de senteur qui conduisent à de grandes carriéres. Les Arabes en tirent les pierres dont ils bâtissent leurs maisons. Dès que la rosée tombe dessus, elle forme avec la pierre qui s'amollit une espéce de ciment liquide qui découle dans les joints, & qui étant desseché fait une liaison si étroite que le mur paroît n'être plus que d'une piéce. On trouve aussi dans l'Arabie des mines de cet or qu'on nomme Apyre. On ne le tire point par grains, & il n'est pas besoin de le purifier par le feu comme l'autre. Celui-ci sort parfait de la mine & en morceaux aussi gros que des chataignes. Sa couleur est si vive, que servant à enchasser des pierres précieuses, il fait avec elles le plus bel ornement qui soit possible de voir. Les bestiaux de toute espéce y sont en si grande abondance qu'ils suffisent à l'entretien de plusieurs troupes d'Arabes qui menent une vie pastorale, & qui ne mangent point de pain. Le côté qui confine à la Syrie est plein de bêtes farouches. Les Lions & les Léopards y sont en grande quantité, & tous plus hauts & plus forts que ceux de la Libye. Il s'y trouve outre cela de ces Tigres qu'on appelle Babyloniens. Le pays nourrit encore des Autruches dont le nom Grec Strutho-camelus exprime fort bien qu'elles tiennent de l'oye & du chameau. Elles sont de la hauteur de ce dernier, quand il est encore jeune. Elles ont la tête couverte d'un poil leger, les yeux grands, noirs, & peu différens de ceux de cet animal, un long cou & un bec qui se recourbe en pointe. Leurs aîles sont assez foibles & couvertes de poil. Leur corps est posé sur deux jambes fort hautes qui n'ont chacune qu'un ongle fendu: de sorte qu'elles ressemblent en même tems à des oiseaux & à des animaux terrestres. Leur pesanteur les empêche de s'élever en l'air; mais elles courent très-légérement sur la terre, & étant poursuivies par des chasseurs à cheval elles leur lancent des pierres avec les piez, d'une si grande roideur & d'une si grande justesse qu'elles les blessent & les jettent par terre assez souvent. Quand elles sont sur le point d'être prises, elles cachent leur tête dans un arbre ou dans quelque fente; non, comme disent quelques-uns, par une stupidité qui leur fasse croire qu'on ne les voit pas parcequ'elles ne voyent personne, mais par un instinct qui les porte à garantir leur tête comme la plus importante & la plus foible partie de leur corps. La Nature qui est un excellent maître a enseigné aux animaux non-seulement à se conserver eux-mêmes, mais encore à conserver leurs petits ; & par cet amour qu'elle leur inspire, elle se perpétue dans tous les tems. Il y a dans l'Arabie des Chameaux-Léopards ainsi nommez des deux espéces qu'ils paroissent rassembler. Ils sont plus petits & ont les ongles plus courts que les chameaux ; mais ils ont l'épine du dos élevée comme eux. Du reste leur tête, leurs yeux, leur longue queue, la couleur de leur poil leur donne beaucoup de ressemblance avec les léopards.

ON TROUVE aussi dans l'Arabie des Boucs-Cerfs, des Buffles, & plusieurs autres sortes d'animaux qui participent à deux formes différentes. Le détail en seroit trop long : car comme ce pays approche fort de l'Equateur, les rayons du Soleil donnent à la terre une force & une fécondité particuliére, qui la rend propre à la production & à l'entretien de plusieurs espéces d'animaux remarquables par leur grandeur & par leur beauté. C'est par la même raison que l'Egypte a des

Propriétez des pays chauds.

Crocodiles & des Hippopotames; que l'Ethiopie & les deserts de la Libye enferment des éléphans, des serpens, des dragons & d'autres monstres énormes. La même vertu du climat entretient dans l'Inde, comme nous l'avons déja vû, des éléphans extraordinaires par leur grosseur & par leur courage. Mais ce n'est pas seulement en animaux singuliers que les pays chauds sont abondans, ils produisent encore des pierres précieuses d'un éclat merveilleux. On y voit des cristaux qui ne sont autre chose qu'une eau fortement congelée, non par le froid; mais au contraire par la puissance miraculeuse de ce feu divin qui les rend incorruptibles, & d'une liqueur spiritueuse qui leur donne des couleurs si vives & si variées. Les émeraudes & les berylles qui se tirent des mines de cuivre, reçoivent leur teinture & leur liaison du souffre qui les pénétre. Les chrysolithes prennent leur couleur de la vapeur brûlante que le Soleil fait lever de la terre où ils sont formez; comme l'on dit que les pseudo-chrysès ou chrysolithes contrefaits sont des cristaux que l'on a fait passer par le feu ordinaire. Les escar-

Boucles ne sont autre chose, à ce qu'on prétend, qu'une lumière ramassée & condensée, & qui l'étant plus ou moins, fait aussi des escarboucles de différens prix. C'est à peu-près ainsi que quelques-uns expliquent les couleurs qui paroissent sur les plumes des oiseaux dont les unes sont toutes pourprées, & les autres sont semées de taches différentes. Elles paroissent jaunes, de couleur de feu, de couleur d'émeraude, de couleur d'or, selon la manière dont elles se présentent au jour. Il naît quelquefois de tout cela des couleurs qu'on ne sçauroit nommer, semblables aux nuances dont l'aspect du Soleil forme l'Arc-en-ciel. Les Physiciens conjecturent que bien que la chaleur essentielle & naturelle des corps leur donne la première teinture, (1) l'ardeur efficace du Soleil contribue beaucoup à perfectionner leur couleur. La variété de celle des fleurs vient de la même cause & s'explique par le même principe. Les arts, qui ont la nature pour modéle & pour maître, tâchent de varier & d'embellir de la même manière tout

---

(1) L'édition de Henr. Et. & celle de Rodoman ont ici ἰδλαψιν, qu'il faut changer en ἰβαψιν.

ce qu'ils traitent. On conclut de-là que la lumiére fait les couleurs, & que la chaleur du Soleil a une très-grande part aux odeurs des plantes & de leurs sucs, à la forme & à la grandeur des animaux ; en un mot à toutes les propriétez de la Terre & de l'eau qu'il rend fécondes par ses rayons, comme étant le pere de la Nature. Le marbre de Paros & des carriéres les plus fameuses n'est point comparable à celui de l'Arabie, lequel est d'un blanc, d'un poids, & d'un poli dont rien n'approche. C'est encore le Soleil qui donne à ce marbre ces qualitez, en le pénétrant de sa lumiére, & en le purifiant par sa chaleur. Les oiseaux, qui de tous les animaux sont ceux qui participent le plus à la chaleur du Soleil, sont aussi plus variez en couleur & ont l'aîle plus forte dans les pays les plus chauds. La Babylonie, par exemple, a des Paons sur lesquels on voit cent couleurs différentes. Il y a dans les confins méridionaux de la Syrie des Perroquets, des Porphirions, des Méléagrides (1) & un nombre infini d'autres espéces d'oiseaux remarquables par la varié-

(1) Ou Pintades selon quelques-uns.

té de leurs plumages. Il faut dire à peu-près la même chose de tous les pays du monde qui se trouvent dans le même climat ou dans la même position à l'égard du Soleil, comme l'Inde, les côtes de la Mer Rouge, l'Ethiopie & une partie de la Libye. Cependant entre tous ces pays, comme les plus Orientaux se trouvent avoir encore un terrain plus gras, ils produisent aussi des animaux plus forts & plus grands: Car les animaux tiennent partout de la nature du lieu où ils sont nez. Il en est de même des arbres; les palmiers de la Libye, par exemple, sont secs & petits; dans la Célé-Syrie au contraire ceux qu'on nomme Cariotes sont admirables par leur hauteur, aussi-bien que par le suc & par la douceur de leurs fruits. Mais les palmiers de l'Arabie & de la Babylonie portent des dattes qui sont encore bien plus exquises: elles sont longues d'un demi pied, les unes jaunes, les autres rouges & les autres de couleur de pourpre; de sorte qu'elles ne sont pas moins agréables à la vûe qu'au goût. Le tronc de l'arbre est d'une hauteur étonnante & partout également droit & uni:

Mais la tête ou le bouquet n'est pas en tous de même forme. Quelques palmiers étendent leurs branches en rond, & le fruit de quelques-uns sort en grape de l'écorce fendue vers le milieu. D'autres portent toutes leurs branches d'un seul côté, & leur poids les abaissant vers la terre leur donne la figure d'une lampe suspendue. D'autres enfin séparent les leurs en deux parts & les faisant tomber à droit & à gauche les mettent dans une parfaite symétrie.

XXX. Des autres parties de l'Arabie. L'Arabie heureuse est la plus méridionale. On en distingue une troisiéme plus enfoncée dans les terres & habitée par des Pasteurs nommez Scenites, parce qu'ils vivent sous des tentes. Ils ont des troupeaux innombrables dans des campagnes à perte de vûe. Ils sont séparez de l'Arabie heureuse par l'Arabie deserte dont nous avons déja fait la description. La partie Occidentale de ce pays est couverte de sables immenses, & ceux qui la traversent sont obligez de se guider comme sur la mer par l'Etoile Polaire. Mais tout le reste du côté de la Syrie est un pays très cultivé & qui sert de rendez-vous aux Marchands de tou-

LIVRE II.

tes les parties du monde. C'est-là qu'ils font un échange avantageux de part & d'autre de ce qu'ils apportent chacun de leur pays, & donnant ce qu'ils ont de trop pour avoir ce qui leur manque, ils entretiennent par tout une abondance égale de toutes choses. La partie de l'Arabie qui borde l'Océan est au-dessus de l'Arabie heureuse. C'est un pays coupé par plusieurs belles rivieres, qui forment en divers endroits de grands lacs. Leurs eaux qui débordent souvent, jointes à celles des pluyes qui tombent pendant l'Eté, font porter aux terres double recolte. Le pays nourrit aussi des troupeaux d'éléphans, & d'autres animaux terrestres de deux formes réunies en une seule, & d'une grandeur aussi monstrueuse que leur figure. On y voit des bestiaux de toute sorte, mais surtout des bœufs & des brebis qui ont de longues & grosses queues. On y trouve plusieurs espéces de chameaux. Les uns sont sans poil, & les autres sont velus. Ceux-ci s'appellent Dityles, (1) parce que leur dos est une fois plus élevé que celui des autres. Il y en a

(1) De Νε bis, & τύλος gal, ou même, peau du dos d'un chameau.

une espèce qui donne du lait, & qui étant bonne à manger est d'un grand revenu dans le pays. Les Chameaux de charge portent jusqu'à dix mesures de bled & cinq hommes couchez dessus. Les Dromadaires sont plus petits & plus légers. Ils sont merveilleux à la course & fournissent de longues traites ; ce qui est avantageux surtout dans les lieux deserts & sans eau. On s'en sert aussi à la guerre. Ils sont commodes en ce qu'ils portent deux tireurs d'Arcs assis dos à dos, dont l'un tire sur les ennemis qui les attaquent par devant, & l'autre, sur ceux qui les prendroient par derriére. Voilà ce que nous avions à dire de l'Arabie sur laquelle nous nous sommes un peu étendus, en faveur de ceux qui sont curieux de connoître tous les pays.

XXXI. Abregé du Livre où Iambule avoit fait la description de son voyage.

Nous rapporterons maintenant en abrégé les merveilles que l'on raconte d'une Isle fameuse de l'Océan Méridional, en commençant par l'histoire exacte de sa découverte. Iambule (1) avoit été très-soigneux de s'instruire

---

(1) C'est l'historien de l'Isle de Taprobane, du moins suivant l'interprétation que Rhodoman en donne à la marge : Car Diodore ne la nomme pas dans le texte ; & il semble dire plus bas que l'Isle d'Iambule est composée de sept Isles. En ce cas

LIVRE II. 323

de tout dès son enfance. Après la mort de son pere qui étoit marchand, il s'adonna lui-même au commerce. Comme il traversoit l'Arabie deserte pour arriver à celle qui produit les Aromates, il tomba avec tous ceux qui l'accompagnoient entre les mains des voleurs. Il fut mis d'abord à la garde des troupeaux avec un de ses camarades. Ayant été pris là par d'autres voleurs qui venoient d'Ethiopie, il y fut conduit avec son compagnon. Les Habitans de la côte se saisirent d'eux, & les destinérent comme étrangers à l'expiation du pays. Les Ethiopiens avoient une anciennne tradition, laquelle avoit été confirmée par plusieurs Oracles des Dieux pendant l'espage de vingt générations, c'est-à-dire de six cens ans, parce que chaque génération comprend trente ans. Cette tradition portoit que l'Ethiopie devoit être purifiée par deux étrangers, d'une certaine maniére qu'ils suivirent exactement. Ils préparérent une barque

on pourroit croire que cet Auteur, que nous n'avons plus, a voulu faire une description générale des plus grandes isles qui se trouvent assez près les unes des autres dans la mer des Indes comme, Sumatra, Borneo, &c. Au reste la Taprobane s'appelle aujourd'hui Ceylan, ou Ceylon.

assez forte pour résister à la mer, mais qui pût être gouvernée par deux hommes seuls. On la fournit de vivres pour six mois ; & on y embarqua les deux captifs, en leur enjoignant selon l'Oracle de cingler vers le Midy. On leur dit qu'aubout de leur course ils trouveroient une Isle fortunée où habitoient des hommes pleins de douceur, & parmi lesquels ils se trouveroient heureux de vivre. Que s'ils arrivoient sains & sauves dans cette Isle, l'Oracle avoit prédit que l'Ethiopie seroit tranquille & florissante pendant six cens ans. Et qu'ainsi ils pouvoient compter que si la fatigue de la mer ou l'ennui de leur recherche les ramenoit sur leurs bords avant que d'avoir accompli ce voyage, tous les Ethiopiens se jetteroient sur eux & les puniroient comme des prévaricateurs & des impies. On célebra alors une fête solemnelle sur le rivage ; & ayant offert un grand nombre de victimes choisies, ils couronnérent (1) les Députez, & les chargérent de l'expiation publique. Iambule

---

(1) Rhodoman que nous suivons traduit comme s'il y avoit στεψάμενοι au lieu de καλψάμενοι qui signifie seulement voilez.

& son camarade se mettent en mer, & après avoir été battus des flots pendant quatre mois, ils arrivérent enfin dans l'Isle qu'on leur avoit désignée. Elle est de forme ronde, & elle a cinq mille stades de circuit. Dès qu'ils furent à la rade ils virent venir au-devant d'eux des gens envoyez pour tirer leur barque à terre. Etant débarquez, tous les Insulaires s'assemblérent autour d'eux admirant leur entreprise & leur courage, & s'empressant de leur apporter tout ce dont ils avoient besoin. Ce sont des hommes fort différens de tous les autres par leur maniére de vivre, & par la conformation même de leurs corps. Ils sont tous égaux de taille, & ont un peu plus de six piez de haut. Leurs os se plient & reviennent à leur situation ordinaire comme les parties nerveuses. Leurs corps paroissent foibles, mais leurs nerfs sont infiniment plus forts que les nôtres : car lorsqu'ils serrent quelque chose avec leurs doigts, il est absolument impossible de le leur ôter. Ils n'ont du poil qu'à la tête, aux sourcils, aux paupieres, & à la barbe : tout le reste de leur corps est si lice & si uni qu'on n'y trouveroit pas seulement un poil follet. Ils sont très-beaux de visage, & leur taille est admirablement proportionnée. Leurs oreilles sont beaucoup plus ouvertes que les nôtres, & ils ont une languette dans le milieu. Leur langue a aussi quelque chose de particulier qui leur vient en partie de la nature, & en partie d'une opération qu'ils y font. Elle est fendue dans sa longueur, & paroît double jusqu'a la racine. Cela leur donne la faculté, non-seulement de prononcer & d'articuler tous les mots & toutes les syllabes qui peuvent être en usage dans toutes les langues du monde; mais encore d'imiter le chant ou le cri de tous les oiseaux & de tous les animaux, en un mot tous les sons imaginables. Ce qu'il y a de plus merveilleux est que le même homme entretient deux personnes à la fois par le moyen de ses deux langues, & leur répond en même tems sur des matières très-différentes sans se confondre. La température de l'air y est excellente, parce qu'ils sont sous l'Equinoxial, (1) où ils n'éprou-

(1) C'est l'ancienne opinion. Car la Géographie réformée place Ceylan à huit degrez Nord de l'Equateur. Il resteroit à dire, que l'Isle d'Iambule n'est pas Ceylan.

LIVRE II. 327

vent ni les grandes chaleurs, ni les grands froids, & où ils jouissent d'une Automne perpétuelle : comme le dit Homére. de l'Isle de Phéacie (1).

Aux fruits murs recueillis en ce lieu d'abondance,
Des fruits nouveaux succéde aussi-tôt l'espérance.

Ils ont les jours égaux aux nuits toute l'année, & ils n'ont aucune ombre à midi, parce que le Soleil est toujours presque (2) au-dessus de leurs têtes. Toute la Nation est partagée en plusieurs Tribus, lesquelles ne contiennent jamais plus de quatre cens personnes, qui vivent toujours ensemble. Ces peuples habitent dans des prairies où ils trouvent tout ce qui leur est nécessaire ; car la bonté du climat jointe à celle du terroir, fait croître sans culture plus de fruits qu'il ne leur en faut. L'Isle produit sur tout une grande quantité de roseaux qui portent un fruit semblable au legume que nous appellons Ers. Après

---

(1) Odyss. l. 7. v. 121.
(2) J'ajoûte *presque* au texte qui sans ce correctif ne parleroit exactement pour aucun lieu de la terre.

qu'ils l'ont fait tremper dans l'eau chaude où il devient aussi gros qu'un œuf de pigeon, ils le broyent entre leurs mains avec une adresse particuliére; ils le font cuire ensuite, & en font un pain très-savoureux. Ils ont des sources admirables d'eau chaude pour les bains de plaisir ou de remede, & d'eaux fraiches excellentes à boire, & merveilleusement saines. Les (1) eaux chaudes ne se réfroidissent jamais à moins que l'on n'y mette de l'eau froide ou du vin. Ils connoissent toutes sortes de science & d'exercice; mais ils s'appliquent sur tout à l'Astrologie. Ils se servent de sept caractéres dans leur écriture; mais chacun de ces caractéres a quatre positions différentes, ce qui donne en tout vingt-huit noms de lettres. Ils (2) conduisent leurs lignes non de gauche à doite comme nous, mais de haut en bas. La durée de leur vie est très-longue, & ils parviennent ordinairement jusqu'à cent cinquante ans; la

(1) Je place ici cette phrase qui dans le texte ne se trouve qu'à la fin du séjour d'Iambule dans cette Isle.

(2) C'est ce que les Grammairiens Grecs appelloient Κιονηδὸν, en forme de colomne.

Cette phrase, dont il paroît que c'est ici le lieu propre, ne se trouve dans le texte qu'après les deux phrases suivantes.

plûpart sans avoir éprouvé de maladie. Une Loi trop sévére condamne à mourir tous ceux qui naissent ou deviennent estropiez. Quand ils ont vécu le nombre d'années que nous venons de marquer, ils se donnent volontairement la mort d'une façon qui leur est particuliére. Il croît chez eux une herbe dont il y a deux espéces. Toutes deux ont cette propriété, que lorsqu'on se couche dessus, on tombe insensiblement dans un doux sommeil dont on ne se reveille plus. Le mariage n'est point en usage parmi eux ; mais les femmes sont communes, & ils élévent avec une affection égale & générale tous les enfans qui en viennent. Lorsqu'ils sont à la mamelle on les change souvent de nourrices, afin que les meres mêmes oublient & méconnoissent ceux qui sont à elles. Bannissant par-là toute prédilection, ils ne sont jamais exposez à la jalousie, ni pour eux, ni pour leurs enfans ; & ils passent leur vie dans une parfaite conformité de sentimens. Leur Isle enferme une espéce d'animaux assez petits, mais douez d'une forme & d'une propriété extraordinaire. Leur corps rond & à peu près semblable à celui des tortues, est chargé d'une croix jaune en forme d'X. Les quatre extrêmitez de cette X se terminent chacune à une bouche & à un œil. Ainsi l'animal a quatre yeux, & quatre bouches qui aboutissent à un seul gosier qui porte la nourriture à un seul ventre. Les entrailles & toutes les autres parties intérieures sont uniques. Ils ont plusieurs pieds sous la circonférence de leur corps, avec lesquels ils vont du côté qu'ils veulent. Leur sang a la vertu de recoller ou de faire reprendre dans l'instant les parties coupées d'un corps vivant comme la main ou le pied, lorsque la playe est encore récente : ce qui ne s'étend pas néanmoins aux parties nobles & nécessaires à la vie. J'omets (1) un grand nombre d'autres animaux dont les figures nous sont inconnues, & que nous n'imaginerions jamais. On y nourrit aussi une espéce particuliére de grands oiseaux qui servent

(1) Nous transportons ici cette phrase qui est une page plus bas dans le texte. Nous aurions fait plus souvent une semblable réforme dans le cours de cette traduction, si nous avions voulu mettre exactement ensemble tous les articles de même nature : mais nous n'avons pris cette licence que dans les endroits où le déplacement est trop sensible.

aux Habitans à découvrir les difpofitions naturelles de leurs enfans. Ils les mettent en préfence de tout le peuple fur le dos de ces oifeaux, qui les enlévent auffi-tôt dans les airs. L'Affemblée conferve les enfans qui foutiennent fans trembler la rapidité du vol: mais elle rejette ceux qui ont montré quelque frayeur; dans la penfée qu'ils ne fçauroient vivre longtems, & qu'ils n'ont point le courage néceffaire pour les événemens de la vie. Le plus vieil homme de chaque claffe en eft comme le Roi, & tous les autres lui obéiffent. Lorfqu'après avoir atteint cent cinquante ans il renonce à la vie fuivant la Loi, celui qui le fuit immédiatement lui fuccede dans fa dignité. La mer qui eft au tour de l'Ifle eft toujours groffe, & elle a un grand flux & reflux; d'ailleurs fon eau eft douce comme de l'eau de fontaine. Ils ne voyent point l'Ourfe, ni plufieurs autres de nos conftellations. Au refte, c'eft moins une Ifle que l'affemblage de fept Ifles placées dans la mer à diftances égales les unes des autres, unies cependant par les mêmes loix & par les mêmes mœurs. Quoique la terre fournisse aux Habitans sans aucun travail l'abondance de toutes sortes de biens, ils n'en usent point d'une manière desordonnée ; mais ils n'en prennent que ce qui leur est nécessaire, & ils vivent dans une grande frugalité. Ils mangent à la vérité de la viande & rôtie & bouillie ; mais ils ne connoissent ni ces précis, ni tous ces rafinemens que l'art de nos Cuisiniers a mis en usage. Ils vont à la chasse de toutes sortes d'oiseaux, & à la pêche de toutes sortes de poissons. Ils trouvent sur leurs arbres des fruits de toute espéce, sans parler des oliviers qui leur fournissent d'excellente huile & des vignes qui leur donnent des vins exquis. L'Isle est pleine de serpens d'une grandeur excessive qui ne font aucun mal aux hommes, & dont la chair est excellente à manger. Les habits se font d'une écorce de roseaux couverte par tout d'un duvet fort doux & fort lustré. Ils ne laissent pas cependant de les faire passer encore par des teintures de différens coquillages, d'où ils tirent même la couleur de pourpre. Tout ce qui regarde la manière de vivre est réglé chez eux. Ils ne mangent pas tous des mêmes choses, mais les jours sont marquez ausquels les uns doivent manger du poisson, les autres de la volaille, d'autres se contenter d'olives & de fruits crus. Les fonctions utiles à la société sont aussi partagées entr'eux : les uns s'appliquent à la pêche, les autres aux arts méchaniques, d'autres enfin rendent d'autres services à leur Communauté ou à leur Tribu. Ils exercent tour à tour les charges publiques dont on ne dispense que les vieillards. Ils adorent l'Air, le Soleil & tous les corps célestes; & dans leurs fêtes ils leur adressent des vœux & des hymnes. Mais ils invoquent plus particuliérement le Soleil, auquel ils ont consacré leur Isle, & se sont consacrez eux-mêmes. On ensevelit les morts sur le rivage quand la mer s'est retirée, afin que le sable qu'on a écarté, & qu'elle ramène en revenant, leur éléve comme un tombeau. Ils disent que leurs roseaux qui portent du fruit, & dont la tête prend la forme d'une couronne, se remplissent de la nouvelle à la pleine Lune, & se vuident quand cet astre est en décours.

XXXII.
Conclusion du voyage d'Iambule.

APRE's qu'Iambule eut passé sept ans dans cette Isle avec son compagnon, ils furent condamnez à en sortir comme des méchans & des gens de mauvaises mœurs. Ayant donc réparé leur petite barque & ayant pris des provisions, ils voguérent l'espace de quatre mois. Ils échouérent enfin sur des côtes basses & sablonneuses de l'Inde. Le compagnon d'Iambule y périt : mais lui s'étant sauvé alla jusque dans un village dont les Habitans le conduisirent au Roi, qui faisoit son séjour à Polibothre, (1) éloignée de la mer de plusieurs journées. Comme ce Roi aimoit les Grecs & qu'il étoit fort curieux, il reçut parfaitement bien ce voyageur, & lui donna ensuite une escorte qui le conduisit au travers de la Perse jusque dans la Gréce. C'est ainsi qu'Iambule l'a conté lui-même dans son Histoire, où il apprend à

---

(1) On trouvera cette Ville dans le Dictionnaire Géographique de la Martiniére ; mais sous l'orthographe de Palibothre ; quoique le texte grec de Henri Etienne & celui de Rhodoman portent πολισβοθρα en plusieurs endroits & à la marge πολισβοθραν. Ce qui doit signifier une ville dans un fond. Où bien Polibothre est une ville différente de Palibothre qui est nommée ci-dessus, page 295.

son lecteur bien des particularitez de l'Inde qu'on ne trouveroit pas ailleurs. Pour nous, ayant achévé la matiére que nous nous sommes proposée au commencement de ce livre, nous le terminons ici.

Fin du Livre II.

HISTOIRE
UNIVERSELLE
DE
DIODORE DE SICILE.

LIVRE TRIOSIÉME.

I.
Avant-
propos.

E Premier des deux Livres précédens contient la Mythologie des Dieux & l'histoire des anciens Rois de l'Egypte. Nous y avons raconté les merveilles du Nil; nous y avons parlé de la situation du pays, des plantes qui y croiſſent, des animaux qui y vivent, & des loix qu'on y obſerve. On trouve dans le ſecond l'histoire des Aſſyriens & des autres peuples de l'Aſie. Nous
avons

avons surtout pris soin d'y marquer la naissance & la fortune de Semiramis, la magnificence avec laquelle elle fit bâtir Babylone & plusieurs autres Villes, & enfin son expédition dans les Indes. Nous avons fait mention des Chaldéens & de leurs observations Astronomiques. De-là nous sommes venus à l'Arabie, dont nous avons rapporté les singularitez les plus curieuses. Nous avons donné une idée du gouvernement des Schytes, des Amasones, & enfin des Hyperboréens (1). Pour suivre l'ordre que nous nous sommes prescrit, nous traiterons dans ce troisiéme Livre des Ethiopiens, des Libyens & des habitans des Isles Atlantides.

II. Des Ethiopiens, & ce qu'ils pensent de leur ancienneté par rapport aux Egyptiens.

Les Ethiopiens se disent les premiers de tous les hommes, & ils en donnent des preuves qu'ils croyent évidentes. L'on convient assez généralement qu'étant nez dans le pays & n'y étant point venus d'ailleurs, ils doivent être appellez Autochthones : & il est vrai-semblable qu'étant situez directement sous la route du Soleil, ils sont sortis de la terre avant

(1) Rhodoman ajoûte ici de son chef *& de la* | *Taprobane.*

les autres hommes. Car si la chaleur du Soleil se joignant à l'humidité de la terre, lui donne à elle-même une espéce de vie; les lieux les plus voisins de l'Equateur doivent avoir produit plûtôt que les autres des Etres vivans. Les Ethiopiens disent aussi que ce sont eux qui ont institué le culte des Dieux, les fêtes, les assemblées solemnelles, les sacrifices, en un mot toutes les pratiques par lesquelles nous honorons la Divinité : C'est pour cela qu'ils passent pour les plus religieux de tous les hommes, & qu'on croit que leurs sacrifices sont les plus agréables aux Dieux. L'un des plus anciens Poëtes & le plus estimé de la Gréce leur rend ce témoignage, lorsqu'il introduit dans l'Iliade Jupiter & les autres Dieux allant en Ethiopie pour assister aux festins & aux sacrifices annuels qui leur étoient préparez à tous chez les Ethiopiens. (1)

Jupiter aujourd'hui suivi de tous les Dieux,
Des Ethiopiens reçoit les sacrifices.

Ils disent que les Dieux ont récompensé leur piété par des avantages con-

___
(1) Iliad. 1. v. 423.

sidérables, comme de n'avoir jamais été sous la domination d'aucun Prince étranger. En effet ils ont toujours conservé leur liberté par la grande union qui a toujours régné entr'eux; & plusieurs Princes très-puissans qui les ont voulu subjuguer ont échoué dans leur entreprise. Cambyse étant venu les attaquer avec de nombreuses troupes, son Armée périt entiérement, & luimême y courut risque de la vie. Semiramis cette Reine que son habileté & ses exploits ont rendu si fameuse, fut à peine entrée dans l'Ethiopie qu'elle sentit que son dessein n'auroit point d'exécution. Bacchus & Hercule ayant traversé la terre entière, s'abstinrent de combattre les seuls Ethiopiens, soit par la crainte qu'ils conçurent de leur puissance, soit par la vénération qu'ils avoient pour leur piété. Les Ethiopiens disent que les Egyptiens sont une de leurs colonies qui fut menée en Egypte par Osiris. Ils prétendent même que ce pays n'étoit au commencement du monde qu'une mer; mais que le Nil entraînant dans ses crues beaucoup de limon d'Ethiopie, l'avoit enfin comblée, & en avoit fait une partie du continent. On voit aux embouchures du Nil une particularité qui semble prouver que toute l'Egypte est un ouvrage du fleuve. Après l'écoulement des eaux on peut remarquer tous les ans que la mer a poussé contre les rivages de gros amas de limon & que le terrain s'est augmenté. Ils ajoutent que les Egyptiens tiennent d'eux, comme de leurs Auteurs & de leurs Ancêtres, la plus grande partie de leurs loix. C'est d'eux qu'ils ont appris à honorer leurs Rois comme des Dieux, & à ensevelir leurs morts avec tant de pompe; la sculpture & l'écriture ont pris naissance chez les Ethiopiens. Les Egyptiens se servent de caractéres qui ne sont propres qu'à leur Nation: Mais les uns sont à l'usage de tout le peuple, & appellez vulgaires pour cette raison; & les autres sont sacrez, & connus seulement des Prêtres qui s'en transmettent l'intelligence de pere en fils. Les Ethiopiens ont aussi deux sortes de caractéres; mais ils sont communs à tout le monde chez eux. Dans l'une & dans l'autre Nation les Prêtres observent le même ordre & les mêmes coutumes. Ceux qui sont dévouez au culte des Dieux se purifient de la même maniére; ils sont tous rasez & vétus de même, & ils portent tous un sceptre fait en forme de charrue. Les Rois des deux peuples portent aussi un sceptre semblable, & ils ont sur la tête un bonnet long, terminé par une espéce de houpe & entouré de ces serpens qu'on nomme aspics, pour marquer que ceux qui osent tendre des embuches aux Rois meurent par des morsures venimeuses. Les Ethiopiens alléguent encore d'autres preuves de leur ancienneté sur les Egyptiens; mais il est inutile de les rapporter ici. Cependant nous dirons un mot des caractéres Ethiopiens, & de ceux que les Egyptiens appellent Hieroglyphes; afin de ne rien omettre de ce qu'il y a de plus remarquable dans l'antiquité.

CES SORTES de lettres ressemblent les unes à différentes espéces d'animaux, d'autres aux extrêmitez du corps humain, d'autres à des instrumens méchaniques. Ainsi ils composent leur écriture non d'un assemblage de lettres & de mots, mais d'un arrangement de figures dont un long usage a gravé la signification dans leur mémoire. En effet s'ils représentent

III. Des caractéres Hieroglyphiques communs aux Ethiopiens & aux Egyptiens.

un Milan, un Crocodile, un Serpent. ou quelque partie du corps humain, comme un œil, une main, un visage & d'autres choses semblables ; c'est que le Milan, par une Métaphore assez naturelle, signifie tout ce qui est prompt & subit d'autant qu'il vole le plus légèrement de tous les oiseaux : Le crocodile dénote toute sorte de méchancetez : L'œil marque un observateur de la justice & tout ce qui défend le corps. Entre les autres parties, la main droite avec les doigts étendus exprime l'abondance des choses nécessaires à la vie ; la main gauche fermée indique l'économie & l'épargne. Il en est à peu près de même des autres parties du corps, aussi-bien que des instrumens. Les Ethiopiens recherchant avec soin la signification de chacune de ces figures & se l'imprimant dans l'Esprit par une longue application, connoissent d'abord ce qu'elles représentent.

IV. Loix des Ethiopiens.

Les Ethiopiens ont plusieurs loix fort différentes de celles des autres peuples, surtout pour ce qui regarde l'élection des Rois. Les Prêtres choisissent les plus honnêtes gens de leur corps, & les enfermant comme dans un cercle; celui de ces derniers que prend au hazard un des Prêtres qui entre dans le cercle en marchant & en sautant comme un Ægipan ou un Satyre, est déclaré Roi sur le champ; & tout le peuple l'adore comme un homme chargé du gouvernement par la Providence Divine. Le nouvel élû commence à vivre de la maniére qui lui est prescrite par les loix. En toutes choses il suit la coutume du pays, ne punissant & ne récompensant que selon les régles établies dès l'origine de la Nation. Il est défendu au Roi de faire mourir aucun de ses sujets, quand même il auroit été déclaré en jugement digne du dernier supplice. Mais il lui envoye un Officier qui lui apporte le signal de la mort; & aussi-tôt le criminel s'enferme dans sa maison & se fait justice lui-même. Il ne lui est point permis de s'enfuir en des Royaumes voisins, & de changer ainsi la peine de mort en un bannissement, comme font les Grecs. On raconte à ce sujet qu'un certain homme ayant vû cet ordre de mort qui lui étoit envoyé de la part du Roi, & songeant à s'enfuir hors de l'Ethiopie; sa mere qui s'en doutoit lui passa sa ceinture autour du col sans qu'il osât se défendre, & l'étrangla ainsi; de peur, disoit-elle, que son fils ne procurât par sa fuite une plus grande honte à sa famille. Il y avoit quelque chose encore de plus extraordinaire dans ce qui regardoit la mort des Rois. Les Prêtres qui servent à Meroé y ont acquis un très-grand pouvoir. Ceux-ci, quand il leur en prenoit fantaisie, dépêchoient un courier au Roi pour lui ordonner de mourir. Ils lui faisoient dire que les Dieux l'avoient ainsi réglé, & que ce seroit un crime de violer un ordre qui venoit de leur part. Ils ajoûtoient plusieurs autres raisons qui surprenoient aisément des hommes simples prévenus d'une ancienne coutume, & qui n'avoient pas assez de force d'esprit pour résister à ces commandemens injustes. En effet les premiers Rois se sont soumis à ces cruelles ordonnances, sans aucune autre contrainte que celle de leur propre superstition. Ergamenès qui régnoit du tems de Ptolémée second, & qui étoit instruit de la Philosophie des Grecs fut le premier qui osa secouer ce joug ridicule. Ayant pris une résolution vraiment digne d'un Roi, il s'en vint avec son armée attaquer la forteresse où étoit autrefois le temple d'or des Ethiopiens. Il fit égorger tous les Prêtres & institua lui-même un culte nouveau. Les amis du Prince se sont fait une loi qui subsiste encore quelque singuliére qu'elle soit. Lorsque leur maître a perdu l'usage de quelqu'une des parties de son corps par maladie ou par quelque accident, ils se donnent la même infirmité, croyant que c'est une chose honteuse, par exemple, de marcher droit à la suite d'un Roi boiteux ; & il leur paroît absurde de ne pas partager avec lui les incommoditez corporelles, puisque la simple amitié nous oblige à prendre part à tous les biens & à tous les maux qui arrivent à nos amis. Il est même fort commun de les voir mourir avec leurs Rois ; & ils pensent qu'il leur est glorieux de donner ce témoignage d'une fidélité constante. De-là vient que chez les Ethiopiens, il est difficile de former aucune entreprise contre le Roi, par l'attention que tous ses amis apportent à leur conservation commune. Ce sont-là les loix & les coutumes des Ethiopiens qui demeurent dans la Capitale, & qui habitent l'isle de Meroé & cette partie de l'Ethiopie qui touche à l'Egypte.

V. Coutumes de quelques Ethiopiens sauvages.

IL Y A plusieurs autres nations Ethiopiennes dont les unes cultivent les deux côtez du Nil avec les Isles qui sont au milieu, les autres habitent les Provinces voisines de l'Arabie, d'autres sont plus enfoncées dans l'Afrique. Presque tous & entr'autres ceux qui sont nez le long du fleuve ont la peau noire, le nez camus & les cheveux crêpus. Ils paroissent très-sauvages & très-féroces, & le sont pourtant beaucoup moins par tempérament que par volonté & par affectation. Ils sont fort secs & fort brûlez, leurs ongles sont toujours longs comme ceux des animaux : Ils ne connoissent point l'humanité : Ils ne poussent qu'un son de voix aigu. Ne s'étudiant point comme nous à rendre la vie plus douce & plus agréable, ils n'ont rien des mœurs ordinaires. Quand ils vont au combat, les uns s'arment de leurs boucliers faits de cuir de bœuf & ont en main de petites lancés ; les autres portent des traits recourbez ; d'autres se servent d'arcs dont le bois est de la longueur de quatre coudées & qu'ils bandent avec le pied : Quand ceux-ci n'ont plus de traits ils combattent avec des massues. Ils menent leurs femmes à la guerre & les obligent de servir dès qu'elles ont un certain âge. Elles portent ordinairement un anneau de cuivre pendu à leurs lévres. Quelques-uns de ces peuples passent leur vie sans s'habiller, se couvrant seulement de ce qu'ils trouvent pour se mettre à l'abri du Soleil. Les uns coupent une queue de brebis & se la passent entre les cuisses pour cacher leur nudité; d'autres prennent des peaux de leurs bestiaux. Il y en a qui s'entourent la moitié du corps avec des espéces de ceintures faites de cheveux, la nature du pays ne permettant pas aux brebis d'avoir de la laine. A l'égard de la nourriture ; les uns vivent d'un certain fruit qui croît sans culture dans les étangs & les lieux marécageux : D'autres mangent les plus tendres rejettons des arbres dont l'ombrage les garantit de la chaleur du midi : Quelques-uns sement du Sefame & du Lotos : Il y en a qui ne vivent que de racines de roseaux. La plûpart d'entre eux s'exercent à tirer aux oiseaux ; & comme ils manient l'arc fort adroitement, cette chasse remplit abondamment leurs besoins. Mais la plus grande partie de ces peuples soutiennent leur vie avec le lard & la chair de leurs troupeaux. Les Ethiopiens qui habitent au-dessus de Méroé font des distinctions remarquables entre les Dieux : ils disent que les uns sont d'une nature éternelle & incorruptible comme le Soleil, la Lune, & l'Univers entier ; que les autres étant nez parmi les hommes se sont acquis les honneurs divins par leurs vertus & par les biens qu'ils ont faits au monde. Ils révérent Isis, Pan, & sur tout Jupiter & Hercule dont ils prétendent que le genre humain a reçû le plus de bienfaits. Quelques Ethiopiens cependant croyent qu'ils n'y a point de Dieux ; & quand le Soleil se leve ils s'enfuyent dans leurs marais en blasphémant contre lui comme contre leur plus cruel ennemi. Les Ethiopiens different encore des autres Nations dans les honneurs qu'ils rendent à leurs morts. Les uns jettent leurs corps dans le fleuve, pensant que c'est la plus honorable sépulture qu'on puisse

Livre III. 349

leur donner. Les autres les gardent dans leurs maisons enfermez dans des niches de verre, croyant qu'il sied bien à des enfans d'avoir toujours devant les yeux le visage de leurs parens, & à ceux qui surviennent de conserver la mémoire de leurs prédécesseurs. D'autres enferment les corps morts dans des cercueils de terre cuite & les enterrent aux environs des temples. Ils regardent comme le plus inviolable des sermens celui qui se fait sur les morts. En certaines contrées les Ethiopiens donnent la Royauté à celui d'entre eux qui est le mieux fait, disant que les deux plus grands dons de la fortune sont la Monarchie & la belle taille. Ailleurs ils la déférent au pasteur le plus vigilant comme à celui qui aura le plus de soin de ses sujets. D'autres choisissent le plus riche dans la pensée qu'il sera plus en état de secourir ses peuples. Il y en a d'autres qui prennent pour Rois ceux qui sont les plus forts, estimant dignes de la première place ceux qui sont les plus capables de les défendre dans les combats. Il y a dans la Libye & tout auprès du Nil un très-beau pays qui produit une grande quantité de fruits de toute espéce ; on y trouve un abri commode dans les grandes chaleurs entre les plantes qui croissent dans les marais. Les Afriquains & les Ethiopiens sont continuellement en guerre pour se disputer ce terrain. On y voit un grand nombre d'éléphans qui y descendent de la haute Libye attirez, selon quelques Auteurs, par la bonté des pâturages. En effet des deux côtez du fleuve il y a de grands marais où croissent toutes sortes d'herbes, & surtout des roseaux que ces animaux trouvent si bons, que quand ils en ont une fois goûté ils demeurent toujours dans cet endroit, où ils consument les vivres des habitans. Il n'est pas étonnant que des pasteurs qui logent sous des tentes, & qui regardent comme leur patrie le séjour le plus commode pour eux, viennent se rendre dans des marais qui attirent des animaux mêmes, chassez par le manque d'eau & de pâturages, du milieu des terres, où le Soleil brûle tout ce qui en sort (1). Quelques Au-

(1) On supprime ici une phrase de deux ou trois lignes qui n'est qu'une répétition inutile.

teurs difent que dans l'Ethiopie appellée fauvage, il naît un nombre infini de ferpens d'une grandeur extraordinaire. Ils fe battent contre les éléphans auprès des eaux dormantes. S'étant d'abord jettez fur eux avec impétuofité, ils leur entortillent les cuiffes & ils les ferrent avec tant de force & fi long-tems que l'éléphant engourdi & écumant tombe de lui-même : après quoi ils le dévorent facilement dans l'impuiffance où il eft de fe relever. Mais quand ils ont manqué leur coup par quelque accident & que les éléphans fuyent vers le fleuve, ils ne quittent jamais leur retraite pour les pourfuivre. Ils évitent les lieux plats & fe tiennent toujours au pié des montagnes & dans des cavernes affez profondes pour fuffire à la longueur de leurs corps ; la nature faifant connoître à tous les animaux ce qui leur eft propre. On a des hiftoires de l'Egypte & de l'Ethiopie faites par des Auteurs qui s'en rapportent à de fauffes relations, ou qui écrivant même toutes les chofes merveilleufes qui leur viennent dans l'efprit ne méritent aucune créance. Mais

Agatarchidès Cnidien en son second livre de l'Asie, Artemidore (1) d'Ephese en son huitiéme livre de la Géographie, & quelques Auteurs originaires d'Egypte ont examiné le sujet dont il s'agit, & conviennent presqu'en tout. Pour moi dans le tems que je voyageois en Egypte, je me suis souvent rencontré avec des Prêtres Egyptiens & des Ambassadeurs Ethiopiens. Ayant recueilli avec soin ce que je leur entendois dire, & y ayant ajouté ce que j'ai trouvé dans les meilleurs Historiens, j'ai composé cette partie de mon ouvrage de ce qui m'a paru le plus généralement avoué par les uns & par les autres. Mais nous avons assez parlé des Ethiopiens qui habitent à l'Occident. Nous allons passer à ceux qui demeurent au Midy & le long de la mer Rouge, après que nous aurons dit un mot de

(1) Sur Agatarchidès, Voyez l'art 24 de la premiére Section du Livre premier. A l'égard d'Artemidore d'Ephese : Il vivoit sous Ptolémée Lathyrus Roi d'Egypte ou plûtôt sous sa mere Cléopatre qui faisoit régner son autre fils Alexandre. Artemidore avoit écrit 11 Livres de Géographie & des Mémoires Historiques. Il y a eu un autre Artemidore aussi Ephesien sous Antonin le pieux. Vossius l. 1. c. 22.

la maniére dont on tire l'or des mines de ce pays.

VI.
Des mines de ces cantons.

ENTRE l'Egypte, l'Ethiopie & l'Arabie, (1) il est un endroit rempli de métaux, & sur tout d'or, qu'on tire avec bien des travaux & de la dépense. Car la terre dure & noire de sa nature y est entrecoupée de veines d'un marbre très-blanc, & si luisant qu'il surpasse en éclat les matiéres les plus brillantes. C'est-là que ceux qui ont l'Intendance des metaux font travailler un grand nombre d'ouvriers. Le Roi d'Egypte envoye quelquefois aux mines avec toute leur famille ceux qui ont été convaincus de crimes ; aussi-bien que les prisonniers de guerre, ceux qui ont encouru son indignation, ou qui succombent aux accusations vrayes ou fausses, en un mot tous ceux qui sont condamnez aux prisons. Par ce moyen il tire de grands revenus de leur châtiment. Ces malheureux, qui sont en grand nombre, sont tous enchaînez par les pieds & attachez au travail sans relâche, & sans qu'ils puissent jamais

(1) On donnoit le nom d'Arabie aux rivages Occidentaux du golfe Arabique situez en Egypte, vis-à-vis la véritable Arabie.

s'échaper. Car ils sont gardez par des soldats étrangers, & qui parlent d'autres langues que la leur: de sorte qu'il leur est impossible de les corrompre par des paroles & par des caresses. Quand la terre qui contient l'or se trouve trop dure, on l'amollit d'abord avec le feu; après quoi ils la rompent à grands coups de pic ou d'autres instrumens de fer. Ils ont à leur tête un Entrepreneur qui connoît les veines de la mine, & qui les conduit. Les plus forts d'entre les travailleurs fendent la pierre à grand coups de marteau; cet ouvrage ne demandant que la force des bras sans art & sans adresse. Mais comme pour suivre les veines qu'on a découvertes, il faut souvent se détourner, & qu'ainsi les allées qu'on creuse dans ces souterrains sont fort tortueuses, les ouvriers qui sans cela ne verroient pas clair, portent des lampes attachées à leur front. Changeant de posture autant de fois que le requiert la nature du lieu, ils font tomber à leurs pieds les morceaux de pierre qu'ils ont détachez. Ils travaillent ainsi jour & nuit forcez par les cris & par les coups de leurs gardes. De jeunes enfans entrent dans les ouvertures que les coins ont faites dans le roc, & en tirent les petits morceaux de pierre qui s'y trouvent, & qu'ils portent ensuite à l'entrée de la mine. Les hommes âgez d'environ trente ans prennent une certaine quantité de ces pierres qu'ils pilent dans des mortiers avec des pilons de fer, jusqu'à ce qu'ils les ayent réduites à la grosseur d'un grain de millet. Les femmes & les vieillards reçoivent ces pierres mises en grain, & les jettent sous des meules qui sont rangées par ordre. Se mettant ensuite deux ou trois à chaque meule; ils les broyent jusqu'à ce qu'ils ayent réduit en une poussiére aussi fine que de la farine la mesure qui leur en a été donnée. Il n'y a personne qui n'ait compassion de l'extrême misére de ces forçats qui ne peuvent prendre aucun soin de leur corps, & qui n'ont pas même de quoi couvrir leur nudité. Car on n'y fait grace ni aux vieillards, ni aux femmes, ni aux malades, ni aux estropiez. Mais on les contraint également de travailler de toutes leurs forces jusqu'à ce que n'en pouvant plus ils meurent de fatigue. C'est pourquoi ces infortunez n'ont d'espérance que dans la mort, & leur situation présente leur fait craindre une longue vie. Les maîtres recueillant cette espéce de farine achévent l'ouvrage de cette maniére: Ils l'étendent sur des planches larges & un peu inclinées, & ils l'arrosent de beaucoup d'eau. Ce qu'il y a de terrestre dans ces matiéres est emporté par l'eau qui coule le long de la planche, mais l'or demeure dessus à cause de sa pesanteur. Après ce lavage répété plusieurs fois ils frottent quelque tems la matiére entre leurs mains. Ensuite l'essuyant avec de petites éponges, ils emportent ce qui y reste de terre jusqu'à ce que la poudre d'or soit entiérement nette. d'autres ouvriers prenant cet or au poids & à la mesure, le mettent dans des pots de terre. Ils y mêlent dans une certaine proportion du plomb, des grains de sel, un peu d'étain & de la farine d'orge. Ils versent le tout dans des vaisseaux couverts & luttez exactement qu'ils tiennent cinq jours & cinq nuits de suite dans un feu de fourneau. Ensuite leur ayant donné le tems de se refroidir, on ne trouv plus aucun mélange des autres matiéres; mais l'or est entiérement depuré avec très peu de déchet. Voilà la maniére dont on tire l'or dans les confins de l'Egypte avec des travaux immenses, qui semblent nous faire voir que ce métal s'obtient difficilement, qu'on ne le conserve qu'avec de grands soins, & que son usage est mêlé de peines & de plaisirs. Au reste la découverte des métaux est très ancienne puisqu'elle nous vient des premiers Rois.

Nous devons parler maintenant des Nations qui habitent sur les bords du sein Arabique, dans la Troglodytique, & vers le Midy de l'Ethiopie: & nous commencerons par les Ictyophages, (1) qui demeurent le long des côtes depuis la Carmanie & la Gedrosie jusqu'à l'entrée du Golphe par où l'Ocean Méridional (2) s'avance prodigieusement dans les terres, & s'enferme entre l'Arabie heureuse d'un côté, & les Troglodytes de l'autre. Quelques-uns de ces Barbares

VII.
Des Ictyophages de l'Asie le long de la Mer des Indes.

(1) Mangeurs de poissons.
(2) C'est le sein ou sinus Arabique, qu'on n'appelle plus aujourd'hui que la Mer Rouge.

passent leur vie tout nuds. Leurs femmes, leurs enfans & leurs troupeaux sont communs entr'eux ; & la nature ne leur ayant fait connoître que le plaisir & la peine, ils n'ont aucune idée de ce qui est honnête & de ce qui ne l'est pas. Leurs habitations sont situées près de la mer sur des côtes entrecoupées, non-seulement par des vallées profondes, mais encore par des précipices escarpez, & par des ravines étroites & naturellement obliques : Les Habitans se servent utilement de cette disposition de leur terrain. Bouchant avec de grandes pierres toutes les issues de leurs vallées & de leurs précipices, ils ferment le passage aux poissons qui se sont jettez dans ces détours. Car la mer se débordant pendant le flux avec violence, ce qui arrive deux fois par jour comme vers les six heures du matin & du soir, elle couvre tout le rivage, & amene avec elle une quantité incroyable de poissons de toute espéce. Quand le tems du reflux est venu, toute l'eau se retire par les ouvertures des pierres, & le poisson reste à sec sur le sable. Les habitans s'assemblent aussi-tôt

Livre III. 359

sur le rivage avec leurs femmes & leurs enfans, comme s'ils en avoient tous reçu l'ordre. Ensuite s'étant divisés par bandes, ils vont chacun en différens endroits avec des cris affreux qui marquent la joye qu'ils ont de leur capture. Les femmes & les enfans prennent les poissons les plus petits & les plus proches du bord & les jettent sur le gravier. Les hommes qui sont dans la force de l'âge ne s'attachent qu'à ceux que leur grandeur rend difficiles à prendre. Car on trouve dans cette mer non-seulement des lamproyes, des chiens & des écrevices de mer, mais même des veaux marins & quantité d'autres poissons dont le nom & la figure nous sont inconnus. N'ayant point d'armes faites de main d'hommes, ils les percent avec des cornes de boucs, ou les coupent avec des cailloux tranchans. Car la nécessité enseigne toutes choses à l'homme, & lui apprend à se servir de tout ce qu'il rencontre de propre à l'effet qu'il en espére. Quand ils ont amassé une assez grande quantité de ces poissons, ils les emportent & les font cuire sur des pierres exposées à l'ardeur brûlante du Soleil de leur climat. Dès qu'ils font cuits d'un côté, ils les retournent de l'autre. Enfuite les prenant par la queue il les fecouent. Ces poiffons étant ainfi deffechez leur chair tombe par morceaux. A l'égard des arêtes ils les jettent toutes dans un même endroit, & en font de grand monceaux pour s'en fervir à l'ufage que nous dirons plus bas. Mais ramaffant la chair qui eft tombée, ils la mettent fur des pierres polies & la broyent pendant un certain tems. Ils y mêlent pour affaifonnement de la graine d'aubepine, & en font ainfi une efpéce de pâte d'une feule couleur. Enfin ils donnent à cette pâte la figure d'une brique un peu longue, & ils la font fécher au Soleil. Quand elle eft médiocrement féche ils en mangent tous enfemble fans mefure & fans autre régle que leur appetit; car ils ont plus de cette provifion qu'il ne leur en faut; & la mer leur fournit auffi abondamment de quoi fe nourrir, que la terre le fournit aux autres hommes. Cependant il arrive quelquefois que la mer pendant plufieurs jours de fuite roule fes flots fur le rivage, &

tient

tient la gréve inondée, de telle sorte que personne ne peut en approcher. Comme alors ils manquent de vivres, ils ramassent d'abord les coquillages dont quelques-uns sont si grands qu'ils pesent plus de quatre livres. Ayant cassé les coquilles à grands coups de pierre, ils en mangent la chair crue, dont le goût approche fort de celui de nos huitres. Si la continuité des vents fait enfler la mer pendant un long tems, & les empêche d'avoir même des coquillages, ils ont recours aux monceaux d'arêtes dont nous avons parlé. Ils choisissent celles qui sont les plus fraîches & les plus succulentes, & les rompant aux jointures, ils les mettent dans la bouche sans aucune préparation; mais ils broyent entre deux pierres les plus seches. En un mot, ils ménent une vie à peu près semblable à celle des bêtes feroces. Voila tout ce qui concerne le manger des Icthyophages. La maniére dont ils vont chercher à boire a quelque chose de plus singulier. Ils travaillent à la pêche, l'espace de quatre jours entiers; pendant lesquels, comme étant dans l'abondance de toutes choses, ils se divertissent à manger en commun, à chanter des chansons qui n'ont ni mode ni mesure, & à se joindre aux premiéres femmes qu'ils trouvent près d'eux pour en avoir des enfans. Mais au cinquiéme jour ils vont tous ensemble boire au pied des montagnes. On y trouve des sources d'eau où les Nomades viennent abbreuver leurs troupeaux. Ils font ce chemin comme le feroient des troupeaux de bœufs élevant tous ensemble leur voix qui n'articule rien & dont on n'entend que le son. Les femmes y portent entre leurs bras les enfans qui sont à la mammelle, & les hommes ceux qui sont sévrez ; mais ceux qui ont passé cinq ans accompagnent leurs parens, & s'en vont en sautant & en riant à leur abbreuvoir comme à un lieu de délices. Car la nature qui n'est pas encore pervertie met son souverain bien dans la jouissance de ce qui lui est nécessaire, ne se souciant en aucune sorte des plaisirs superflus. Quand ils sont arrivez aux abbreuvoirs des Nomades, ils se remplissent tellement d'eau qu'ils ont beaucoup de peine à s'en retourner. Pendant cette journée ils ne mangent point, mais ils se couchent par terre malades de plénitude, respirant avec difficulté & semblables en tout à des gens yvres. Le lendemain ils recommencent à manger du poisson gardant toute leur vie la même méthode. Les Icthyophages qui habitent en deça du détroit sont rarement malades, mais ils vivent beaucoup moins que nous.

Pour ceux qui demeurent plus près, & néanmoins encore hors du détroit, ils ménent une vie beaucoup plus extraordinaire. Ils n'ont jamais soif & ils paroissent dépourvûs de sentimens. Le sort les ayant fait naître en des deserts éloignez de toute habitation, ils vivent commodement de leur péche ; & mangeant le poisson dès qu'il est tiré de l'eau & presque tout crû, non-seulement ils ne cherchent point à boire, mais même ils ne sçavent ce que c'est. Contens d'ailleurs du genre de vie que la fortune leur a présenté, ils s'estiment heureux de ne point desirer ce qui leur manque. Ce qu'il y a de plus surprenant & de plus incroyable, ils n'éprouvent aucune passion. Plusieurs marchands Ethiopiens qui, en passant la mer Rouge, ont été souvent contraints de relâcher

VIII.
Des Icthyophages de l'Arabie sur les côtes de la mer des Indes.

sur les côtes des Icthyophages, conviennent tous unanimement de ce que nous venons de dire. Ptolémée troisiéme du nom ayant envie d'aller à la chasse des éléphans dans ce lieu-là, y envoya un de ses confidens appellé Simmias pour reconnoître le pays. Celui-ci ayant préparé ce qui étoit nécessaire pour son voyage, examina avec soin les contrées maritimes, comme le dit Agatharchidès de Gnide. Il rapporta entr'autres choses que ces hommes insensibles ne boivent point du tout, comme nous l'avons dit plus haut. Ils ne sont nullement émûs à la vûe des Etrangers qui abordent sur leur rivage. Ils ne leur disent rien, mais ils les regardent tranquillement, ne marquant pas plus d'embarras que s'ils ne voyoient rien de nouveau. Ils ne s'enfuyent point à la vûe d'une épée nue qu'on leur présente, & ils ne s'irritent point des menaces qu'on leur fait ni même des coups qu'on leur donne. Ils n'ont point pitié de ceux qu'on fait souffrir, & ils voyent égorger leurs femmes & leurs enfans sans étonnement & sans colére. Quand même on les fait succomber sous les tourmens les plus extraordinaires, ils demeurent tranquilles, en regardant les playes qu'on leur fait, & inclinant seulement la tête à chaque coup qu'on leur donne. On dit qu'ils ne se servent d'aucun idiome ; mais qu'ils font des signes de la main pour demander les choses qu'ils veulent avoir. On rapporte d'eux une autre singularité bien plus incroyable, sçavoir que les veaux (1) marins vivent pacifiquement & familiérement avec eux, & leur aident à prendre du poisson comme feroient d'autres hommes. Et ces deux espéces si différentes ont mutuellement un grand soin de leurs enfans, & de leurs femmes ou de leurs femelles. Ils conservent encore à présent ce genre de vie qui leur vient des premiers siécles, soit qu'ils y soient accoutumez par la longueur du tems, ou contraints par la nécessité de leur demeure. Leurs habitations ne sont pas semblables à celles des autres Ichthyophages; mais ils les construisent de plusieurs façons différentes, selon la commodité du lieu. Quelques-uns se logent dans des cavernes, sur-tout dans celles qui tournées vers le Septentrion sont rafraî-

(1) L'original les nomme *Phoca*.

chies par l'ombre & sur-tout par les vents du Nord. Car pour celles qui sont au Midy elles sont aussi brûlantes que des fournaises, & les hommes n'y peuvent pas subsister. Ceux qui n'ont point la commodité des cavernes situées au Septentrion, amassent les côtes de baleine que la mer jette en grand nombre sur ces bords. Quand ils en ont une quantité suffisante, ils les joignent ensemble en forme de toit, & les couvrent avec de la mousse fraiche. C'est sous ces cabanes faites en manière de voute que devenus ouvriers par la nécessité seule, ils laissent passer la grande chaleur du jour. Les Icthyophages ont une troisiéme sorte d'habitation. Il croît dans leur pays une espéce de sapin dont la mer arrose le pié, dont le feuillage est fort épais & qui porte un fruit assez semblable à nos chataignes. Ayant entrelassé leurs branches les unes dans les autres, & s'étant procuré par conséquent une grande étendue d'ombre, ils passent leur vie sous cette espéce de tente : Habitant ainsi moitié sur la terre & moitié sur la mer ; le flux leur porte de la fraicheur & ils sçavent se poser favorablement pour recevoir les vents qui tempérent les ardeurs du Soleil. D'autres employent un quatriéme expédient pour s'en garantir. Ils ont fait & ils entretiennent une provision de mousse de mer qui s'éleve à la hauteur d'une montagne. Les rayons du Soleil l'ont tellement endurcie qu'elle fait comme un corps de rocher avec le sable dont elle est mêlée. Ils creusent audedans des loges de la hauteur d'un homme; mais ils leur donnent une très-grande profondeur & les font même communiquer les unes avec les autres. Ils demeurent-là tranquillement jusqu'à ce que le flux leur apportant du poisson, les invite à l'aller pêcher. Ils le mangent avec joye sur le rivage, après quoi ils reviennent dans leurs tanières. A l'égard de leurs morts, ils les jettent hors de leur demeure, quand la mer est basse; afin que ses flots viennent ensuite les prendre & les entraîner. Ils se donnent ainsi eux-mêmes pour nourriture aux poissons dont ils se nourrissent, pratique qu'ils n'ont jamais interrompue depuis plusieurs siécles. Il y a une espéce d'Icthyophages dont les habitations sont telles qu'elles donnent beaucoup à penser à ceux qui aiment à rechercher les secrets de la nature. Ils demeurent dans des précipices que personne n'a jamais pu franchir. Car ils sont entourez d'un rocher très-escarpé & entrecoupé par des fondriéres : l'autre côté est borné par une mer qui n'a jamais porté aucune espéce de vaisseau & qu'on peut encore moins passer à gué. Ces peuples même ne sçavent ce que c'est que de naviger. C'est pourquoi leur origine étant très-obscure, il nous reste seulement à dire qu'ils sont depuis tous les tems dans le lieu même qu'ils habitent. Quelques Physiciens, en discourant des variétez de la nature, ne font point difficulté d'avancer cette proposition à l'égard de tous les étres vivans. Comme il y a beaucoup de connoissances qui passent la portée de l'esprit humain ; rien n'empêche que ceux qui ont parlé le plus affirmativement n'ayent ignoré la plus grande partie des choses dont ils ont écrit, & ne nous ayent donné des idées plausibles & vrai-semblables pour des véritez constantes.

IX.
Des Chelesophages, ou

IL FAUT à présent raporter quel est le genre de vie que suivent les peuples appellez Chelenophages. On *mangeurs de* trouve dans l'Ocean non loin de la *Tortues.* terre ferme un grand nombre d'Isles basses & de fort peu d'étendue, qu'on ne cultive point, & qui ne portent pas même des fruits sauvages. Comme elles sont fort proches les unes des autres & que la force de l'eau est rompue par les promontoires, la mer qui les sépare n'est point sujette aux tempêtes. C'est pourquoi on y rencontre un grand nombre de tortues de mer qui viennent s'y réfugier à cause du calme qui y régne. La nuit elles vont chercher leur nourriture dans la grande mer; mais le jour elles rentrent dans les canaux des Isles, & se mettent à dormir en élévant un peu leurs écailles au-dessus de l'eau pour recevoir le Soleil : ainsi elles ressemblent de loin à des esquifs mis sur le côté, & de fait elles ne sont guéres moins grandes que des barques de pécheurs. Les Barbares qui habitent ces Isles vont alors à petit bruit vers une de ces tortues. L'environnant de leurs barques, des deux côtez, les uns la tiennent en arrêt pendant que les autres la soulevent jusqu'à ce qu'ils l'ayent renversée sur

Q v

le dos. Ils la retiennent de part & d'autre dans cette situation de peur qu'elle ne se retourne, & que retrouvant toutes ses forces, elle ne leur échape en s'enfonçant dans la mer. Un d'entr'eux cependant la guide à terre avec une longue corde, suivi de tous ceux qui l'ont aidé à prendre cette proye. Quand ils sont arrivez dans leur Isle ils mangent la chair de leur tortue, après l'avoir exposée pendant quelque tems au Soleil. Ils se servent des écailles qui ont la figure d'un bateau pour aller chercher de l'eau dans les terres du continent, où même ils en font des toits à leurs maisonnettes. Ainsi l'on peut dire que la nature leur a fait plusieurs présens en un seul ; en leur donnant en même tems le vivre, le couvert, des navires & des vases. Non loin de ces Isles & sur la côte on trouve des Barbares qui ont un genre de vie peu différent. Car ils mangent les Baleines que la mer jette sur leurs bords. Ils y trouvent quelquefois abondamment de quoi vivre à cause de la grandeur de ces poissons. Mais quelquefois aussi leur pêche étant interrompue, ils sont réduits par la disette à manger les cartilages & les extrêmitez des côtes de ces animaux. Ce sont-là toutes les différentes nations d'Icthyophages Ethiopiens (1) dont nous avons rapporté en gros les maniéres de vivre. Mais du côté de la Babylonie il y a le long des rivages de la mer une contrée cultivée & remplie d'arbres ; les habitans de ce pays font une pêche de poissons si abondante qu'il leur est difficile de la consommer. Ils enfoncent en terre le long du rivage des roseaux en si grande quantité qu'on les prendroit pour des filets qu'on auroit tendus. Il y a dans cette palissade un grand nombre de portes en forme de clayes, qui s'ouvrent & se ferment fort aisément. Le flot ouvre ces portes quand il vient & les ferme quand il s'en retourne. Il arrive de-là que les poissons qui viennent avec le flot entrent par ces portes, dans cette enceinte de clayes sans pouvoir s'en retourner ; & on y en voit palpiter une quantité prodigieuse quand la mer s'est retirée. Ceux qui sont ordonnez pour les ramasser

---

(1) Ce mot est ajoûté avec raison par Rhodoman ; car il s'agit encore des mangeurs de poissons jusqu'à l'article suivant.

les enlevent auſſi-tôt & on en tire un grand profit. Comme tout le pays eſt fort plat & fort bas, quelques-uns de ceux qui l'habitent, creuſent un foſſé depuis la mer juſqu'à leurs cabanes. Ils mettent dans ce foſſé une porte d'oſier : Ils l'ouvrent quand la mer vient à monter, & ils la ferment quand elle commence à deſcendre. L'eau de la mer s'étant toute écoulée par les jointures des oſiers & le poiſſon demeurant pris dans le foſſé, ils en mangent & en gardent même autant qu'ils veulent.

X.
Des Rizophages, ou Mangeurs de Racines.

AYANT parlé de tous les peuples qui habitent les côtes de la Babylonie juſqu'au golfe Arabique; nous allons ſuivre les autres Nations. Les Rizophages habitent la partie de l'Ethiopie au-deſſus de l'Egypte, qui eſt aux environs du fleuve Aſa. Ces Barbares tirent hors de terre les racines des roſeaux & les lavent ſoigneuſement. Quand elles ſont bien nettes, ils les broyent entre des pierres juſqu'à ce qu'ils en ayent fait une maſſe luiſante & viſqueuſe. Ils la partagent en tourteaux grands comme le creux de la main, qu'ils mettent cuire au Soleil. Ils paſſent toute leur vie avec cette seule nourriture qui ne leur manque jamais. Ils vivent en paix les uns avec les autres, mais ils sont en guerre contre les Lions. Car ces animaux quittant en grand nombre les deserts où ils sont environnez d'un air brûlant viennent quelquefois dans le pays des Rizophages, ou pour y chercher de l'ombre, ou pour y chasser aux bêtes qui ne sont pas si grandes qu'eux. Il arrive souvent que les Ethiopiens sortant de leurs marais en sont surpris & dévorez, parce que n'ayant point l'usage des armes ils ne sçauroient résister à ces animaux. Cette Nation périroit même entiérement si la nature ne leur avoit donné un autre secours. Au commencement des jours caniculaires, l'air devient fort agité par les vents. Alors on voit dans le pays une quantité énorme d'insectes volans beaucoup plus forts que toutes les mouches que nous connoissons. Les hommes sçavent les éviter en se retirant dans les marécages. Mais pour les lions ils prennent la fuite, ou parce qu'ils ne trouvent plus aucune proye, ou à cause qu'ils sont épouvantez par le bruit seul des trompes de ces insectes.

XI. *Autres peuples qui tirent leurs noms de leurs nourritures.*

ON TROUVE ensuite les Hylophages (1) & les Spermatophages (2). Ceux-ci vivent en Eté des fruits qui tombent des arbres sans se donner la peine de les cueillir; mais le reste du tems ils mangent ce qu'il y a de tendre en une plante qui jette plusieurs rameaux, & qui croît chez eux dans les lieux couverts d'ombres. Cette plante, qui a un tronc solide & semblable au navet, les contente au défaut du fruit. Les Hylophages vont tous ensemble chercher leur nourriture avec leurs femmes & leurs enfans. Ils grimpent jusqu'au haut des arbres pour y manger les rameaux naissans (3), & ils ont accoûtumé leur estomac à cette nourriture. La longue habitude les a rendus si agiles qu'ils sont à la cime dans un instant. Ils passent d'un arbre à l'autre comme des oiseaux, & sçavent se tenir sur les branches qui paroissent les plus foibles. Quand le pied leur manque, ils sont assez adroits pour se retenir avec leurs mains; mais quand même ils tomberoient à terre, ils ne

(1) Mangeurs de branches d'arbres.
(2) Mangeurs de semences.
(3) Cette phrase a été transportée ici de quatre ou cinq lignes plus bas où elle est dans le texte.

se feroient point de mal à cause de leur légéreté. Ils passent toute leur vie sans s'habiller ; & comme les femmes sont communes entr'eux, ils élevent aussi tous leurs enfans en commun. Au reste ils sont souvent en guerre les uns contre les autres pour les lieux de leur demeure. Ils s'arment de batons qui leur servent en même tems à se défendre & à assommer leurs prisonniers. Enfin plusieurs d'entr'eux meurent de faim, parce qu'étant sujets à perdre la vûe, ils sont privez de celui de tous les sens qui leur est le plus nécessaire.

APRE's eux viennent les Ethiopiens Hylogones autrement appellez chasseurs. Ceux-ci sont en petit nombre, mais ils ont un genre de vie qui convient fort à leur nom ; car ils paroissent être nez dans les bois. Tout leur pays étant rempli de bêtes sauvages & du reste fort aride & peu entrecoupé de ruisseaux, ils sont contraints de passer la nuit sur les arbres de peur des bêtes féroces. Mais le matin ils s'en vont armez dans les endroits où ils sçavent qu'il y a de l'eau ; & là les uns se cachent dans les broussailles & les autres se mettent en sen-

XII. Des Hylogones ou hommes nez dans les forêts.

tinelle sur des arbres. Pendant la chaleur du jour un grand nombre de Bœufs sauvages, de Léopards & d'autres animaux viennent se rendre aux mêmes endroits. N'en pouvant plus de chaud & de soif ils boivent avidement & jusqu'à s'étouffer. Quand ils sont si appesantis qu'ils ne peuvent plus remuer, les Ethiopiens sautent à bas, & les attaquant avec des batons brûlez par le bout, avec des pierres, ou avec leurs dards ils les tuent aisément. Après avoir distribué leur chasse par compagnie ils la mangent. Il arrive rarement qu'ils soient vaincus par ces bêtes, quelque puissantes qu'elles soient : ils ont au contraire l'adresse d'en tuer de très-fortes. Quand cette proye leur manque, ils mouillent les peaux des animaux qu'ils ont déja pris ; ensuite ils les mettent sur un grand feu & ils en font griller les poils sous de la cendre chaude ; ils partagent ces peaux entr'eux & ils y ont recours dans les pressantes nécessitez. Ils exercent leurs enfans à tirer juste, & ils ne donnent à manger qu'à ceux qui ont frappé au but. C'est pourquoi ils deviennent tous extrêmement adroits à un métier que la faim leur a fait apprendre.

Les Ethiopiens chasseurs d'éléphans qu'on appelle Eléphantomaques, demeurent fort loin de ces derniers du côté du Couchant. Le pays qu'ils habitent n'étant plein que de chênes & de grands arbres, ils montent sur les plus hauts pour découvrir les routes & les retraites des éléphans. Ils n'attaquent point ces animaux quand ils vont par bandes, parce qu'alors ils n'espéreroient pas d'en venir à bout. Mais quand ils sont séparez, les Ethiopiens se jettent sur eux avec une audace merveilleuse. Lorsque l'éléphant passe du côté de l'arbre où est caché celui qui le guette, l'Ethiopien, empoignant la queue de cet animal, appuie aussi-tôt ses pieds sur sa cuisse gauche. Ensuite prenant sur son épaule de la main droite une hache fort tranchante & assez légére pour s'en pouvoir servir utilement d'une seule main, il en donne des coups sur le jarret de l'éléphant, jusqu'à ce qu'il lui ait coupé les nerfs. Au reste ils apportent à cet exercice une vigueur & une attention extrême, puisqu'il y va de la vie de l'un ou de l'autre : Car il

XIII. Des Chasseurs d'éléphans.

faut ou que l'animal soit vaincu ou que l'homme soit tué, ce combat ne finissant jamais autrement. Quand donc l'éléphant a ainsi les nerfs coupez, quelquefois ne pouvant plus se remuer, il tombe dans la place même où il a été blessé & étouffe son homme sous lui. D'autres fois il le pousse contre une pierre ou contre un arbre jusqu'à ce qu'il l'ait écrasé. D'autrefois aussi l'éléphant surmonté par la douleur ne songe point à se venger de celui qui l'attaque ; mais il s'enfuit à travers les plaines, jusqu'à ce que celui qui s'est attaché à lui le frappant continuellement au même endroit avec sa hache lui ait coupé les nerfs, & l'ait mis par terre. Quand l'animal est tombé ; alors tous ces Ethiopiens se jettent dessus, & quoi qu'il soit encore en vie ils en coupent les chairs & en mangent les parties de derriére. Quelques-uns de leurs voisins vont à la chasse des éléphans sans courir le moindre risque pour leur vie ; & leur adresse même a ordinairement plus de succès que la force des autres. Après que l'éléphant a mangé, sa coutume est d'aller dormir, ce qu'il ne fait pas comme les autres animaux à quatre pieds. Ne pouvant plier le genouil ni par conféquent fe coucher par terre, il eft contraint de s'appuyer contre un arbre pour pouvoir prendre du repos. Comme l'éléphant s'appuye fouvent contre un même arbre, il le rend remarquable par les branches qu'il brife, & par la fiente dont il l'environne. D'ailleurs les traces de leurs pas font fi vifibles que les chaffeurs font aifément conduits à l'arbre contre lequel l'éléphant a dormi. Quand ils l'ont trouvé, ils le fcient à niveau de terre jufqu'à ce qu'il ne tienne prefqu'à rien. Effaçant enfuite toutes les traces de leurs pas & de leur ouvrage, ils s'enfuyent au plus vîte, avant que l'éléphant revienne. Le foir quand cet animal s'eft rempli de nourriture il va chercher fon lit ordinaire. Mais il ne s'y eft pas plûtôt appuyé que fon poids le fait tomber avec l'arbre. Se trouvant ainfi fur le dos ou fur le côté il y paffe toute la nuit; l'énorme pefanteur de fon corps ne lui permettant point de fe relever. Au point du jour ceux qui ont coupé l'arbre reviennent & tuent l'éléphant. Ils dreffent leurs tentes en cet endroit & ils y demeurent jufqu'à ce qu'ils ayent entiérement confumé leur proye.

XIV. Des Struthophages.

CES PEUPLES ont pour voifins du côté du Couchant les Éthiopiens qu'on appelle *Simes*, c'eft-à-dire Camus, & du côté du Midy la nation des Strutophages ou mangeurs d'Autruches. On trouve chez ces derniers peuples une efpéce d'oifeau qui par fa figure approche fort d'un de nos animaux terreftres, dont le nom entre dans la compofition du fien (1). Cet oifeau eft auffi grand qu'un grand cerf ; il a le col fort long, fes côtez font arrondis & portent des aîles, fa tête eft foible mais affez longue. En récompenfe il a une très-grande force dans les cuiffes & dans les pieds dont l'ongle eft fendu. Il ne peut pas voler bien haut à caufe de fa grande pefanteur ; mais il eft fi léger à la courfe qu'à peine touche-t-il la terre du bout de fes pieds. Quand le vent furtout le prend par derriére, il court auffi vîte qu'un vaiffeau qui vogue à pleines voiles. Il fe défend contre ceux qui le

(1). C'eft le Strutho-camelus dont il eft parlé au Livre II. Son nom françois, s'il étoit d'ufage, feroit Autruche-chameau.

poursuivent, en leur lançant de très-grosses pierres avec ses pieds comme avec une fronde. Mais lorsqu'il ne fait point de vent ses aîles sont bientôt lasses. C'est pourquoi n'ayant plus ce secours il est pris facilement. Comme il y a un nombre infini de ces oiseaux dans le pays, & que les Barbares inventent mille ruses pour les attraper, cette chasse leur rapporte beaucoup. Ils mangent la chair de ces oiseaux, & ils en réservent les peaux pour leurs habits & pour leurs lits. Ce peuple étant souvent en guerre contre les Ethiopiens Simes, ils s'arment de cornes d'Oryx; elles sont grandes, tranchantes, & très-propres aux combats. Les animaux qui les portent sont très-communs, & leur en fournissent autant qu'ils en ont besoin.

Assez près de-là les Acridophages habitent une contrée terminée par un desert. Plus petits que les autres hommes, ils sont encore maigres & extrêmement noirs. Pendant le Printems les vents d'Ouest poussent avec violence du desert dans leur canton des sauterelles extraordinairement grandes, & remarquables par la couleur

XV. Des Acridophages ou Mangeurs de sauterelles qui viennent d'un desert voisin.

sale & desagréable de leurs ailes. Le nombre de ces insectes est si grand, que ces Barbares n'usent d'aucune autre nourriture pendant tout le tems de leur vie. Voici la maniére dont ils les prennent. A quelques stades de leur habitation on trouve une vallée très-large & très-profonde. Ils s'empressent tous de la remplir de bois & d'herbes sauvages qui croissent en quantité dans leur pays. Dès qu'ils voyent paroître cette nuée de sauterelles amenées par le vent, ils mettent le feu à toute cette matiére qu'ils ont amassée. La fumée qui s'en éléve est si épaisse que les sauterelles qui traversent la vallée en sont étouffées, & vont tomber fort près de-là. Cette chasse ayant duré plusieurs jours, ils font de grands amas de ces animaux. Et comme leur pays rapporte beaucoup de sel, ils en mettent sur ces monceaux de sauterelles en certaine quantité, tant afin de les rendre plus savoureuses que pour les garder plus lontems & jusqu'au retour de la saison qui en raménera d'autres. Ainsi ils n'entretiennent point de troupeaux & ne songent point à la pêche, d'autant plus qu'ils ne sont pas voisins de la mer. Ils sont fort legers de corps & fort vîtes à la course; mais leur vie n'est pas de longue durée, & ceux d'entr'eux qui vieillissent le plus ne passent pas quarante ans. La fin de leur vie est très-misérable. Car lorsque la vieillesse s'approche, il s'engendre dans leurs corps des poux aîlez de différentes formes toutes très-hideuses. Cette maladie commençant d'abord par le ventre & par la poitrine, gagne en peu de tems tout le corps. D'abord le malade sent une démangeaison qui l'incitant à se gratter, lui fait en quelque sorte aimer son état & le conduit par ce plaisir à de grands maux. En effet lorsque ces poux qui se sont engendrez au-dedans de son corps cherchent à sortir, ils poussent au dehors un sang corrompu qui cause de violentes douleurs dans la peau. Le malade travaille lui-même avec ses ongles à leur faire des ouvertures, mais en jettant alors des cris lamentables. Enfin ces poux sortent les uns après les autres comme d'un vaisseau troué, à travers les playes que le malade s'est faites lui-même; & ils viennent en si grande quantité, que c'est une peine inutile que d'entreprendre de les exterminer. On ne sçauroit dire si c'est à la nourriture dont ils usent, ou à l'intempérie de l'air qu'ils respirent, qu'on doit attribuer cette étrange maladie. A côté de cette Nation est un pays d'une vaste étendue & fertile en pâturages. Cet endroit est inaccessible & entiérement desert, non qu'il n'y ait eu autrefois des hommes qui l'ayent habité; mais parceque dans ces derniers tems une pluye funeste fit tomber sur eux une quantité prodigieuse de scorpions & d'araignées. On raconte que les habitans entreprirent d'abord de faire périr ces insectes qui, pour ainsi dire, leur avoient déclaré la guerre : mais comme le mal étoit insurmontable d'autant que les morsures de ces bêtes venimeuses causoient subitement la mort; ces Ethiopiens furent contraints d'abandonner leur patrie & leur maniére de vivre pour s'enfuir en d'autres lieux. Au reste le Lecteur ne doit point regarder ce que nous venons de dire comme tout-à-fait incroyable, ni même s'en étonner; puisque des Histoires très-véritables rapportent des choses encore

encore plus surprenantes. En Italie des rats sauvages sortirent de terre en si grand nombre qu'ils firent déserter plusieurs cantons. Il vint en Médie tant de passereaux qui mangérent les grains qu'on y avoit semez, que les habitans furent contraints d'aller en d'autres pays. Des grenouilles qui s'étoient formées dans les nues & qui ensuite étoient tombées en maniére de pluye, obligérent les peuples nommez Autariates de s'enfuir dans l'endroit qu'ils habitent actuellement. On met au nombre des travaux qui ont acquis l'immortalité à Hercule d'avoir éloigné les oiseaux qui s'étoient amassez au tour du lac Stymphalide. Il y a dans la Libye quelques Villes dont une multitude de lions sortis du desert a chassez tous les Citoyens. Ces exemples rendent vrai-semblable ce que nous avons rapporté plus haut. Mais reprenons le fil de notre Histoire.

LES CONFINS du désert vers le Midi sont habitez par ceux que les Grecs appellent les Cynamynes, & qui sont nommez par les autres Éthiopiens, les campagnards. Ceux-ci portent une barbe fort longue &

XVI. Des Cynamynes, ou Peuples qui sont défendus par des chiens.

nourriffent des troupeaux de chiens pour leur sureté. Dès le commencement du Solstice d'Eté jusqu'au milieu de l'Hyver, il vient dans leur pays une quantité innombrable de bœufs d'Inde sans qu'on puisse deviner ce qui les amene. On ne sçait s'ils fuyent devant d'autres bêtes qui les veulent dévorer, ou s'ils abandonnent leur pays dont ils ont épuisé les pâturages. En un mot la cause de cette irruption est encore enfermée dans les secrets de la nature. Ces hommes ne pouvant vaincre ces animaux à cause de leur grand nombre, entretiennent des meutes de chiens avec lesquels ils vont à la chasse de ces bœufs, & en prennent une quantité considérable. Ils mangent une partie de cette proie sur le champ, & ils salent l'autre pour la garder. Ils prennent encore quelques autres animaux par le secours de leurs chiens & ils ne mangent que de la viande. C'est ainsi que la plûpart des peuples Méridionaux menent sous la figure d'hommes une vie qui diffère peu de celle des bêtes.

XVII. Des Troglodytes. Il nous reste encore à parler des Troglodytes (1). Les Grecs les appel-

(1) On retranche ici une demi-phrase inutile dans

lent Nomades (1), parce qu'ils passent leur vie à garder des troupeaux. Ils sont divisez en différentes tribus qui ont chacune leur Roi : Leurs femmes sont communes entr'eux, excepté celle du Roy. Mais si quelqu'un a eu commerce avec elle, il en est quitte pour un certain nombre de brebis que le Roi exige de lui. Leurs enfans sont aussi communs dans chaque tribu. Pendant tout le tems que les vents Etesiens soufflent dans leur pays il y pleut beaucoup. Alors ils ne se nourrissent que de lait & de sang qu'ils mêlent ensemble & qu'ils font un peu cuire. Ensuite la trop grande chaleur ayant desséché leurs prairies, ils se réfugient dans les lieux marécageux & se battent pour le choix des meilleurs pâturages. Ils ne mangent de leurs bestiaux que les plus vieux ou les plus malades. Refusant aux hommes le titre de parens, ils le donnent au bœuf, à la vache, au bélier, & à la brebis. Ils appellent les mâles leurs peres, & les femelles leurs meres ; parce que c'est par leur moyen, & non par leurs

laquelle il s'agit des Ethiopiens dont l'Auteur a parlé plus haut.

(1) Νομεὺς signifie pasteur.

parens, qu'ils ont chaque jour de quoi vivre. La boisson ordinaire des particuliers est une liqueur tirée de l'aubepine : mais on prépare pour les principaux d'entr'eux le jus de certaines fleurs dont le goût ressemble à celui d'un méchant vin doux. Le soin qu'ils ont de leurs troupeaux les oblige à les mener souvent d'un lieu à un autre : Ils évitent même de demeurer trop long-tems dans un même endroit. Ils sont nuds excepté qu'ils se couvrent les reins & les cuisses avec des peaux. Tous les Troglodytes sont circoncis à la maniére des Egyptiens, excepté ceux qui se trouvent estropiez de naissance ou par quelque accident. Car on coupe entiérement à ceux-ci dès leur bas âge ce qu'on ne fait que circoncire aux autres. Ceux d'entre les Troglodytes qu'on nomme Megabares portent pour armes des boucliers de cuir arrondis, avec des massues garnies de pointes de fer. Pour les autres ils portent des lances & des arcs. Ils ont une maniére d'enterrer les morts qui leur est particuliére. Ils leur passent la tête entre les jambes & ils les lient dans cette posture avec des branches d'aubepine. Ayant ensuité exposé leur corps sur une colline, ils leur jettent dès pierres en riant jusqu'à ce qu'ils en soient entiérement couverts. Enfin ils mettent audessus de ces monceaux de pierre une corne de chévre, & ils se retirent sans avoir donné aucune marque d'affliction. Ils sont souvent en guerre les uns contre les autres, non pas comme les Grecs par haine ou par intérêt d'état, mais à l'occasion des pâturages. Dans leurs combats ils se battent d'abord à coups de pierre jusqu'à ce que quelqu'un d'entr'eux soit blessé; ensuite ils se tirent des fléches. C'est alors que plusieurs sont tuez dans un très-petit espace de tems ; parce qu'ils sont tous fort adroits à cet exercice, & qu'ils tirent sur des hommes qui ne sont couverts d'aucune arme défensive. Enfin ces combats sont terminez par de vieilles femmes qui se jettent entre les combattans, & pour lesquelles on a beaucoup de respect. Il n'est permis à personne de les blesser de quelque maniére que ce puisse être. C'est pourquoi dès qu'on les voit paroître on cesse aussi-tôt de tirer. Ceux que la vieillesse a rendu incapables de mener paître leurs troupeaux s'étranglent avec une queue de bœuf, & terminent ainsi courageusement leur vie. Mais si quelque vieillard différe à se donner la mort, chacun a la permission de lui passer une corde autour du col, après l'en avoir auparavant averti, & de l'étrangler comme par amitié. Leurs loix veulent aussi qu'on fasse mourir ceux qui perdent quelque membre, ou qui tombent dans des maladies incurables: Car ils pensent que le plus grand des malheurs est de vivre lorsqu'on ne peut rien faire qui soit digne de la vie. C'est pourquoi on ne voit parmi les Troglodytes que des gens bienfaits & se portant bien; & aucun d'entre eux ne passe soixante ans. Mais c'est assez parlé des Troglodytes.

Réflexion de l'Auteur sur la différence des usages causée principalement par la différence des climats.

Au reste s'il se trouve quelque Lecteur qui n'ajoûte pas foi à notre Histoire, à cause des étranges façons de vivre que nous y rapportons, qu'il compare l'air de la Scythie avec celui que respirent les Troglodytes; la différence seule qui est entre l'un & l'autre l'aidera peut-être à nous croire. Il y a même une différence prodigieuse entre l'air de notre pays, & celui que l'on respire dans chacune de ces deux contrées. Il est des lieux où la violence du froid est si grande, que les plus grands fleuves sont entiérement couverts d'une glace assez épaisse pour porter des chariots chargez, & même des armées entiéres. Le vin & les autres liqueurs se gêlent de telle sorte qu'on les rompt à coups de hache. Mais ce qui est encore plus surprenant, les hommes voyent tomber les extrêmitez de leurs membres, dès qu'elles sont touchées par leurs habillemens ; leur vûe s'obscurcit ; le feu même perd sa force, & les statues d'airain se fendent. Les nuées deviennent si épaisses & si serrées qu'elles ne laissent pas échapper le tonnerre qu'elles renferment. Il y a enfin dans ces climats d'autres singularitez qui paroissent aussi incroyables à ceux qui les apprennent, qu'elles ont paru insupportables à ceux qui les ont éprouvées. Au contraire il fait une chaleur si excessive dans l'Egypte & dans le pays des Troglodytes, que ceux qui sont ensemble ne peuvent pas se voir les uns les autres, à cause de l'épaisseur qu'elle met dans (1)

---

(1) Selon la saine Physique la chaleur raréfie l'air au lieu de le condenser : mais elle peut

l'air. Personne ne peut marcher dans ce pays sans chaussure; car il s'éleveroit sous les pieds des pustules qui dégéneréroient en ulcéres. Si l'on ne buvoit dès qu'on a soif on mourroit subitement, la chaleur consumant en un instant toute l'humidité du corps. Si l'on met quelque viande dans un vase d'airain avec de l'eau & qu'on l'expose au Soleil elle est bientôt cuite. Cependant aucun de ceux qui habitent des contrées si facheuses par ces inconvéniens opposez, ne songe à quitter son pays. Au contraire ils souffriroient plûtôt la mort que d'embrasser un autre genre de vie. On voit par-là que le pays natal a des charmes qui lui sont propres, & l'on souffre aisément les incommoditez d'un climat auquel on est accoutumé dès son bas âge. Avec cela pourtant ces peuples si différens entr'eux ne sont pas fort éloignez les uns des autres. Car des Palus-Méotides où les Schythes habitent parmi les glaces, il est souvent venu en dix jours à Rhodes des navires de charge poussez par un

---

faire sortir de la terre des exhalaisons qui troublent la vûe, comme on le voit dans les grandes chaleurs de nos climats mêmes.

bon vent. Ayant enfuite fait le trajet de-là à Alexandrie en l'efpace de quatre jours ; ils font arrivez en Ethiopie au bout de dix jours après avoir remonté le Nil. Ainfi en moins de vingt-cinq jours de navigation continue, on peut paffer des régions les plus froides aux pays les plus chauds. Or comme en un fi petit efpace il fe trouve tant de différence dans l'air ; il n'eft plus fi étonnant que les mœurs, les maniéres de vivre, le vifage même, & la taille de ces hommes fi voifins les uns des autres foient néanmoins fi diffemblables.

APRE's avoir rapporté en abregé ce qui nous a paru de plus fingulier dans les Habitans de l'Ethiopie, nous allons parler des animaux qu'on trouve dans leur pays. Il y a en Ethiopie un animal qu'on appelle Rhinoceros, (1) nom tiré de fa figure. Il eft auffi courageux & prefqu'auffi fort que l'Elephant, mais il eft plus petit. Il a la peau fort dure & fa couleur approche de celle du boüis. Il porte au-deffus des narines une corne un peu applatie, & auffi dure que le fer. Comme il eft toujours en guerre

XVIII. Des Animaux de l'Ethiopie.

(1) Qui a une corne au nez.

avec l'Elephant pour les pâturages, il aiguife cette corne fur de grandes pierres. Se jettant fous le ventre de fon ennemi, il lui perce la peau avec fa corne comme avec une épée. Il lui fait perdre ainfi tout fon fang & en tue plufieurs de cette maniére. Mais lorfque l'Eléphant peut empêcher le Rhinoceros de paffer fous fon ventre, & qu'il l'a pris avec fa trompe, il s'en défait aifément, étant plus haut & plus fort que lui. On trouve dans l'Ethiopie & dans le pays des Troglodytes, des Sphinx, qui font d'une figure femblable à celles que leur donnent les Peintres, excepté qu'ils font plus velus. Ces animaux font très-doux & très-dociles de leur nature, & ils apprennent aifément tout ce qu'on leur montre. Les Cynocephales font femblables par le corps à des hommes malfaits, & leur cri eft un gémiffement de voix humaine. Ils font fort fauvages, on ne peut nullement les apprivoifer, & ils ont même un regard qui fait peur. Leurs femelles ont cela de particulier qu'elles portent pendant toute leur vie leur matrice pendante au dehors. Le Cepus, qu'on a ainfi nommé à caufe de la beauté & de l'agrément (1) de sa figure, a la face du Lion; mais il resemble par le corps à la Panthere, excepté qu'il est de la grandeur du Chevreuil. Le Taureau carnacier est encore plus sauvage que les animaux dont nous venons de parler; car il est entiérement indomptable. Il est bien plus grand que nos taureaux domestiques; il ne cede point en vitesse au cheval, & il a la gueule fendue jusqu'aux yeux. Son poil est extrêmement rouge, ses yeux sont plus étincelens que ceux du Lion, & ils brillent pendant la nuit. Ses cornes sont d'une nature fort particuliére : Quelquefois il les remue comme il fait les oreilles; mais quand il se bat il les tient immobiles. Son poil est couché à contre sens de celui des autres animaux. Au reste ce Taureau est si puissant qu'il attaque les animaux les plus redoutables, & qu'il ne vit que de la chair de ceux qu'il a vaincus. Il devore aussi les troupeaux des Habitans, & il se bat avec furie contre des troupes entiéres de bergers & de chiens. On dit qu'il est invulnérable, & plusieurs Chasseurs qui ont entre-

(1) Cepus en Grec signifie Jardin.

pris de le dompter n'en font jamais venus à bout. Si cet animal tombe dans une foffe, ou s'il eft pris dans quelque piége, il meurt fuffoqué de colere & de rage, & ne change point fa liberté contre la douceur qu'il pourroit trouver en fe laiffant apprivoifer. Ainfi c'eft à jufte titre que les Troglodytes le jugent le plus fort de tous les animaux, puifque la nature l'a doué du courage des Lions, de la viteffe des chevaux, & de la force des Taureaux, & que de plus il ne peut être percé par le fer, qui eft la chofe du monde la plus forte. Il y a un animal que les Ethiopiens appellent Crocotte, dont la nature tient de celle du loup & de celle du chien; mais il eft plus à craindre que tous les deux par fa férocité. Il a une force prodigieufe dans les dents, car il mache aifément les os les plus durs, & il les digere auffi-tôt. Mais je ne crois point ce qu'ont avancé quelques Hiftoriens qui aiment mieux raconter des chofes étonnantes que des chofes véritables : on dit que ces animaux imitent le langage de l'homme. Les peuples qui habitent auprès du defert dont nous avons déja parlé, affurent qu'on y voit des Serpens de toute espéce & d'une grandeur effroyable. Quelques-uns disent qu'il y en a de cent coudées de long: mais tout le monde est aussi incrédule que moi sur cet article. Cependant ils portent encore la chose bien plus loin, & ils soutiennent que dans cette contrée, qui est fort plate, on trouve des amas de serpens qui étant repliez sur eux-mêmes ressemblent de loin à des colines, ce qui a tout à fait l'air d'une exagération.

Nous dirons pourtant un mot des plus grandes espéces de serpent que nous ayons vûës, & qu'on apporta à Alexandrie dans des cages faites exprès. Nous raconterons même à cette occasion la maniére dont on les prend. Ptolemée second (1) recompensoit par de grands présens ceux qui alloient à la chasse des bêtes les plus furieuses; il aimoit fort lui-même la chasse des élephans. Ainsi ayant employé beaucoup d'argent à de pareilles libéralités: il amassa un grand nombre d'élephans propres à la guer-

XIX.
Chasse remarquable d'un serpent, pris du tems de Ptolémée second.

(1) C'est Ptolémée Philadelphe second du nom, & second Roi d'Egypte. | Il monta sur le trône l'an 283 avant J. C.

re, & il fit connoître aux Grecs plusieurs animaux qui leur étoient inconnus. Quelques chasseurs excitez par la grandeur des récompenses qu'on recevoit de ce Roi, resolurent d'aller en troupe à la chasse des plus grands serpens, & de risquer leur vie pour en amener un tout vif à Ptolemée. L'entreprise étoit nouvelle & hazardeuse; mais la fortune leur prêta son secours, & leur procura un heureux succès. Ils apperçurent un de ces serpens qui avoit trente coudées de long. Il se tenoit ordinairement couché auprès d'une mare. Il ne faisoit aucun mouvement jusqu'à ce qu'il apperçût quelque animal qui vint chercher à boire. Alors se levant tout d'un coup il le déchiroit avec les dents, ou il l'entortilloit avec sa queue de telle sorte, qu'il ne pouvoit plus s'en dégager. Quelque grand que fut ce serpent; comme il parut aux chasseurs fort paresseux de sa nature, ils espérérent de s'en rendre les maîtres avec des cordes & des chaînes. Ainsi s'étant munis de ce qu'ils crurent leur être nécessaire, ils s'en approchérent avec confiance. Mais ils furent bientôt saisis d'effroi, en voyant ses yeux enflammez, fa langue qu'il remuoit de tous côtez, fes dents terribles, fa gueule d'une largeur étonnante, fes replis immenfes; mais furtout lorfqu'ils entendirent le bruit qu'il faifoit avec fes écailles en s'avançant vers eux. Ils ne laiffèrent pas de jetter leurs cordes fur fa queue en tremblant; mais il ne les eut pas plûtôt fenties qu'il fe retourna avec des fifflemens horribles; & s'élevant pardeffus la tête de celui qui étoit le plus près de lui, il le dévora tout vivant. Il en prit enfuite un fecond avec fa queue, & la ramenant fous fon ventre, il l'étouffa. Les autres pleins de frayeur ne cherchérent leur falut que dans la fuite. Cependant pour mériter les bienfaits & les bonnes graces du Roi, ils revinrent à leur entreprife, quoiqu'ils en connuffent le danger. Ils employérent l'adreffe pour fe faifir de ce ferpent qu'ils ne pouvoient avoir par la force. Voici l'expédient dont ils s'aviférent. Ils firent avec des joncs une efpéce de filet qui avoit la figure d'une barque, & qui par fa longueur & fon étendue, pouvoit aifément contenir cette grande bête. Ils remarquérent enfuite l'antre où elle se retiroit, l'heure à laquelle elle en sortoit pour chercher sa nourriture, & l'heure où elle y rentroit. Un jour que ce monstre étoit allé à son ordinaire à la chasse des autres animaux, ils commencérent par boucher l'entrée de cette caverne avec de grosses pierres & de la terre. Ils creusérent ensuite tout auprès une allée souterraine, où ils tendirent leur filet qui présentoit son ouverture du côté que le serpent devoit venir. On avoit posté de part & d'autre des Archers, des Frondeurs, des Cavaliers & même des Trompettes comme pour un combat. Quand le serpent revint ; à chaque pas qu'il faisoit, il levoit sa tête beaucoup plus haut que celles des Cavaliers. Les Chasseurs l'entourérent, mais de loin ; le malheur de leurs compagnons les ayant rendu plus sages ; & ils se mirent à décocher de tous côtez des traits contre ce monstre qui leur servoit de but. Cependant la vûe des cavaliers, les chiens qu'ils avoient amenez en grand nombre, & le bruit des trompettes l'épouvantérent ; & il tâcha de regagner sa retraite. Les Chasseurs ralentirent un peu leur poursuite, de peur de l'irriter davantage & de le faire revenir sur eux. Il étoit déja près de l'entrée de sa caverne lorsque le grand bruit que faisoient les chasseurs en frappant sur leurs armes, la vûe d'une infinité de gens, & le son redoublé des trompettes augmentérent sa frayeur, & le troublérent entiérement. Ainsi ne pouvant trouver l'entrée de sa caverne il se jetta dans l'ouverture qui étoit à côté. Le Serpent s'étant étendu remplit le filet. Aussi-tôt les chasseurs vinrent à bride abbattue & ils fermérent subitement avec des chaînes l'ouverture de cette espéce de cage disposée pour cette opération; après quoi ils la tirérent sur des rouleaux. Cependant le serpent qui se sentoit pris poussoit des sifflemens affreux, & tâchoit de briser sa prison avec les dents. Il se remuoit avec tant de force que ceux qui le menoient ayant peur qu'il ne leur échappât, s'arrêtérent & se mirent à le piquer continuellement vers la queue afin que la douleur lui faisant tourner la tête l'empêchât de rompre ses liens. Enfin l'ayant amené à Alexandrie ils en firent présent au Roi qui le regarda comme un des plus monstrueux animaux dont on eût jamais entendu parler. La manière dont on l'apprivoisa n'est pas moins remarquable. Car à force de le faire jeûner ils le rendirent aussi doux que nos animaux domestiques. Ptolemée fit de grands dons à ceux qui l'avoient pris. Il nourrit ensuite dans son Palais ce serpent qu'il montroit aux Etrangers, comme la plus grande curiosité de sa ménagerie. Une infinité de gens l'ayant vû; il ne seroit pas juste de prendre pour une fable ce que les Ethiopiens disent de quelques-uns de leurs serpens, qui sont si grands qu'ils avalent non-seulement des bœufs entiers, des taureaux & d'autres animaux de cette taille, mais même qu'ils se battent contre des éléphans. D'abord s'entortillant autour de leurs cuisses ils les empêchent de se remuer; ensuite s'élevant par dessus leur trompe ils placent leur tête devant les yeux de l'éléphant; celui-ci étant aveuglé par le feu qui sort des yeux de son ennemi tombe par terre; & le serpent s'en étant ainsi rendu maître le dévore.

XX.
Description particulière

Nous avons suffisamment parlé de l'Ethiopie, de la Troglodytique, &

de toutes les nations voisines jusqu'aux pays inhabitez à cause de la trop grande chaleur. Nous avons même rapporté quelque chose des Nations situées au Midy le long des côtes de la mer (1) Rouge. Nous parlerons à présent des contrées qui se terminent aux rivages du sein Arabique dont nous n'avons pas encore fait le détail ; & nous raconterons ce que nous en ont appris les Archives Royales d'Alexandrie, ou le rapport de ceux qui ont voyagé dans ces pays-là. Car on n'a qu'une foible connoissance de cette partie de la terre habitée ; non plus que des Isles Britanniques, & des pays Septentrionaux qui touchent aux terres inhabitables par le trop grand froid. Mais nous décrirons les pays Septentrionaux, lorsque nous en serons au tems de César, qui ayant soumis à la puissance des Romains des peuples si éloignez, a procuré aux Historiens une connoissance qu'ils n'avoient pas. Le Golphe Arabique communique

du sein ou golphe Arabique & de ses rivages Occidentaux.

(1) La Mer des Indes. Mais le texte ajoûte ici, *& des côtes de la mer Atlantique*: ce que j'ai retranché dans le François comme un addition de copiste. Car l'Auteur parlera bien-tôt dans ce Livre même des Atlantes, & des bords de l'Afrique Occidentale qu'ils habitoient ; mais il n'en a rien dit encore.

par un bout à l'Ocean Méridional. Il forme un Sinus qui a plusieurs stades de longueur, & qui est compris entre le pays des Troglodytes & l'Arabie. Sa largeur à son embouchure, & vers son sommet est de seize stades. Mais depuis Panorme jusqu'à l'autre rivage, il y a une journée entière de Navigation. Sa plus grande largeur est entre le Mont Tircée & la Macarie : quand on est au milieu de cet espace on ne découvre aucun des deux continents. Depuis-là jusqu'à son embouchure le Golfe se rétrécit considérablement. Cette mer est pleine de plusieurs grandes Isles, entre lesquelles le passage est fort étroit, ce qui donne aux flots un courant rapide. Voilà en général la description du Golphe : mais commençant par une des extrêmitez nous rapporterons en particulier ce qu'il y a de plus remarquable dans le rivage qui environne cette mer. Au (1) côté droit sont les Troglodytes qui tiennent depuis la côte jusqu'au desert. Ceux qui venant d'Arsinoé, voyagent à droite le long des terres trouvent dans plusieurs endroits des sources d'eau qui

_____
(1) Du côté de l'Afrique en allant vers le Midy.

ont un goût amer & salé. Quand on a passé ces sources on voit au milieu d'une grande campagne une montagne de couleur rouge qui offusque les yeux de ceux qui la regardent attentivement. Au pied de la montagne est l'entrée tortueuse d'un lac qu'on appelle Aphrodisien. Il y a dans ce lac trois Isles, deux desquelles sont pleines d'Oliviers & de figuiers : La troisiéme est entiérement dénuée de ces sortes d'arbres, mais on y trouve beaucoup de poules d'Inde. Ensuite on voit un grand Golphe qu'on appelle Acathartus (1). Dans ce Golphe est une longue presqu'isle, au bout de laquelle un passage étroit conduit les vaisseaux dans la mer qui est vis-à-vis.

EN CONTINUANT sa route on rencontre une Isle située en pleine mer qui a quatre-vingts stades de long. On la nomme l'Isle Ophiodes (2). Elle étoit autrefois pleine de toutes sortes de serpens formidables, & c'est de là qu'elle a tiré son nom. Mais dans ces derniers tems les Rois d'Alexandrie l'ont si bien purgée de ces animaux

L'Isle Ophiodès d'où les Rois d'Alexandrie tiroient la topase.

(1) C'est-à-dire immonde.   (2) Isle des Serpens.

qu'on n'en voit plus aucun. La raison pour laquelle on a tant de soin de rendre cette Isle habitable, est qu'elle produit la Topaze. C'est une pierre transparente comme le verre, très-agréable à la vûe, & d'une admirable couleur d'or. L'entrée de cette Isle est défendue aux voyageurs pour la même raison. Tous ceux qui osent y aborder sont aussi-tôt mis à mort par les gardes à qui elle est confiée. Ils sont en petit nombre, & ils menent une vie fort malheureuse: car de peur qu'on ne vole quelques-unes de ces pierres, on ne laisse aucun vaisseau dans toute l'Isle & les passagers s'en éloignent le plus qu'ils peuvent, par la crainte du Roi. Les vivres qu'on a ordre de leur porter sont quelquefois consumez trop tôt, & l'on n'en trouve point dans le pays. Quand ils commencent à en manquer, les Habitans du lieu viennent s'asseoir tous ensemble sur le rivage en attendant l'arrivée de leurs provisions; & pour peu qu'elles tardent à venir ils se voyent bien-tôt réduits à la derniére extrêmité. La topaze croît dans les rochers. On ne peut pas la remarquer pendant le jour à cause de la clarté du Soleil qui l'efface. Mais elle brille pendant les ténèbres de la nuit, & on distingue de fort loin le lieu où elle est. Les gardes de l'Isle vont tour à tour à la recherche de ces pierres. Dès qu'ils en ont trouvé une, ils couvrent l'endroit qui leur a paru lumineux d'un vase de pareille grandeur. Le lendemain y étant retournez, ils coupent le morceau de roche dans l'espace marqué, & le donnent à des ouvriers experts dans l'art de polir les pierres. Les voyageurs rencontrent ensuite diverses Nations d'Icthyophages & de pasteurs Troglodytes. Apres cela on voit plusieurs montagnes jusqu'à ce qu'on soit enfin arrivé au port Sotere, (1) qui fut ainsi nommé par des Grecs qui y surgirent heureusement après une fâcheuse navigation. C'est-là que le Golphe commence à se rétrecir & à tourner du côté de l'Arabie. Dans ce même endroit la terre & la mer changent visiblement de nature. La terre est basse, & on n'y apperçoit point de collines. La mer est fangeuse; elle n'a guere que trois brasses & demie de profondeur, & ses eaux

(1) Ou de Salut.

font d'une couleur très-verte. On dit pourtant que cette couleur ne vient pas tant de l'eau que de la mousse qui est au fond & qui donne cet aspect à sa surface. Cette rade est commode aux petits vaisseaux à rames, à cause du peu de mouvement qu'ont les flots de la mer en cet endroit, & de la grande quantité de poissons qu'on y trouve.

Danger du passage par le détroit appellé aujourd'hui Babelmandel.

Mais les voyageurs sont exposez à de terribles dangers sur les vaisseaux qui portent les éléphans, parce que ces vaisseaux sont extrêmement lourds & profonds; & il arrive souvent que voguant à pleines voiles, ils sont poussez par le vent tantôt contre des écueils, tantôt dans des amas de fange, dont les matelots ne sçauroient les dégager, ni avec des crocs, ni en se jettant à l'eau, parce qu'on ne trouve pas pié. C'est pourquoi ils jettent tout dans la mer excepté leurs vivres. Mais quelques provisions qu'ils en ayent, ils tombent bientôt dans l'extrême indigence; parce qu'il leur est impossible de découvrir ni une Isle, ni un Cap, ni même aucun autre navire que le leur: car la terre ferme est inhabitée, & il passe rarement

rarement des vaisseaux dans ce parage. Pour surcroît de malheur la mer amasse en peu de tems au tour du vaisseau une telle quantité de sable, qu'il semble qu'on ait pris à tâche de l'enfoncer dedans. Ceux qui tombent dans ce desastre sont ordinairement reduits à des gémissemens qui ne sont entendus de personne ; mais ils ne perdent pas pourtant encore toute esperance de salut. Car il est arrivé quelquefois que dans le tems du flux de la mer, le flot a enlevé leurs vaisseaux & les a sauvez comme un Dieu sécourable, du péril éminent qui les menaçoit. Mais lorsque le flot n'a pas assez de force pour les dégager, les plus forts jettent dans la mer ceux que le manque de nourriture a affoiblis, afin que ce qui reste de provisions dure plus long-temps. Quand ils ont enfin épuisé toutes leurs ressources, les derniers périssent encore plus misérablement que ceux qui sont morts avant eux. Car ceux-ci ont rendu en un instant à la nature l'ame dont elle leur a fait présent ; au lieu que les autres arrivent à la fin de leur vie par des maux que leur longueur rend pires que la mort. Pour le navire, étant ainsi destitué des hommes qui le gouvernoient, il demeure entouré de cette chaussée de sable qui réveille à très-juste titre l'idée d'un tombeau. Les mats & les antennes qui élèvent encore leur pointe excitent la compassion dans l'ame des passans, d'aussi loin qu'ils les apperçoivent. Il y a un ordre exprès du Roi de laisser là ces vaisseaux qui servent à marquer aux voyageurs les endroits dangereux. Les Ichthyophages qui demeurent aux environs rapportent un fait qu'ils tiennent par tradition de leurs ancêtres. Ils disent que la mer se retira un jour si loin qu'elle laissa à sec toute cette partie de son fond qui paroît verte. Mais à peine ce fond fut-il découvert, que revenant tout à coup elle se remit dans son lit ordinaire. Nous avons décrit la navigation de Ptolemaïde (1) au Promontoire appellé Taurus en parlant de la chasse que le Roi Ptolémée faisoit aux éléphans. C'est à ce promontoire que le rivage commence à décliner vers l'Orient. Là depuis le solstice d'Eté jusqu'à l'Automne, les ombres sont tournées du côté du Mi-

(1) Voyez ci-dessus Article 8.

dy, au contraire de ce qui se voit dans nos climats. Ce pays est arrosé par de grands fleuves qui ont leurs sources dans les monts Psebées. Ses campagnes produisent une quantité incroyable de maulves, de cardamome, & de palmiers. De plus elles rapportent des fruits de différentes espéces presque sans goût & qui nous sont inconnues. Du côté des terres on trouve quantité d'Eléphans, de Taureaux sauvages, de Lions & plusieurs autres animaux courageux. Le trajet de mer est coupé par plusieurs Isles où l'on ne cueille aucun fruit bon à manger, mais qui nourrissent des oiseaux d'un genre particulier & fort agréables à la vûe. Ensuite la mer devient très-profonde, & on y voit des Baleines d'une grandeur démesurée. Ces animaux ne font point de mal aux hommes, à moins que par hazard les vaisseaux ne passent dessus l'épine de leur dos. Ils ne peuvent point suivre les vaisseaux à vûe, parce que lorsqu'ils sont à fleur d'eau leurs yeux sont entiérement offusquez par les rayons du Soleil.

XXI. Description du rivage

Aprés avoir fait connoître cette partie du pays des Troglodytes, nous *oriental du golfe Arabique.* allons décrire l'autre côté du rivage qui appartient à l'Arabie en commençant par le (1) fond. Ce bras de mer porte le nom de Neptune, à cause d'un autel consacré à ce Dieu par Ariston que Ptolémée envoya à la découverte des côtes de l'Arabie. Au-dessus du Golfe on rencontre des terres maritimes que leur fertilité a rendu fameuses. Ceux qui les habitent leur ont donné le nom de Phœnicie (2) parce qu'elles produisent des palmiers qui portent une grande abondance de fruits aussi utiles pour la santé que délicieux au goût. Toute la contrée voisine manque absolument de riviéres, & étant située au Midy il y fait des chaleurs brûlantes. Ainsi ce n'est pas sans raison que les Barbares ont consacré aux Dieux le pays des Palmiers, qui tout environné qu'il est de terres inhabitables, satisfait abondamment aux besoins & aux plaisirs de ceux qui y sont renfermez. Car il est arrosé par quantité de sources & de fontaines dont l'eau est plus fraîche que la neige, & qui rendent cette contrée plus verdoyante & plus

---

(1) Ou du côté de l'Arabie Petrée. | (2) Phoinix en grec signifie Palmier.

agréable qu'aucun lieu du monde. On y trouve un ancien autel bâti de pierres dures, & dont l'inscription est en caractéres qu'on ne connoît plus. Cet autel est entretenu par un homme & une femme qui en sont les Prêtres pendant tout le cours de leur vie. Les habitans du pays sont d'une grande taille. Ils couchent sur des arbres par la crainte des bêtes sauvages. Quand on a passé le pays des Palmiers, on trouve à l'extrêmité du continent une Isle qui a été appellée l'Isle des Phoques, ou des veaux marins, à cause de la prodigieuse quantité de ces animaux qui y paissent. Le port de cette Isle regarde l'Arabie Petrée & la Palestine. C'est-là qu'on dit que les Gerrhæens & les Minnæens font l'entrepôt de l'encens & des autres marchandises de cette espéce qu'ils tirent de la haute Arabie. On rencontre ensuite un rivage qui fut habité d'abord par les Maranes & ensuite par les Garyndanes leurs voisins. On dit que ces derniers s'emparérent de ce pays en cette maniére. Il se fait tous les cinq ans une fête dans le pays des Palmiers où les peuples voisins se rendent. Ils y viennent tant pour sacrifier aux Dieux qu'on y adore des hécatombes de chameaux engraissez, que pour remporter chez eux des eaux du pays, parce qu'elles passent pour très-salutaires aux malades qui en boivent. Les Maranes étant allez à cette fête, les Garyndanes égorgèrent tous ceux de cette Nation qui étoient demeurez chez eux, & ils firent périr les autres par divers piéges qu'ils leur tendirent à leur retour. Cette contrée ayant été dépeuplée de ses premiers possesseurs, les Garyndanes tirèrent au sort entre eux les champs & les pâturages qui étoient excellens. On rencontre peu de ports sur cette côte ; mais on y voit plusieurs montagnes fort élevées, & qui étant de toutes couleurs font un aspect fort agréable pour ceux qui navigent sur cette mer. On entre ensuite dans le Détroit nommé Alainitès (1). On y trouve plusieurs habitations d'Arabes Nabathéens qui occupent non-seulement une grande partie du rivage, mais qui s'étendent même très-avant dans les terres. Ces Arabes sont en grand nombre & ils possédent une quantité infinie de bestiaux.

(1) Ou Elanite.

Ils obfervoient autrefois les régles de la juftice, en ne vivant que de leurs troupeaux. Mais depuis que les Rois d'Alexandrie ont rendu ce Golfe navigable, non-feulement ils s'étoient mis à piller les vaiffeaux échouez; mais encore ils couroient les mers en pirates, fidéles imitateurs de la méchanceté & de la férocité des Taures habitans du Pont. Mais ayant été vaincus par des Galéres à trois rangs de rames, ils furent enfin punis de leurs brigandages. Enfuite on voit une contrée fort plate qui à caufe de la grande quantité de fources dont elle eft arrofée, produit la plante appellée Agroftis & celle qu'on nomme Médice. Le Lotos même y croît jufqu'à la hauteur d'un homme. Les pâturages y font fi gras & fi étendus qu'on y trouve non-feulement des beftiaux de toute efpéce, mais même des chameaux fauvages, des cerfs & des daims. Outre ces animaux qui y vivent en fort grand nombre, il vient fréquemment des déferts voifins des bandes de lions, de loups & de léopards, contre lefquels les pafteurs font obligez de fe battre nuit & jour pour la défenfe de leurs troupeaux. Ainsi la bonté du terroir fait le malheur des habitans, la nature mêlant souvent des maux aux biens qu'elle accorde aux hommes. On passe de-là dans un Détroit fort remarquable. Car il s'enfonce dans les terres la longueur de cinq cens stades. Il est entouré de tous les côtez par des rochers escarpez qui en rendent l'entrée tortueuse & mal-aisée. Il y en a un sur-tout qui s'avance beaucoup dans la mer, & qui rétrecit tellement le passage qu'on croiroit ne pouvoir jamais entrer dans ce Détroit, ni en sortir quand on y est. Lorsque les flots sont soulevez par les vents ils font retentir au loin tout le rivage ou plûtôt ce mur naturel contre lequel ils vont se briser. Ceux qui habitent aux environs s'appellent Bnizoménes : Ils ne vivent que de leur chasse. On trouve dans ce pays un temple respecté de tous les Arabes. Près de la terre sont trois Isles qui ont chacune plusieurs ports. On dit que la première qui est deserte est consacrée à Isis. On y voit des édifices ruinez & des colomnes dont les inscriptions sont en caractéres Barbares. Les autres Isles sont aussi inhabitées, mais elles sont couvertes d'Oliviers fort différens des nôtres. Au-delà de ces Isles les côtes de la mer sont entrecoupées de précipices, & la navigation y est fort difficile pendant plus de mille stades. Car il n'y a ni port ni même aucune rade propre à jetter l'ancre ; & toute la côte ne présente pas une seule pointe de terre sur laquelle les voyageurs fatiguez puissent trouver le moindre abri & le moindre rafraîchissement. C'est-là qu'est une montagne au sommet de laquelle s'élevent des rochers inégalement coupez & d'une hauteur épouvantable. Au pié de cette montagne il y a une quantité de roches aiguës qui s'avancent dans la mer & qui font derriére elle des précipices de différentes hauteurs. Comme elles sont fort proches les unes des autres & que cette mer est très-profonde, les vagues poussées par les vents & repoussées par les rochers font un bruit pareil à celui du tonnerre. Tantôt lancées contre cet obstacle, elles s'élévent prodigieusement & retombent en écume : tantôt englouties dans ces précipices, elles y forment des gouffres affreux : De telle sorte que ceux qui passent auprès de cette montagne meurent presque de frayeur. Les Arabes surnommez Thamudéens habitent cette côte. De-là on passe devant une Baye fort grande remplie d'Isles qui ressemblent assez aux Echinades (1). Des monceaux d'un sable noir d'une hauteur & d'une largeur prodigieuse forment ensuite un fort long rivage. Une presqu'Isle se présente à la vûe : C'est-là qu'est le port appellé Charmute, le plus beau de tous ceux qui nous sont connus par les relations des Historiens. Car une langue de terre qui regarde l'Occident sert à former un bassin non-seulement très-beau à voir, mais qui surpasse même tous les autres en commodité. Il est commandé par une montagne couverte d'arbres qui a cent stades de tour. Son entrée est large de deux arpens. Il peut contenir deux mille vaisseaux qu'il met à l'abri de tous les vents. On y trouve d'excellente eau douce & un grand fleuve se décharge dans ce port. Il y a au milieu une Isle traversée de plusieurs

(1) Isles voisines du Péloponnése. Ortelius en son Thesaur. Geog. ajoûte que c'est aux environs de ces Isles que fut gagnée contre les Turcs la fameuse bataille de Lepante en 1571.

ruisseaux dans laquelle on pourroit tracer de beaux jardins. Le grand calme qui y régne & la bonté des eaux douces qui s'y déchargent y attire de la haute mer une quantité infinie de poissons. En un mot ce port est semblable en tout au port de Carthage appellé Cothon dont nous parlerons en son lieu.

En poursuivant sa route on découvre cinq montagnes placées d'espace en espace qui s'élévent & se terminent en pointe arrondie comme les Pyramides d'Egypte. L'on trouve ensuite un Golfe environné de Promontoires, au fond & au milieu desquels est une élévation en forme de table quarrée. Là on a bâti trois temples d'une hauteur prodigieuse & dédiez à des Divinitez inconnues aux Grecs, mais qui sont en grande vénération dans le pays. Plus loin on voit un rivage plein de sources d'eau douce & entrecoupé d'agréables ruisseaux. C'est-là qu'est le mont Chabin couvert de toutes sortes d'arbres. La valée qui est au bas est habitée par les Arabes (1) surnommez Débes. Ils

XXII.
Divers peuples de l'Arabie ; & les productions de leurs cantons.

_____
(1) L'Auteur a déja parlé des Arabes dans le | Livr. précédent art. 29 & 30. Il parcouro t-là les

élévent des chameaux qui leur tiennent lieu de tout ; car non-seulement ils s'en servent pour le transport de leurs marchandises, & pour les monter eux-mêmes soit à la guerre soit dans leurs voyages ; mais encore ils se nourrissent de leur lait. Cette terre est traversée dans son milieu par un fleuve qui roule du sable d'or en si grande abondance, qu'il brille même dans le limon qui demeure sur le rivage. Les habitans ne savent pourtant pas mettre ce métal en œuvre. Ils refusent l'hospitalité à tous les étrangers, excepté aux Grecs de la Béotie & du Péloponnése, qu'ils reçoivent agréablement à cause de quelque affinité qu'ils prétendent que leurs ancêtres ont eüe avec Hercule. La contrée voisine est habitée par les Arabes Alilæens & les Gasandes. Celle-là n'est point brûlée de l'ardeur du Soleil comme toutes celles des environs, & elle en est ordinairement garantie par d'épaisses nuées. Il y tombe de la neige & des pluyes salutaires qui tempérent les chaleurs de l'Eté.

différens peuples habitans de la Terre Ferme. Il semble qu'il regarde ici leurs Habitations comme rivages de mer.

Le terroir est d'une nature excellente, & il produiroit toutes sortes de fruits, si les habitans, qui ne s'occupent qu'à la pêche, exerçoient aussi l'agriculture. Ils tirent beaucoup d'or des entrailles de la terre par des ouvertures que la nature a faites d'elle-même. Il n'est pas besoin de dégager cet or des autres matiéres par le feu; c'est pourquoi même on l'appelle Apyron. Les plus petits morceaux qu'ils en trouvent sont de la grosseur d'une amande, & les plus gros de la grosseur d'une noix. Ils en font des brasselets & des colliers ornez quelquefois de pierres précieuses qui traversent l'or de part en part. Mais comme ils n'ont ni fer ni cuivre, ils en tirent des étrangers pour un poids égal de leur or.

APRE'S ces peuples viennent les Carbes, & ensuite les Sabæens qui font la plus nombreuse nation de l'Arabie. Ils occupent la partie de cette contrée qu'on appelle heureuse, non-seulement à cause des troupeaux qui y sont en abondance, mais encore parce qu'elle produit ces parfums qui font nos plus grandes délices. Tout le pays sur tout le long de la mer,

XXIII.
Description particuliére de l'Arabie heureuse.

est comme embaumé par les plantes odoriférantes qui sortent de la terre de toutes parts; comme le baume, la canelle, & plusieurs autres qui ont toutes leurs propriétez particuliéres. Quand elles sont nouvelles, elles sont fort belles à voir; mais pour peu qu'elles vieillissent, elles deviennent flasques & desagréables. Plus avant dans les terres on trouve des forêts épaisses d'arbres qui portent l'encens & la Myrrhe, sans parler des palmiers, des roseaux & des Cinnanomes. Ces sortes d'arbres sont en si grand nombre, qu'il est impossible d'exprimer l'excellente odeur que leur assemblage répand dans l'air. Rien n'approche dans la nature du plaisir que cette odeur composée fait à ceux même qui côtoyent ce rivage, & qui ne la reçoivent que de loin. Les vents de terre qui s'élévent au Printems apportent ces exhalaisons précieuses du milieu du pays jusques sur la mer. Car outre que les Aromates ne sont point séparez dans des vases, comme nous les avons ici, ils ne sont pas même affoiblis par le transport; mais ils ont encore toute la vigueur qu'ils tirent de la plante qui les porre, & leur odeur s'insinue, pour ainsi dire, jusqu'au fond de l'ame. Elle est d'ailleurs aussi salutaire qu'elle est délicieuse, & sortant actuellement du sein de la nature, elle donne à ceux qui la sentent l'idée de l'ambrosie, que la fable fait servir à la table des Dieux. La langue au moins, ne fournit aucun autre terme qui puisse faire comprendre l'effet divin de cette odeur sur les sens. Cependant la nature ne laisse point encore aux hommes cette félicité toute pure, & elle y a mêlé une peine ou un danger qui les avertit toujours du besoin qu'ils ont du secours des Dieux. Ces forêts odoriférantes sont pleines de serpens rouges de la longueur d'un pié, & dont la morsure est irrémédiable. Ils sautent sur l'homme & le couvrent de sang par leurs morsures. De plus les vapeurs qui ont de la force dans ce lieu plein d'aromates pénétrent souvent le corps des Habitans, & leur causent une enflure qui aboutit à un relachement de fibres, accident encore plus fâcheux. Ils guérissent cette infirmité en faisant brûler du bitume & du poil de bouc sous le nez de leurs malades, afin de combattre l'odeur qui est répandue dans l'air par une autre fort opposée. Car les plus excellentes choses ne sont utiles à l'homme que quand on use avec une certaine modération qui convient à son tempérament. La ville de Saba qui est bâtie sur le penchant d'une montagne, est la Capitale de tout le pays. Le sceptre est héréditaire dans une seule famille, & ils rendent à leurs Rois des honneurs mêlez d'avantages & d'incommoditez. Ceux-ci paroissent heureux en ce qu'ils commandent tout ce qu'ils veulent : Mais il leur est défendu de mettre jamais le pié hors de leur Palais ; & s'ils s'avisoient de le faire, les peuples ne manqueroient point de les lapider, selon l'ordre qu'ils en ont reçu d'un ancien Oracle. Au reste les Arabes surpassent en richesses non-seulement les Barbares, mais toutes les nations policées. De tous les peuples qui trafiquent avec de l'argent, ce sont ceux qui en exigent les plus grosses sommes pour un très-petit poids de la marchandise qu'ils débitent. Mais de plus comme leur situation les a toujours mis à l'abri du pillage, ils ont des monceaux d'or & d'argent, particuliérement à

Saba qui est le séjour de leurs Rois; sans parler des vases, des meubles, & des lits même de l'un & de l'autre métail. Les Peristyles de leurs maisons sont revêtus d'or, & les chapiteaux des colomnes portent des statues d'argent massif. Les portes & les frontispices sont chargez avec symmetrie d'ornemens d'or, d'argent, d'yvoire & d'autres matiéres précieuses. Ils ont conservé l'abondance & la tranquillité pendant tant de siécles; parce qu'à la différence de la plûpart des hommes, ils ne cherchent point à se rendre riches & heureux de la pauvreté & des malheurs d'autrui. La mer auprès de leurs côtes paroît blanche, couleur singuliére dont il est difficile d'assigner la cause. C'est-là que sont les Isles fortunées qui ont plusieurs villes très-bien bâties. On ne voit dans leurs campagnes que des troupeaux tous blancs, & les femelles n'ont jamais de cornes. Les marchands y abordent de tous côtez, sur tout à Potane qu'Alexandre fit bâtir à l'entrée du fleuve Indus pour avoir un port sur la mer des Indes. Voilà ce qu'on remarque sur la terre dans ce pays; mais il ne faut pas omettre ce que l'on croit remarquer dans le Ciel.

XXIV.
Phénoménes célestes dans la mer de l'Inde.

LE PHE'NOMENE le plus merveilleux, & qui doit le plus étonner les navigateurs, est ce qu'on dit de la constellation de l'Ourse. On ne voit aucune des Etoiles qui la composent avant six heures du soir dans le mois de Décembre, & avant neuf heures dans le mois de Janvier. Elles (1) suivent un ordre qui répond à celui-là dans le reste de l'année. On ne découvre jamais non plus aucune des cinq Etoiles qu'on appelle Planétes. A l'égard des Etoiles fixes elles paroissent à leur lever beaucoup plus grandes qu'à nous, ou bien elles se lévent & se couchent en des tems fort différens de ceux où nous les voyons s'éloigner ou se rapprocher du Soleil dans le cours de l'année. Le Soleil n'est point précédé dans ce pays par l'Aurore (2); mais sa lumiére se fait voir subitement, & change tout d'un

(1) Je crois m'approcher ici un peu plus que Rhodoman du sens du texte, qui me paroît corrompu ; & qui présente d'ailleurs une opinion tirée de quelques relations fabuleuses.

(2) Cette proposition a quelque fondement : parceque la grande chaleur raréfiant l'atmosphere dans les pays chauds, diminue beaucoup la durée des crepuscules. Mais malgré ce qu'on va lire dans un moment, il en doit être de même de l'Aurore & du Crepuscule du soir.

coup une nuit profonde en un grand jour. On dit qu'il paroît sortir de la mer comme un charbon ardent qui pousse hors de lui quantité d'étincelles. Il ne se montre point comme à nous sous une forme ronde ; mais il s'élève sur l'horison comme une colonne dont le chapiteau est un peu écrasé. D'ailleurs il ne jette ni lumiére, ni rayons pendant la premiere heure, & il ressemble seulement à un feu qui seroit au milieu d'une grande obscurité. A la seconde heure il prend la figure d'un bouclier & répand par tout une chaleur & une clarté fort vives. Il arrive tout le contraire à son coucher : Car après avoir disparu, il laisse un crépuscule de deux ou même de trois grandes heures au rapport d'Agatarchidès ; & c'est pour ces peuples le tems le plus agréable de la journée, parce que la chaleur du jour a entiérement cessé. Les vents d'Orient & d'Occident, aussi-bien que ceux du Septentrion, soufflent là comme ailleurs, mais on ne connoît pas dans toute l'Ethiopie les vents du Midy. Il fait néanmoins dans la Troglodyte & dans l'Arabie des vents si chauds qu'ils mettent le feu dans les forêts,

& réduisent à la dernière langueur les Habitans, lors même qu'ils se sont refugiez dans leurs cabanes; c'est ce qui fait qu'ils regardent l'Aquilon comme le plus aimable de tous les vents, parce qu'il traverse toute la terre sans perdre sa fraîcheur.

XXV. Description abregée de l'intérieur de l'Afrique.

IL NE SERA pas maintenant hors de propos de dire un mot des Afriquains qui habitent auprès de l'Egypte, & de parcourir les contrées qui sont aux environs de la leur. Quatre Nations d'Afriquains occupent la terre ferme qui est derriére Cyrene, & les Syrtes (1). Les Nasamones sont au Midy, les Auchises sont au Couchant, les Marmarides cultivent cette longue étendue de côtes qui est entre l'Egypte & Cyrene, & les Maces qui sont les plus nombreux habitent le plus près des Syrtes. Entre ces peuples, ceux qui ont des terres propres à porter des fruits exercent l'agriculture; d'autres sont pasteurs & se nourrissent de leurs troupeaux. Les uns & les autres ont des Rois. Ils ne sont pas tout à fait sauvages, & ils

(1) Les Syrtes sont des fonds de mer sablonneux vis-à-vis les côtes Orientales de l'Afrique Septentrionale.

connoissent l'humanité. Mais il y a une troisiéme sorte d'Afriquains qui ne sont point soumis à un Roi, qui n'ont ni mœurs ni justice, & qui ne vivent que de brigandages. Ils sortent subitement de leurs retraites, emportent les premieres choses qu'ils rencontrent, & s'enfuyent aussi-tôt. Ils passent toute leur vie à l'air & n'ont que des inclinations de bêtes. Ils n'ont aucun choix dans leur manger, & ils ne s'habillent que de peaux de chevres. Les plus puissans d'entr'eux ne sont maîtres d'aucunes villes, mais ils ont quelques tours assises au bord de l'eau, dans lesquelles ils serrent les vivres qu'ils ont de trop. Ils font chaque année prêter serment de fidélité à leurs sujets. Ils regardent comme compagnons ceux qui vivent sous leur empire ; mais ils poursuivent comme ennemis ceux qui se soustrayent à leur domination, & ils les condamnent à la mort. Leurs armes conviennent & à leur pays & à leur naturel. Car comme ils habitent une contrée fort plate, & qu'ils sont fort légers, ils vont à la guerre avec trois lances seulement, & quelques pierres qu'ils portent dans des sacs de cuir. Ils ne se servent ni d'épées, ni de casques, ni de toutes nos autres armes. Ils songent seulement à surpasser les autres à la course, soit en fuyant, soit en poursuivant. Aussi sont-ils fort habiles à lancer des pierres, fortifiant par l'exercice & par l'habitude les dispositions qu'ils ont reçûes de la nature. Ils n'observent aucune justice à l'égard des étrangers, & ils faussent ordinairement la foi qu'ils leur ont donnée. Auprès d'eux est le territoire de Cyrene. La terre en est bonne & produit quantité de fruits; car elle porte non-seulement des bleds, mais aussi des vignes, des oliviers, & toutes sortes d'arbres. Ce pays enfin est arrosé par de grands fleuves qui sont d'une extrême commodité pour les Habitans, excepté dans la partie Méridionale qui est entièrement infertile, & manque absolument d'eau. Elle est tellement dénuée d'arbres, de ruisseaux, & de tous les objets qui peuvent arrêter la vûe, qu'elle ressemble à une vaste mer. Elle est même bornée par des sables immenses qu'on ne sçauroit traverser. On n'apperçoit jamais d'oiseaux dans l'air; cependant on voit courir sur la terre des chevreuils & des bœufs sauvages. Mais autant que ce pays est dépourvu de toutes les choses nécessaires à la vie, autant est-il rempli de serpens de différentes formes. Les plus remarquables sont les Cerastes, dont les morsures sont mortelles. Comme leur couleur approche fort de celle du sable, il est très-difficile de les appercevoir ; & la plûpart des voyageurs s'attirent, en marchant sur eux, une mort imprévûe. On dit qu'il vint autrefois une si grande quantité de ces serpens dans l'Égypte qu'ils la dépeuplérent en partie.

IL ARRIVE une chose fort étonnante dans ce desert aussi-bien que dans ce canton de l'Afrique qui est vis-à-vis les Syrtes. En tout tems, mais sur tout lorsqu'il ne fait point de vent, l'air y paroît rempli de figures d'animaux, dont les unes sont immobiles, & les autres semblent se remuer. Quelques-unes paroissent fuir & d'autres poursuivre ceux qui marchent ; mais elles sont toutes d'une grandeur extraordinaire, & rien n'est plus capable d'effrayer ceux qui ne sont pas faits à ce spectacle. Car quand elles tombent sur les passans, elles leur font sentir une espéce de palpitation avant

XXVI. Phénoméne étonnant dans un desert de l'Afrique voisin des Syrtes.

que de les glacer par leur humidité. Ce Phénomène épouvante les étrangers; mais les Habitans du pays essuyent cette incommodité sans s'en mettre en peine. Quoique ce fait soit tout à fait étrange, & qu'il approche beaucoup de la fable; cependant quelques Philosophes en ont cherché la cause physique. Il ne souffle, disent-ils, point de vent dans ce pays; ou s'il en souffle quelqu'un, ce ne peut être qu'un vent foible: c'est pourquoi l'air est toujours dans une grande tranquillité. D'ailleurs n'y ayant dans les environs ni bois, ni collines, ni vallées, ni rivieres; & la terre ne produisant point de fruits, il ne s'y engendre par conséquent point de ces vapeurs qui sont ailleurs le principe & la cause de tous les vents. Ce repos de l'air le rend extrêmement épais. Ainsi les nuées qui y sont poussées des pays circonvoisins trouvant une espéce de résistance prennent différentes formes, & se pressent les unes contre les autres, comme nous voyons qu'il arrive ici même dans les tems pluvieux & agitez. Dès que ces nuées ont passé dans cet air tranquille, leur poids les fait tomber vers la terre dans

la

Livre III.

la figure où elles se trouvent ; & elles suivent l'impression que leur donne le premier corps vivant qui s'en approche. Car il ne faut pas s'imaginer que le mouvement qu'elles paroissent avoir parte d'une volonté qui soit en elles. Mais les hommes ou les bêtes qui marchent les poussent devant eux ou s'en font suivre avec l'air qui les environne, & qui entraine aisément des substances si légeres. Et lorsqu'ils s'arrêtent ou qu'ils reviennent sur leur pas, il n'est pas étonnant que leur rencontre subite décompose ces figures qui les inondent en se détruisant.

XXVII. Des Amazones d'Afrique.

C'est ici le lieu de parler des Amazones d'Afrique : car ceux-là se trompent qui croyent qu'il n'y en a jamais eu d'autres que celles qui ont demeuré dans le Royaume de Pont le long du fleuve Thermodoon. Il est certain au contraire que les Amazones de l'Afrique sont plus anciennes que les autres, & les ont surpassées par leurs exploits. Je suis bien persuadé que leur histoire paroîtra nouvelle & inouie à la plûpart des lecteurs. Car cette Nation a été entiérement éteinte plusieurs siécles avant la guerre de Troye ; au lieu que les Amazones du fleuve Ther-

Tome I. T

modoon fleuriſſoient encore pendant cette guerre. Ainſi il n'eſt pas étonnant que ces derniéres ſoient plus connues, & ſe ſoient pour ainſi-dire emparées de la gloire des premiéres que le long eſpace de tems a fait entiérement oublier. Pour moi ayant trouvé que pluſieurs Poëtes ou Hiſtoriens, dont quelques-uns même ſont modernes, ont fait mention des Amazones de l'Afrique; j'expoſerai en abregé leurs exploits les plus remarquables, en ſuivant les traces de Dionyſius (1) qui a écrit l'hiſtoire des Argonautes & de Bacchus, & qui rapporte ce qui s'eſt paſſé de plus mémorable dans l'antiquité la plus reculée. Il y a eu en Afrique pluſieurs Nations de femmes recommandables par leur valeur. Chacun ſçait que la Nation des Gorgones, contre leſquelles on dit que Perſée combattit, a été extrêmement courageuſe; & on en a une preuve certaine en ce que ce fils de Jupiter, qui étoit alors le plus vaillant des

___

(1) C'eſt le même Denis de Mityléne dont il parlera encore plus bas art. 34. On croit qu'il a vécu un peu avant le tems de Cicéron & de Céſar. Voyez Voſſius l. 3. où les Auteurs dont le tems eſt incertain ſont nommez par ordre alphabétique, & l. 4. c. 50.

Livre III.

Grecs, regarda comme un très-grand exploit la guerre qu'il leur avoit faite. Mais les Amazones dont il s'agit maintenant paroîtront bien supérieures aux Gorgones. Vers les extrêmitez de la terre & à l'Occident de l'Afrique habite une Nation gouvernée par des femmes, dont la maniére de vivre est toute différente de la nôtre. Car la coutume est là que les femmes aillent à la guerre ; & elles doivent servir un certain espace de tems, en conservant leur virginité. Quand ce tems est passé elles épousent des hommes pour en avoir des enfans ; mais elles exercent les Magistratures & les charges publiques. Les hommes passent toute leur vie dans la maison, comme font ici nos femmes, & ils ne travaillent qu'aux affaires domestiques ; car on a soin de les éloigner de toutes les fonctions qui pourroient relever leur courage. Dès que ces Amazones sont accouchées, elles remettent l'enfant qui vient de naître entre les mains des hommes, qui le nourrissent de lait & d'autres alimens convenables à son âge. Si cet enfant est une fille, on lui brûle les mamelles de peur que dans la suite du tems elles

T ij

ne viennent à s'élever, ce qu'elles regardent comme une incommodité dans les combats; & c'est-là la raison du nom d'Amazones que les Grecs leur ont donné. On prétend qu'elles habitoient un Isle appellée Hespérie, parce qu'elle est située au couchant du lac Tritonide. Ce lac prend, dit-on, son nom d'un fleuve appellé Triton, qui s'y décharge. Il est dans le voisinage de l'Ethiopie (1), au pié de la plus haute montagne de ce pays-là, que les Grecs appellent Atlas, & qui domine sur l'Ocean. L'Isle Hespérie est fort grande, & elle porte plusieurs arbres qui fournissent des fruits aux Habitans. Ils se nourrissent aussi du lait & de la chair de leurs chévres & de leurs brebis, dont ils ont de grands troupeaux; mais l'usage du bled leur est entiérement inconnu. Les Amazones portées par leur inclination à faire la guerre, soumirent d'abord à leurs armes toutes les villes de cette Isle, excepté une seule qu'on appelloit Méne, & qu'on regardoit comme sacrée. Elle étoit habitée par des Ethiopiens Ichthyophages, & il

---

(1) Ceci se rapporte à l'Ethiopie Occidentale sur l'Ocean différente de l'Orientale, ou au dessus de l'Egypte, selon la division qu'en fait Homére Odyss. 1. v. 23. & 24.

en sortoit des exhalaisons enflammées. On y trouvoit aussi quantité de pierres précieuses comme des Escarboucles, des Sardoynes, & des Emeraudes. Ayant soumis ensuite les Numides & les autres Nations Afriquaines qui leur étoient voisines, elles bâtirent sur le lac Tritonide une Ville qui fut appellée Cherronése (1) à cause de sa figure. Ces succès les encourageant à de plus grandes entreprises, elles parcoururent plusieurs parties du monde. Les premiers peuples qu'elles attaquérent furent, dit-on, les Atlantes. Ils étoient les mieux policez de toute l'Afrique, & habitoient un pays riche & rempli de grandes villes. Ils prétendent que c'est sur les côtes maritimes de leur pays que les Dieux ont pris naissance; & cela s'accorde assez avec ce que les Grecs en racontent: nous en parlerons plus bas. Myrine Reine des Amazones assembla contre eux une armée de trente mille femmes d'Infanterie, & de deux mille de Cavalerie; car l'exercice du cheval étoit aussi en recommandation chez ces femmes, à cause de son utilité dans la guerre. Elles

(1) Cherronése ou Presqu'Isle.

portoient pour armes défensives des dépouilles de serpens: l'Afrique en produit d'une grosseur qui passe toute croyance. Leurs armes offensives étoient des épées, des lances & des arcs. Elles se servoient fort adroitement de ces derniéres armes, non-seulement contre ceux qui leur résistoient, mais aussi contre ceux qui les poursuivoient dans leur fuite. Ayant fait une irruption dans le pays des Atlantides, elles vainquirent d'abord en bataille rangée les habitans de la ville de Cercéne; & étant entrées dans cette place pêle-mêle avec les fuyards, elles s'en rendirent maitresses. Elles traitérent ce peuple avec beaucoup d'inhumanité, afin de jetter la terreur dans l'ame de leurs voisins. Car elles passérent au fil de l'épée tous les hommes qui avoient atteint l'âge de puberté, & elles réduisirent en servitude les femmes & les enfans; après quoi elles démolirent la ville. Le désastre des Cercéniens s'étant divulgué dans tout le pays; le reste des Atlantes en fut si épouvanté que tous, d'un commun accord, rendirent leurs villes, & promirent de faire ce qu'on leur ordonneroit. La Reine Myrine les traita avec beaucoup de douceur. Elle leur accorda son amitié & en la place de la Ville qu'elle avoit détruite, elle en fit bâtir une autre à laquelle elle fit porter son nom. Elle la peupla des prisonniers qu'elle avoit faits dans ses conquêtes, & des gens du pays qui voulurent y demeurer. Cependant les Atlantes lui apportant des présens magnifiques & lui décernant toutes sortes d'honneurs; elle reçut avec plaisir ces marques de leur affection, & leur promit de les protéger.

EN EFFET comme ils étoient souvent attaquez par les Gorgones, cette autre Nation de femmes, qui étoient leurs voisines & qui tâchoient d'égaler en tout les Amazones; la Reine Myrine voulut bien les aller combattre dans leur pays à la priére des Atlantes. Les Gorgones s'étant rangées en bataille, le combat fut opiniâtre; mais enfin les Amazones ayant eu le dessus, elles passérent au fil de l'épée quantité de leurs ennemies, & n'en prirent guéres moins de trois mille prisonniéres. Le reste s'étant sauvé dans les bois, Myrine qui vouloit abolir entiérement cette Nation, commanda qu'on y mît le feu. Mais

XXVIII. Les Gorgones autres femmes guerriéres vaincues par les Amazones.

ce dessein n'ayant pas réussi, elle se retira sur les frontiéres du pays des Gorgones. Cependant comme les Amazones faisoient la garde avec négligence à cause de leurs succès ; leurs prisonniéres s'étant saisies de leurs épées lorsqu'elles dormoient en égorgérent un grand nombre. Mais enfin étant accablées par les Amazones qui se mirent bien-tôt en défense, elles furent toutes tuées après une résistance très-vigoureuse. Myrine fit brûler les corps de ses compagnes mortes, sur trois buchers ; & elle fit élever trois grands tombeaux qui s'appellent encore aujourd'hui les tombeaux des Amazones. Les Gorgones s'étant relevées dans la suite, furent attaquées encore une fois par Persée fils de Jupiter : Meduse étoit alors leur Reine. Mais enfin cette Nation & celle des Amazones furent détruites l'une & l'autre par Hercule ; lorsqu'étant passé dans l'Occident, il planta une colomne dans l'Afrique, ne pouvant souffrir après tant de bienfaits que le genre humain avoit reçûs de lui, qu'il y eût une Nation gouvernée par des femmes. On dit que le lac Tritonide a entiérement disparu par la

LIVRE III.

rupture de tout le terrain qui le séparoit de l'Ocean.

MAIS POUR revenir à Myrine après qu'elle eut ravagé une grande partie de l'Afrique, elle entra dans l'Égypte où elle lia amitié avec Orus fils d'Isis qui gouvernoit alors ce Royaume. De là elle alla attaquer les Arabes, & elle en extermina un très-grand nombre. Ensuite elle soumit à son empire toute la Syrie : Les Ciliciens lui offrirent des présens, & lui promirent d'executer ses ordres. Myrine leur laissa la liberté parce qu'ils étoient venus se rendre d'eux-mêmes. C'est pour cela qu'on les appelle encore à présent Eleuthero-Ciliciens (1). Ayant domté ensuite les peuples qui habitent auprès du Mont Taurus, & qui sont recommandables par leur force & par leur courage ; elle entra dans la grande Phrygie ; & ayant parcouru avec son armée plusieurs contrées maritimes, elle termina enfin cette expédition au bord du fleuve Caïque. Elle choisit ensuite dans les pays qu'elle avoit conquis les lieux les plus propres pour des villes & elle y en fit bâtir de très-grandes. Elle donna son

Myrine Reine des Amazones d'Afrique.

(1) Libres Ciciliens.

nom à la principale, & voulut que les autres fuſſent appellées du nom des premiéres femmes de ſon armée; comme le ſont, par exemple les villes de Cyme, de Pitane & de Priene, qui ſont ſituées au bord de la mer: mais elle en fit bâtir pluſieurs autres dans la Terre-Ferme. Elle ſoumit auſſi quelques Iſles, & entr'autres celle de Lesbos, où elle bâtit la ville qu'on appelle Mytiléne du nom de ſa ſœur qui commandoit une partie de ſon armée. Pendant qu'elle alloit à d'autres Iſles, ſon vaiſſeau fut battu de la tempête. Ayant fait un vœu à la mere des Dieux, elle fut jettée dans une Iſle deſerte qu'elle conſacra à la Déeſſe, ſuivant l'avertiſſement qu'elle en avoit eu en ſonge; elle lui dreſſa des autels & lui inſtitua des ſacrifices. Elle donna enſuite à cette Iſle le nom de Samothrace, qui dans ſa langue maternelle ſignifioit Iſle ſacrée. Il y a pourtant des Hiſtoriens qui prétendent que cette Iſle s'appelloit d'abord Samos & que depuis elle fut appellée Samothrace par les Thraces qui l'habitérent. On dit que quand les Amazones furent ſorties de cette Iſle, la Mere des Dieux qui s'y plaiſoit y transporta pour la peupler un grand nombre de gens, & entr'autres ses enfans appellez les Corybantes. A l'égard de leur pere il n'est connu que de ceux qui sont initiez aux Mystéres qu'on y célébre encore aujourd'hui, & que cette Déesse enseigna dès lors aux hommes dans un temple dont elle fit un asyle. Environ ce tems-là un certain Mopsus né en Thrace fut banni de son pays par Lycurgue qui en étoit Roi; & s'étant fait suivre par un assez grand parti, il se jetta dans le pays des Amazones. Sipyle Scythe de nation, banni de même de sa patrie, se joignit à Mopsus dans cette guerre. Leurs troupes réunies remportérent la victoire. La Reine Myrine & la plûpart de ses compagnes furent tuées sur le champ de bataille. Ces Etrangers les ayant attaquées en d'autres rencontres, & toujours avec succès, ce qui resta de cette armée de femmes fut obligé de revenir dans la Libye. Telle fut, dit-on, la fin de l'expédition des Amazones.

COMME nous avons fait mention des Atlantes, je croi qu'il ne sera pas hors de notre sujet de rapporter ici

XXIX. Histoire des Dieux, selon les Atlantes.

ce qu'ils racontent de la naissance des Dieux: Leur sentiment n'est pas en ce point fort éloigné de celui des Grecs. Les Atlantes habitent une contrée maritime & très-fertile. Ils différent de tous leurs voisins par leur piété envers les Dieux & par leur hospitalité. Ils prétendent que c'est chez eux que les Dieux ont pris naissance; & le plus fameux de tous les Poëtes de la Grèce paroît être de cet avis lorsqu'il fait dire à Junon (1).

Je vais voir sur les bords du terrestre séjour
L'Ocean & Thétis, dont nous tenons le jour.

Ils disent que leur premier Roi fut Uranus. Ce prince rassembla dans les Villes les hommes qui avant lui étoient répandus dans les campagnes. Il les retira de la vie brutale & desordonnée qu'ils menoient; il leur enseigna l'usage des fruits & la manière de les garder, & leur communiqua plusieurs autres inventions utiles. Son empire s'étendoit presque par toute la terre, mais sur-tout du côté de l'Occident & du Septentrion. Comme il étoit soigneux observateur des

(1) Iliad. 14. v. 311.

Livre III.

astres, il détermina plusieurs circonstances de leurs révolutions. Il mesura l'année par le cours du Soleil, & les mois par celui de la Lune; & il désigna le commencement & la fin des saisons. Les peuples qui ne sçavoient pas encore combien le mouvement des Astres est égal & constant, étonnez de la justesse de ses prédictions, crurent qu'il étoit d'une nature plus qu'humaine; & après sa mort ils lui décernérent les honneurs divins, à cause de son habileté dans l'Astronomie, & des bienfaits qu'ils avoient reçûs de lui. Ils donnerent son nom à la partie supérieure de l'Univers; tant parce qu'ils jugérent qu'il connoissoit particuliérement tout ce qui arrive dans le Ciel, que pour marquer la grandeur de leur vénération par cet honneur extraordinaire qu'ils lui rendoient: Ils l'appellérent enfin Roi éternel de toutes choses. On dit qu'Uranus eut quarante cinq enfans de plusieurs femmes, mais qu'il en eut entr'autres dix-huit de Titæa. Ceux-ci outre leur nom particulier furent appellez Titans du nom de leur mere. Comme Titæa étoit fort prudente & qu'elle surpassoit les au-

Titæa sa femme dont nâquirent les Titans & deux filles Basilée & Rhea.

tres femmes en toute forte de vertus, elle fut mise au rang des Dieux par ceux qu'elle avoit comblez de biens pendant sa vie, & elle fut appellée la terre. Uranus eut aussi plusieurs filles dont les deux aînées ont été les plus célébres. L'une étoit Basilée qui signifie Reine, & l'autre Rhéa que quelques-uns nomment aussi Pandore. Basilée qui étoit la premiére étoit aussi la plus sage & la plus habile. Elle éleva tous ses freres, & elle avoit pour eux une amitié de mere. Quand son pere passa au rang des Dieux, les peuples & surtout ses freres l'obligérent de monter sur le trône : Elle étoit encore vierge, & par un excès de pudeur elle ne vouloit pas se marier. Mais enfin, pour avoir des enfans qui pussent succéder à sa couronne elle épousa Hyperion, celui de ses freres qu'elle aimoit le plus.

Helius & Selené frere & sœur enfans de Basilée & d'Hypérion.

Elle en eut un fils & une fille Hélius & Selené, tous deux admirables par leur beauté & par leur vertu. Cependant ces avantages attirérent sur Basilée l'envie de ses freres, qui craignant d'ailleurs qu'Hypérion ne voulut se rendre maître du Royaume, conçûrent un dessein execrable. Ils conjurérent entr'eux d'égorger Hypérion & de noyer dans l'Eridan son fils Hélius qui n'étoit encore qu'un enfant. Quand Selené apprit ce malheur, comme elle aimoit son frere uniquement, elle se jetta du haut du Palais en bas. Pendant que Basilée cherchoit le long du fleuve le corps de son fils Hélius, elle s'endormit de lassitude. Elle crut voir son fils qui l'appella & lui recommanda de ne point s'affliger de la mort de ses enfans. Il ajoûta que les Titans recevroient le châtiment qu'ils méritoient; que sa sœur & lui alloient être admis au nombre des Dieux, par l'ordre du destin; que ce qui s'appelloit autrefois dans le Ciel le feu sacré s'appelleroit Hélius ou le Soleil, & qu'on donneroit à l'astre appellé Mené le nom de Selené ou de Lune. S'étant réveillée elle raconta son songe à ceux qui la suivoient & leur défendit de la toucher. Aussi-tôt elle tomba dans une espéce de fureur. Prenant en main les jouets de sa fille qui pouvoient faire du bruit elle erroit partout le pays; & se mettant à courir & à danser, les cheveux épars, comme elle auroit fait au son des tambours & des tymbales, elle excitoit la compassion de tous ceux qui la voyoient. Tout le monde en ayant pitié quelques-uns voulurent l'arrêter. Mais aussi-tôt il tomba une grande pluye accompagnée d'horribles éclats de tonnerre. Sur ces entrefaites Basilée disparut. Le peuple changeant alors sa douleur en vénération plaça Hélius & Selené entre les Astres. On éleva des autels en l'honneur de leur mere, & on lui offrit des sacrifices au bruit des tambours & des tymbales à l'imitation de ce qu'on lui avoit vû faire.

XXX. *Histoire de Cybéle suivant les Phrygiens. Combats de Marsyas & d'Apollon.*

Les Phrygiens pourtant revendiquent cette Déesse. Ils disent qu'ils avoient autrefois un Roi nommé Meon qui régnoit aussi sur la Lydie. Ce prince épousa une femme nommée Dindyme, dont il eut une fille. Ne voulant pas l'élever, il l'exposa sur le mont Cybéle. Cependant les Dieux permirent qu'elle fut allaitée par des femelles de Léopards & d'autres animaux féroces. Quelques Bergeres du lieu l'ayant remarqué enlevérent cet enfant & l'appellérent Cybéle du nom du lieu où elles l'avoient trouvée. Cette fille devenue grande surpassoit ses compagnes non-seulement par sa beauté & par sa sagesse, mais aussi par son esprit. Car elle inventa une flute composée de plusieurs tuyaux, & ce fut elle qui la premiére fit entrer dans les chœurs les tymbales & les tambours. Elle guérissoit par des purifications & par des airs de musique, les maladies des enfans & celles des troupeaux. Comme elle avoit sauvé plusieurs enfans & qu'elle en avoit souvent entre les bras, elle fut appellée d'un commun consentement Mere de montagne. Le principal de ses amis étoit Marsyas Phrygien, homme recommandable par son esprit & par sa tempérance. Il donna des marques de son génie, lorsqu'il inventa la flute simple qui rendoit seule tous les tons de la flute à plusieurs tuyaux; & on jugera de sa chasteté, lorsqu'on sçaura qu'il est mort sans avoir connu les plaisirs de Venus. Cependant Cybéle étant parvenu en âge de puberté devint amoureuse d'un jeune homme du pays appellé d'abord Atys & ensuite Papas. Ses parens la reconnurent dans le tems qu'elle avoit en un commerce secret avec lui & qu'elle en étoit devenue grosse. Ils la menérent sans en rien sçavoir à la cour du Roi son Pere. Ce Prince la crut d'abord fille : mais ayant reconnu le contraire, il fit mourir Atys & les Bergeres qui avoient trouvé & nourri la fille ; & il voulut qu'on laissât leurs corps sans sépulture. Cybéle transportée d'amour pour ce jeune homme & affligée de l'avanture de ses nourrices devint folle, & se mit à courir le pays en pleurant & en battant du tambour. Marsyas ayant pitié de son infortune, à cause de l'amitié qu'il lui avoit autrefois portée, se mit à la suivre. Ils arrivérent ensemble chez Bacchus à Nyse, & ils y trouvérent Apollon qui avoit acquis une grande réputation par la maniére dont il jouoit de la Lyre. On prétend que Mercure a été l'inventeur de cet instrument ; mais qu'Apollon est le premier qui en ait joué avec méthode. Marsyas étant entré en dispute avec Apollon touchant l'art de la Musique, ils choisirent les Nysiens pour juges. Apollon joua le premier un air assez simple sur son instrument ; mais Marsyas prenant sa flute frapa d'avantage les auditeurs par la nouveauté du son & par l'agrément de son jeu, & il leur parut l'emporter de beaucoup sur son concurrent. Étant convenus entr'eux de redonner chacun à leurs juges des preuves de leur habileté; on dit qu'Apollon accompagna son instrument d'un air qu'il chanta, & qu'il surpassa de bien loin le jeu de la flute seule. Marsyas indigné représenta à ses auditeurs qu'il n'étoit pas vaincu dans les régles ; puisque c'étoit de leurs instrumens & non de leurs voix qu'il falloit juger , & qu'il ne s'agissoit que de sçavoir laquelle de la lyre ou de la flute l'emportoit sur l'autre pour la beauté du son ; en un mot qu'il étoit injuste d'employer deux arts contre un. Apollon répondit qu'il n'avoit pris aucun avantage sur lui , puisque Marsyas se servoit de la bouche & des doigts pour faire parler son instrument & qu'ainsi si on le réduisoit aux doigt seuls, il falloit que Marsyas s'y réduisît aussi lui-même. Les juges trouvérent qu'Apollon avoit pensé juste , & ils ordonnérent une troisiéme épreuve. Marsyas fut encore vaincu, & Apollon que ce débat avoit aigri l'écorcha tout vif. Il s'en repentit cependant peu de tems après ; & contristé de ce qu'il avoit fait , il rompit les cordes de sa lyre & laissa perdre cet art naissant. Les Muses ajoûtérent depuis à cet instrument la corde qu'on appelle Mesé, Linus celle qu'on appelle Lichanon, & Orphée & Thamyris celles qu'on nomme Hypaté & Parhypate. On dit qu'après qu'Apollon eut consacré dans l'antre de Bacchus sa lyre & les flutes de Marsyas, il devint amoureux de Cybéle & l'accompagna dans ses courses jusqu'aux monts Hyperboréens. Vers ce tems-là les Phrygiens furent affligez par de cruelles maladies & la terre ne produisoit plus aucun fruit. Ayant demandé à l'Oracle un secours à leurs maux, on dit qu'il leur ordonna d'enterrer le corps d'Atys & d'honorer Cybéle comme Déesse. Mais comme le corps d'Atys avoit été entiérement consumé par le tems; ils le représentérent par une figure devant laquelle faisant de grandes lamentations, ils appaisérent la colére de celui qu'ils avoient injustement mis à mort; cérémonie qu'ils ont conservée jusqu'à présent. Ils instituérent à l'honneur de Cybéle des sacrifices annuels sur les mêmes autels qu'elle avoit autrefois élevez. Enfin ils lui bâtirent un superbe temple dans la ville de Pisinunte en Phrygie & ils établirent des fêtes, à la solemnité desquelles on dit que le Roi Midas contribua beaucoup. Au-deſſous de la ſtatue de Cybéle, on mit des Lions & des Léopards, parce qu'on croit qu'elle fut allaitée par ces animaux. Voila ce que les Atlantes & les Phrygiens racontent de la Mere des Dieux.

Apre's la mort d'Hyperion, les enfans d'Uranus partagérent le Royaume entr'eux. Les deux plus célébres furent Atlas & Saturne. Les lieux maritimes étant échus par le ſort à Atlas, ce Prince donna ſon nom aux Atlantes ſes ſujets, & à la plus haute montagne de ſon pays. On dit qu'il excelloit dans l'Aſtrologie ; & que ce fut lui qui repréſenta le monde par une ſphére. C'eſt pour cette raiſon qu'on a prétendu qu'Atlas portoit le monde ſur ſes épaules ; cette fable faiſant une alluſion ſenſible à ſon invention. Il eut pluſieurs enfans ; mais Heſpérus ſe rendit le plus remarquable de tous par ſa piété, par ſa juſtice, & par ſa bonté. Celui-ci étant monté au plus haut du mont Atlas pour obſerver les Aſtres, fut ſubitement emporté par un vent impétueux, & on ne l'a pas vû depuis. Le peuple touché de ſon ſort,

XXXI. Deſcendans d'Uranus & d'Atlas ſon fils.

& se ressouvenant de ses vertus, lui décerna des honneurs divins, & consacra son nom en le donnant à la plus brillante des Planetes (1). Atlas fut aussi pere de sept filles qui furent toutes appellées Atlantides ; mais dont les noms propres furent Maïa, Electre, Taygete, Asterope, Merope, Alcyone & Celæno. Elles furent aimées des plus célébres d'entre les Dieux & les Héros, & elles en eurent des enfans qui devinrent dans la suite aussi fameux que leurs Peres, & qui furent les chefs de bien des peuples. Maïa l'ainée de toutes, eut de Jupiter un fils appellé Mercure, qui fut l'inventeur de plusieurs arts. Les autres Atlantides eurent aussi des enfans illustres. Car les uns donnérent l'origine à plusieurs Nations, & les autres bâtirent des Villes. C'est pourquoi non-seulement quelques Barbares, mais même plusieurs Grecs, font descendre leurs anciens Héros des Atlantides. On dit qu'elles furent très-intelligentes, & que c'est pour cette raison que les hommes les regardé-

---

(1) C'est Venus à qui l'on donnoit le nom d'Hesperus quand elle paroissoit après le coucher du Soleil : & celui de Phosphorus quand elle précédoit son lever.

rent comme Déesses après leur mort, & les placérent dans le Ciel sous le nom de Pleïades. Les Atlantides furent aussi nommées Nymphes, parce que dans leur pays on appelloit ainsi toutes les femmes.

ON RACONTE de Saturne frere d'Atlas que son impiété & son avarice le rendirent bien différent de son frere. Il épousa sa sœur Rhea, & il en eut Jupiter surnommé depuis Olympien. Il y a eu un autre Jupiter frere d'Uranus & Roi de Créte, mais dont la gloire fut bien inférieure à celle d'un de ses successeurs de même nom. Car celui-ci fut maître de tout le monde, au lieu que le premier n'avoit été Roi que de son Isle. Jupiter frere d'Uranus eut dix enfans appellez Curetes, & il appella l'Isle de Créte *Idæ* du nom de sa femme: on dit qu'il y fut enterré, & on montre encore aujourd'hui son tombeau. Les Crétois ne conviennent pas de ce fait, & font une Histoire toute différente que nous rapporterons dans l'article de ces peuples. On raconte que Saturne fut Roi de Sicile, d'Afrique, & même de l'Italie. Il établit le siége de son Empire dans l'Occident. Il fit bâtir dans tous les lieux

XXXII.
De Saturne
& de Jupiter
son fils.

hauts des Citadelles & des forteresses pour affermir son autorité: de-là vient que dans la Sicile & dans les pays Occidentaux on appelle encore aujourd'hui Saturniens les lieux élevez. Jupiter fils de Saturne n'eut point les vices de son pere, & il se montra doux & affable à tout le monde. C'est pourquoi ses peuples lui donnérent le nom de pere. Il devint maître du Royaume; soit que Saturne le lui eût cédé volontairement, ou qu'il y eût été contraint par ses sujets dont il s'étoit fait haïr. Jupiter ayant vaincu en bataille rangée son pere qui l'étoit venu attaquer avec les Titans, demeura paisible possesseur du Trône. Il parcourut ensuite toute la terre dans la vûe de répandre ses bienfaits sur tous les hommes. Comme il étoit très-courageux & qu'il possedoit les autres vertus dans un haut dégré, il devint bien-tôt maître du monde entier. Il s'étudioit à rendre ses sujets heureux, mais il punissoit sévérement les méchans & les impies. Après qu'il fut mort, les peuples lui donnérent le surnom de *Zeus*, c'est-à-dire vivant, parce qu'il avoit enseigné aux hommes à bien vivre. Ils le placérent dans
le

Livre III. 457

le Ciel par une distinction qui partoit de leur reconnoissance, & lui déferérent le titre de Dieu & de Seigneur éternel de tout l'Univers. Voilà en abregé ce que les Atlantes racontent de leurs Dieux.

L'ordre de notre Histoire nous a engagez à parler dans notre premier livre de la naissance & des actions de Bacchus (1) suivant les opinions Egyptiennes; & nous croyons devoir placer ici ce que les Grecs disent de ce Dieu. Comme les anciens Mythologistes & les Poëtes qui ont fait mention de lui, en parlent diversement & chargent même son histoire de faits incroyables & absurdes; il est fort difficile de démêler la vérité de l'origine & des actions de Bacchus. Les uns n'en reconnoissent qu'un, d'autres prétendent qu'il y en a eu trois. Quelques-uns même soutiennent que ce Dieu n'a jamais paru sous la figure d'un homme, & ils veulent que par le mot de Bacchus on entende seulement le vin. Nous rapporterons en abregé ce qui en a été dit dans ces différentes suppo-

XXXIII.
Différentes opinions sur Bacchus parmi les Grecs mêmes. Quelques-uns ne prennent Bacchus que pour une indication allégorique du vin.

(1) Sous le nom d'Osiris Liv. 1 Sect. 1. Art. 8. & suivans. Et il en par- | lera encore beaucoup dans les Livres 4. & 5.

fitions. Ceux qui parlent physiquement de ce Dieu, & qui nomment le raisin du nom de Bacchus, disent que la terre, entr'autres fruits, produisit d'elle-même la vigne, qui n'avoit point encore été semée. Leur raison est qu'on trouve dans des lieux abandonnez des vignes sauvages qui rapportent un fruit semblable à celui des vignes cultivées. Ils prétendent que Bacchus a été nommé Dimeter par les anciens, c'est-à-dire, qui a deux meres ; parce qu'il naît pour la première fois lorsque la vigne sort de terre, & pour la seconde, lorsque le raisin sort de la vigne. Quelques Mythologistes lui attribuent encore une troisième naissance. Car ils racontent qu'étant né de Jupiter & de Cerès, les hommes le mirent en piéces & le firent ensuite bouillir ; mais que Cerès ayant ramassé ses membres, lui rendit la vie. On donne une interprétation Physique de ces fictions, en disant que Bacchus fils de Jupiter & de Cerès signifie que la vigne étant venue à son point de maturité par le moyen de Cerès qui est la terre & de Jupiter qui est la pluye, produit le fruit qui fournit le vin. Bacchus dans sa jeunesse mis en piéces par les hommes, marque la vendange & le raisin mis au pressoir : ses membres qu'on a fait cuire indiquent la coutume de faire cuire le vin pour le rendre plus fort & d'un goût plus agréable ; ce qui se pratique chez plusieurs peuples. Son retour à la vie & à son premier état par les soins de Cerès exprime qu'après qu'on a dépouillé la vigne de son fruit, & qu'on l'a taillée, la terre la remet en état de repousser dans son tems. On ajoute que Cerès a été appellée Terre-Mere (1) par les anciens Poëtes & Mythologistes. Enfin on remarque que ce qu'ils avancent est entiérement conforme à ce qu'en disent les Poëmes d'Orphée, & aux particularitez qu'on en découvre dans les sacrez Mystéres qu'il n'est pas permis de revéler à ceux qui n'y sont pas initiez. C'est aussi par une raison de Physique que d'autres pensent que Bacchus est fils de Semelé. Car ils disent que la terre fut nommée par les anciens Semelé & Thyoné ; Semelé (2) à cause de la véné-

_____

(1) Guemeter ou Demeter.
(2) Σεμνή dont on a fait nelé, signifie vénérable. Thyoné vient de θύω sacrifices.

ration qu'on portoit à cette Déesse, & Thyoné à cause des sacrifices qu'on lui faisoit. Il naquit deux fois de Jupiter selon eux; parce que le déluge de Deucalion ayant fait périr la vigne, ainsi que tous les autres arbres, les raisins furent bien-tôt reproduits à l'aide de la pluye. Ce Dieu s'étant montré ainsi aux hommes une seconde fois, on dit qu'il avoit été gardé dans la cuisse de Jupiter. Voilà quels sont les sentimens de ceux qui n'entendent par Bacchus que l'invention ou la découverte du vin.

XXXIV. *D'autres admettent un vrai Bacchus; & d'autres trois, dont les peuples n'ont fait ensuite qu'un seul.*

LES MYTHOLOGISTES qui reconnoissent un vrai Bacchus lui attribuent tous uniformément l'invention de la culture des vignes & de tout ce qui concerne le vin. Mais ils disputent s'il y en a eu plusieurs, ou s'il n'y en a eu qu'un seul. Les uns disent qu'il n'y a eu qu'un seul Bacchus, qui enseigna aux hommes à boire du vin & à ramasser les fruits des arbres, qui mena une armée par toute la terre habitable, & qui introduisit les sacrez mystéres & les Bacchanales. Les autres, comme je l'ai déja dit, prétendent qu'il y en a eu trois qui ont tous vécu en différens tems, & ils attribuent à chacun d'eux des actions particuliéres. Ils assurent que le plus ancien étoit Indien de nation, que comme son pays étoit si fertile qu'il portoit des vignes sans être cultivé; il s'avisa le premier d'écraser des grapes de raisin, & montra ainsi aux hommes l'usage du vin. Après cela il apporta beaucoup d'attention à cultiver les figuiers & les autres arbres qui portent du fruit; enfin il fut très-expérimenté dans tout ce qui concernoit les productions de la terre. Ils ajoutent qu'on lui avoit donné le surnom de Catapogon (1) parce que les Indiens nourrissent avec soin leurs barbes jusqu'à la fin de leurs jours. Ce même Bacchus parcourut toute la terre à la tête d'une armée, & enseigna l'art de planter la vigne, & de presser le raisin, ce qui lui fit donner le surnom de Lenæus (2): Enfin ayant découvert aux hommes plusieurs autres secrets, il fut mis après sa mort au rang des immortels. Les Indiens montrent encore aujourd'hui l'endroit où il prit naissance, & ils ont plusieurs Villes qui portent en leur langue le nom de ce Dieu. Il

Le premier né dans l'Inde.

(1) πώγων signifie la barbe.
(2) ληνός signifie pressoir.

V iij

nous reste aussi plus d'un monument remarquable qui prouve qu'il est né dans les Indes; mais il seroit trop long de les rapporter.

Le second, fils de Jupiter & de Cérès ou de Proserpine.

Suivant ces Mythologistes, le second Bacchus naquit de Jupiter & de Proserpine ou de Cerès. Ce fut lui qui le premier attela des bœufs à la charrue; car auparavant on ne labouroit qu'à force de bras. Il inventa, disent-ils, plusieurs choses utiles à l'Agriculture, & qui soulagérent beaucoup les laboureurs. C'est pourquoi suivant l'inclination qu'ont les hommes d'appeller Dieux leurs bienfaiteurs, ils lui firent des sacrifices, & lui décernérent les honneurs divins. Les Peintres & les Sculpteurs donnent à celui-ci des cornes pour le distinguer du premier, & pour marquer de quelle utilité a été aux hommes, l'invention de faire servir le bœuf au labourage.

Le troisiéme, fils de Jupiter & de Semelé.

Le troisie'me, disent-ils, naquit à Thébes en Bœotie, de Jupiter & de Semelé fille de Cadmus. On raconte que Jupiter étant devenu amoureux de Semelé qui étoit extrêmement belle, la visitoit souvent: & que Junon en ayant conçu de la jalousie, & voulant s'en venger sur sa rivale, prit la figure d'une des confidentes de cette jeune fille. Dans ce déguisement elle lui persuada qu'il lui seroit glorieux que Jupiter vînt la trouver avec la même pompe & la même majesté qui l'accompagnoit lorsqu'il alloit voir Junon. Semelé s'étant laissé séduire à cette proposition flateuse, exigea de Jupiter malgré lui-même une faveur qui devoit la perdre. De sorte que ce Dieu s'étant présenté à elle armé du tonnerre & de la foudre, Semelé qui n'en put soutenir l'éclat & le bruit accoucha avant terme & mourut. Jupiter renferma promptement l'enfant dans sa cuisse où il prit l'accroissement ordinaire : & lorsque le tems de la naissance fut arrivé, il le porta à Nyse Ville d'Arabie, où cet enfant ayant été élevé par les Nymphes, fut appellé Dionysius, d'un nom composé de celui de son pere, & du lieu où il avoit été nourri. Il étoit, ajoutent-ils, d'une rare beauté, & il passa sa jeunesse parmi des femmes, en festins, en danses & en toutes sortes de plaisirs. Mais assemblant ensuite ces femmes, & leur ayant donné des Thyrses pour armes, il parcourut toute la terre avec elles.

Il n'initia dans ses mystéres que des hommes pieux & d'une vie irréprochable. Il institua en plusieurs endroits des fêtes publiques & des prix de Musique. Il appaisa les différens qui étoient entre les Nations, & il établit partout la paix au lieu des guerres qui régnoient auparavant. Le bruit de sa générosité & de ses bienfaits s'étant répandu; & tout le monde sçachant qu'il rendoit le commerce de la vie plus agréable, on couroit au devant de lui de tous côtez, & on le recevoit avec de grandes marques de réjouissance. Quelques-uns cependant le refusoient par fierté ou par jalousie. Ils disoient que c'étoit par incontinence qu'il menoit les Bacchantes avec lui, & qu'il n'avoit inventé ses mystéres & ses initiations que pour corrompre les femmes d'autrui. Mais il tira bien-tôt vengeance de ces calomnies; & se servant contre ses ennemis de son pouvoir divin, tantôt il les rendoit insensez, tantôt il les faisoit démembrer par les femmes qui le suivoient. Il employa aussi dans ces sortes d'éxécutions un stratagême de guerre. Car au lieu de Thyrses il donna à ses Bacchantes des lances dont le fer étoit caché sous des feuilles de lierre. Ses ennemis ignorant ces artifices méprisoient les thyrses comme des armes de femmes; & ne se précautionnant point contre leurs coups, ils en étoient mortellement blessez. Les plus célébres de ceux qu'il a punis sont, dit-on, Penthée parmi les Grecs, le Roi Myrrane chez les Indiens, & Lycurgue Roi de cette partie de la Thrace qui est située sur l'Hellespont.

ON RACONTE que Bacchus voulant mener son armée d'Asie en Europe, lia amitié avec ce Roi, dont les États étoient sur son passage. Il avoit déja fait avancer la tête de son armée dans ce pays qu'il croyoit sûr. Mais Lycurgue commanda à ses Soldats de s'assembler la nuit pour se saisir de Bacchus & de ses Menades. Bacchus en ayant été averti par un Thrace appellé Tharops, en fut très-inquiet ; parce que la plus grande partie de ses troupes étoient encore sur l'autre rivage, & qu'il n'étoit accompagné que d'un très-petit nombre de femmes: C'est pourquoi il repassa secretement la mer pour aller rejoindre son armée. Cependant Lycurgue ayant attaqué les Menades restées dans un

Lycurgue Roi de Thrace vaincu par Bacchus.

lieu appellé Nyſius, les fit paſſer au fil de l'épée. Mais Bacchus amenant toute ſon armée remporta la victoire ſur les Thraces. Lycurgue étant tombé vif entre ſes mains, il lui fit d'abord crever les yeux; & après toutes ſortes d'opprobres & de tourmens, il le fit enfin attacher en croix. Enſuite pour marquer à Tharops ſa reconnoiſſance, il lui donna le Royaume de Thrace, & lui enſeigna ſes Myſtéres & ſes Orgies. Oeagre fils de Tharops reçut le Royaume des mains de ſon pere, & apprit de lui les ſacrez Myſtéres; auſquels il initia ſon fils Orphée. Comme celui-ci ſurpaſſoit ſes prédéceſſeurs en eſprit & en connoiſſances, il changea pluſieurs choſes dans les Orgies. C'eſt pourquoi on appelle Orphiques les Myſtéres de Bacchus. Quelques Poëtes, entre leſquels eſt Antimaque, (1) diſent que Lycurgue étoit Roi, non de la Thrace, mais de l'Arabie; & que ce fut à Nyſe en Arabie qu'il dreſſa des embuches à Bacchus & aux Menades. On ajoute que Bacchus revint des Indes à Thebes

---

(1) Poete de Colophon ville de l'Ionie: Il vivoit du tems de Platon qui demeura ſeul à écouter des vers obſcurs qu'il reciroit publiquement.

monté sur un éléphant, récompensant par tout les gens de bien, & punissant les impies. Il employa trois ans entiers à cette expédition; & c'est pour cette raison que les Grecs appellent Triétérides les fêtes de ce Dieu. On prétend que Bacchus chargé des dépouilles qu'il avoit récueillies dans une course si glorieuse, inventa le premier la cérémonie du triomphe en entrant dans sa Patrie. Ce que nous venons de rapporter s'accorde avec ce qu'en ont écrit les anciens Auteurs. Mais un grand nombre de Villes Grecques se disputent l'honneur de la naissance de Bacchus. Les Eliens, les Naxiens, les Habitans d'Eleuthere, les Teïens & quantité d'autres peuples croyent démontrer qu'il est né chez eux. Les Teïens en particulier donnent pour preuve de leur prétention une fontaine d'excellent vin qui coule dans leur Ville en tems reglez. Quelques-uns allèguent que leur pays est de toute ancienneté voué à ce Dieu: d'autres enfin s'autorisent de quelques Temples de leurs Villes, ou de quelques bois de leurs campagnes qui sont consacrez de tems immémorial à Bacchus. En général comme ce Dieu a laissé en plusieurs endroits des marques de sa présence & de sa bonté, il n'est pas étonnant que chaque peuple le croye originaire de son pays. Homére confirme notre recit, lorsque dans ses Hymnes il parle ainsi des Villes qui sont en contestation pour le lieu de la naissance de Bacchus; en décidant néanmoins qu'il est né dans cette partie de l'Arabie qui touche à l'Egypte.

Cent (1) peuples chérissant ses dons & ses vertus

Veulent avoir nourri l'enfance de Bacchus :

Il n'est Grecque cité, si l'on croit son histoire,

Qui ne puisse à l'Egypte enlever cette gloire.

Mais d'une erreur commune en est partout séduit ;

Dans un profond secret Jupiter l'a produit,

En ces lieux, ou du haut d'une verte montagne,

Nyse voit l'eau du Nil couler dans la campagne.

---

(1) Les quatre premiers Vers François ne présentent que le fond du sens des quatre premiers Vers Grecs, où le Poëte nomme Dracanon, le mont Icare, l'Isle de Naxos, le fleuve Alphée, & la ville de Thébes. Nous n'avons plus cet hymne.

LIVRE III.

XXXV. Opinion particuliére des Afriquains Occidentaux qui croyent aussi que Bacchus est né chez eux, dans une autre ville de Nyse dont l'Auteur décrit la situation.

Je n'ignore pas que les Afriquains qui habitent les côtes de l'Océan soutiennent aussi que Bacchus est né parmi eux. Ils prétendent que tous les exploits qu'on raconte de ce Dieu se sont faits dans leur pays. Ils ont même une Ville appellée Nyse, à laquelle ils appliquent l'Histoire de la naissance de Bacchus. Plusieurs anciens Mythologistes ou Poëtes de la Gréce, & même quelques Ecrivains plus recens ont été de cet avis. C'est pourquoi, afin de ne rien omettre de ce qui concerne Bacchus, nous rapporterons en peu de mots ce que les Afriquains en disent conformément à ce qu'en ont écrit les Grecs, & surtout Dionysius (1) qui nous a conservé l'ancienne Mythologie. Cet Auteur traite de Bacchus, des Amazones & des Argonautes, de la guerre de Troye & de plusieurs autres particularitez. Il avoit aussi ramassé dans son livre les témoignages des anciens Poëtes & Mythologistes. Il dit que Linus fut le premier d'entre les Grecs qui inventa les vers & la Musique, comme Cadmus a introduit le pre-

(1) Sur Dionysius ou Denis de Mityléne. Voyez ci-dessus art. 27.

mier dans la langue Grecque les lettres qui n'étoient connues que des Phéniciens. Il leur donna leurs noms, & forma les caractéres dont on s'est servi depuis. On appella ces lettres Phéniciennes, parce qu'elles avoient été apportées de Phénicie en Gréce; & ensuite Pélasgiennes, parce que les Pélasgiens sont les premiers chez qui elles ayent été en usage. Linus, dit-il, homme admirable pour la Poësie & pour la Musique, eut plusieurs disciples, & trois entr'autres qui ont été très-célébres, sçavoir Hercule, Thamyris & Orphée. Hercule apprenoit à jouer de la Lyre; mais comme il n'avançoit point à cause de la pesanteur de son esprit, son maître s'avisa de le fraper: Hercule en colére se leva & tua Linus d'un coup de son instrument. Thamyris avoit de plus heureuses dispositions. Il s'exerça à la Musique; mais la perfection où il parvint lui inspira la vanité de se mettre au-dessus des Muses mêmes. Ces Déesses jalouses lui ôtérent la vûe avec la voix, ainsi qu'Homére le témoigne lorsqu'il dit :

Iliad. l. 2.
v. 594.

C'est ici que les Muses.
Au Thrace Thamyris firent perdre la voix.

Et ensuite :

Dans ce combat fatal, irritant tous les Dieux, Ib. v. 599.
Il perdit, & le prix, & la voix & les yeux.

Pour Orphée (1) troisiéme disciple de Linus, nous en parlerons assez au long, en racontant les autres avantures de sa vie. On dit que Linus (2) écrivit en lettres Pélasgiennes les actions du premier Bacchus, & qu'il avoit laissé dans ses Commentaires plusieurs autres fables. On prétend que c'est des caractéres Pélasgiens que se sont servis Orphée, Pronapidès (3) précepteur d'Homere excellent Musicien, & Thymœtès fils d'un Lacédémonien de même nom qui vivoit du tems d'Orphée. Thymœtès voyagea en diverses parties du monde, & enfin étant arrivé vers les côtes Occi-

(1) L'Auteur a déja nommé Orphée plus d'une fois. Mais il parlera expressément de cet ancien Poëte dans le Livre 4. art. 7.

(2) Linus fils d'Apollon & de Terpsichore, Poëte qui a vécu dans les temps fabuleux. Voyez sur son sujet Fabricius. l. 1. c. 4.

(3) Fabricius ne fait mention de Pronapidès que dans la table alphabetique des Auteurs qu'on croit avoir précedé Homére : & là il nous avertit que Pronapidès étoit Athenien. l. 1. c. 1. A l'égard de Thymœtès, il nous renvoye uniquement à cet endroit de Diodore. l. 1. c. 15.

dentales de l'Afrique, il y vit la Ville de Nyse, dont les Habitans disent qu'ils ont élevé Bacchus. Les Nyséens lui apprirent une grande partie des actions de ce Dieu qu'il rédigea par écrit dans un Poëme intitulé la Phrygie, ouvrage recommandable par l'ancienneté de sa Dialecte & de son écriture. Il rapporte entr'autres choses qu'Ammon Roi d'une partie de l'Afrique, épousa Rhéa fille d'Uranus, sœur de Saturne & des autres Titans. Ce Prince visitant son Royaume trouva dans les plaines voisines des monts Cerauniens, une fille singuliérement belle, qui s'appelloit Amalthée. En étant devenu amoureux, il en eut un enfant (1) d'une beauté & d'une force admirable. Il laissa ensuite à Amalthée le gouvernement de cette Province, qui avoit la figure d'une corne de bœuf, & qu'on appelloit pour cette raison la corne Hespérienne. Cette contrée est très-fertile & produit non-seulement des vignes, mais aussi toutes sortes d'arbres fruitiers. Amalthée ayant pris en main le gouvernement de cette Province, lui donna le nom de corne d'Amalthée,

(1) Cet enfant étoit Bacchus.

& on a depuis appellé de ce même nom tous les pays fertiles. Cependant Ammon craignant la jalousie de sa femme Rhéa, cacha avec soin cet enfant, & le fit élever secrettement dans la Ville de Nyse qui étoit fort éloignée de son Royaume. Cette Ville est située dans une Isle formée par le fleuve Triton; elle est prodigieusement escarpée de tous les côtez, & l'on ne peut y entrer que par un passage étroit qu'on nomme les portes Nyséennes. L'Isle est très-abondante, il y a d'agréables prairies & des jardins délicieux arrosez d'eaux vives, elle est couverte d'arbres de toute espéce, & de vignes qui viennent d'elles-mêmes. Il y régne un vent frais qui la rend extrêmement saine; aussi ceux qui l'habitent vivent beaucoup plus long-tems qu'aucun de leurs voisins. On trouve d'abord une vallée étroite, remplie de grands arbres si touffus qu'ils ne laissent aucun passage aux rayons du Soleil, & l'on ne s'y conduit que par un faux jour. Cette vallée est entrecoupée par des sources d'une eau excellente & qui invite les passans à s'arrêter dans ce lieu-là. On trouve ensuite une caverne de forme ronde d'une beauté & d'une grandeur extraordinaire. Elle est couverte d'une voute naturelle fort élevée, dont les pierres brillent des couleurs les plus éclatantes, comme le pourpre, le bleu & autres semblables. Chaque pierre a la sienne, & l'on ne sçauroit en imaginer aucune qui ne s'y rencontre. A l'entrée de cette caverne, il y a de grands arbres dont les uns portent des fruits; les autres sont stériles, mais toujours verds, & semblent n'avoir été produits par la nature que pour le plaisir de la vûe. Ces arbres cachent les nids de quantité d'oiseaux remarquables par la rareté de leur plumage & par la douceur de leur chant, dont l'agréable mélange surpasse l'art & les accords de la Musique humaine. Plus avant, la caverne est entiérement découverte, & reçoit les rayons du Soleil. Il y croît une infinité d'espéces de plantes, mais sur tout la canelle & plusieurs autres dont l'odeur ne se perd jamais. C'est dans cet antre que sont les lits des Nimphes, formez de toutes sortes de fleurs non par la main des hommes mais par la nature. Il est impossible de voir dans cette Isle

Livre III. 475

une fleur flétrie ou une feuille tombée. C'est pourquoi, outre le plaisir de la vûe, on a toute l'année celui de l'odorat. Ce fut dans cet antre qu'Ammon envoya son fils, il le donna à nourrir à Nyse fille d'Aristée. Et il établit pour son Gouverneur Aristée même, homme recommandable par son esprit, par sa sagesse, & par toute sorte de connoissances. Afin qu'il fût plus en sureté contre les entreprises de Rhéa sa maratre, Ammon le recommanda à Minerve qui étoit alors fort jeune. Elle étoit fille du fleuve Triton, & fut pour cette raison appellée Tritonide. On dit que cette Déesse fit vœu de garder une virginité perpétuelle, & qu'avec beaucoup de sagesse elle avoit l'esprit si industrieux qu'elle inventa plusieurs sortes d'arts. Comme elle étoit de plus très-courageuse elle s'adonna aussi au métier des armes, & elle fit plusieurs actions mémorables. Elle tua l'Ægide qui étoit un monstre horrible & tout à fait indomptable. Il étoit sorti de la terre & sa gueule vomissoit une épouvantable quantité de flammes. Il parut d'abord dans la Phrygie, & il brûla toute la partie de ce pays qui a tiré son nom de ce desastre (1). Il alla ensuite vers le mont Taurus, & il réduisit en cendres tous les bois qui se trouvérent entre cette montagne & les Indes. Retournant du côté de la mer, il entra dans la Phénicie, & mit en feu la forêt du Liban. Ayant ensuite parcouru l'Egypte & traversé l'Afrique, il se rabbatit du côté de l'Occident: Enfin il s'arrêta vers les monts Cerauniens, sur lesquels il fit le même ravage. Ayant desolé toute cette contrée, il s'attaqua aux Habitans mêmes, dont il fit périr les uns & effraya tellement les autres, qu'ils abandonnérent leur patrie, & s'enfuirent en des pays éloignez. Mais Minerve qui surpassoit le commun des hommes en prudence & en courage, tua enfin ce monstre. Elle porta toujours depuis la peau de l'Ægide sur sa poitrine comme une arme défensive, & comme une marque de sa valeur & de sa victoire. La terre mere de ce monstre irritée de sa mort, enfanta les Géans qui furent enfin vaincus par Jupiter avec l'aide de Minerve, de Bacchus & des autres Dieux.

(1) φρύγω signifie brûler.

BACCHUS ayant été nourri à Nyse & instruit dans toutes sortes de sciences, étoit non-seulement d'une force & d'une beauté plus qu'humaine, mais il communiqua aux hommes plusieurs inventions. Dans son enfance il découvrit la nature du vin & son utilité, en s'amusant, à écraser des raisins qui croissent naturellement à Nyse. Il remarqua aussi qu'on pouvoit faire sécher les raisins murs, & les garder pour le besoin; & il rechercha avec attention quel terroir convenoit à chaque plante. Il résolut de faire part aux hommes de ces découvertes, persuadé qu'il étoit qu'en reconnoissance d'un si grand bienfait, ils lui rendroient des honneurs divins. Ses vertus & sa réputation étant venues à la connoissance de Rhéa sa belle-mere; cette femme en conçut de la haine contre Ammon, & elle résolut de se saisir de Bacchus: Mais n'en pouvant venir à bout elle se sépara d'avec son mari. Etant retournée chez les Titans ses freres, elle épousa un d'entr'eux appellé Saturne. Celui-ci, à la persuasion de sa femme, déclara la guerre à Ammon & le vainquit en bataille rangée. Ammon pressé par la

XXXVI.
Exploits & bienfaits de Bacchus fils d'Ammon selon les Africains.

famine fut obligé de se retirer en Créte. Là il prit pour femme Créte l'une des sœurs des Curétes qui en étoient alors souverains, & il fut reconnu Roi de cette Isle. Elle se nommoit avant lui l'Isle d'Idée ; mais il voulut qu'on l'appellât l'Isle de Créte du nom de sa femme. Cependant Saturne s'étant emparé des pays qui appartiennent à Ammon, traitoit ses sujets durement. Il alla ensuite à Nyse attaquer Bacchus avec une grande armée. Mais Bacchus ayant appris la défaite de son pere, & sçachant que les Titans venoient le combattre, leva une armée dans Nyse. Elle étoit composée surtout de deux cens hommes qui ayant été nourris avec le jeune Prince, lui portoient une véritable affection ; & qui de plus étoient d'un courage extraordinaire. Outre cela il appella des contrées voisines les Afriquains & les Amazones ces femmes célébres dont nous avons parlé assez au long (1). On dit qu'elles furent portées à cette guerre par les avis de Minerve qui avoit

(1) J'omets ici une recapitulation inutile de leurs exploits qui remplit trois ou quatre lignes dans le texte.

LIVRE III. 479

choisi le même genre de vie, & qui avoit embrassé comme elles la virginité & le métier des armes. Bacchus s'étant mis à la tête des hommes & Minerve à la tête des femmes, ils tombérent tous ensemble sur l'armée des Titans. Le combat fut sanglant & il y eut un grand carnage de part & d'autre. Mais enfin Saturne fut blessé & Bacchus gagna la bataille. Les Titans s'enfuirent dans les pays qu'ils avoient conquis sur Ammon. Bacchus s'en retourna à Nyse avec un grand nombre de prisonniers. Peu après les ayant fait assembler & entourer par ses soldats, il rappella hautement devant eux tous les crimes des Titans & donna lieu à ces captifs de croire qu'il les alloit tous condamner à la mort ; mais il leur fit grace, & leur laissa la liberté de s'en retourner, ou de l'accompagner à la guerre. Ils s'attachérent tous à lui ; & en reconnoissance de ce qu'il les avoit épargnez contre leur attente, ils l'adorérent comme un Dieu. Ensuite Bacchus les ayant appellez l'un après l'autre, & leur ayant donné du vin, il les fit jurer qu'ils le serviroient fidélement contre les Titans ; & qu'ils combattroient pour lui jusqu'à la fin de leur vie. Comme ces soldats furent nommez Hypospondes, c'est-à-dire, qui se sont engagez par des libations ; les descendans de Bacchus appellérent spondes ou libations, les traitez conclus avec l'ennemi. Bacchus ayant fait sortir ses troupes de la Ville de Nyse dans le dessein d'aller combattre Saturne; on dit qu'Aristée son Gouverneur lui offrit un sacrifice, & que ce fut lui qui donna à son égard le premier exemple de cet honneur excessif. On raconte aussi que Bacchus mit dans son armée les Silenes, qui étoient les plus nobles des Nyséens, Car le premier Roi de cette ville fut Silene, dont l'origine nous est inconnue à cause de son ancienneté. Il avoit une queue au bas du dos, & ses descendans participant de sa nature en avoient tous comme lui. Bacchus ayant traversé à la tête de ses troupes plusieurs pays qui manquoient absolument d'eau, & quantité d'autres qui étoient deserts & incultes, assiégea enfin Zabirne Ville d'Afrique. Il tua devant cette place un monstre né de la terre qui s'appelloit Campé, & qui avoit dévoré beaucoup d'Habitans,

bitans. Cet exploit le mit en grande réputation par eux. Voulant en laisser la mémoire dans le pays, il fit élever sur le corps de cette bête un grand tertre, & il n'y a pas long-tems que ce monument subsistoit encore. Bacchus alla ensuite à la rencontre des Titans: Il eut soin que son armée ne commit aucun désordre dans sa marche, & il se montra doux & affable à tout le monde. Il déclara même qu'il n'avoit entrepris cette expédition que dans le dessein de punir les méchans & de répandre ses bienfaits sur le genre humain. Les Africains admirant la discipline qu'il maintenoit parmi ses soldats, & charmez de sa magnanimité, fournirent abondamment des vivres à son armée & le suivirent avec joye. Cependant les troupes de Bacchus approchant toujours de la ville des Ammoniens, Saturne lui livra bataille devant cette place; mais ayant eu du dessous, il commanda qu'on y mît le feu pendant la nuit, dans le dessein de détruire entiérement la maison paternelle de Bacchus. Ensuite emmenant avec lui Rhéa sa femme & quelques-uns de ses amis il abandonna la ville & s'enfuit. Ce fut alors que Bacchus fit voir qu'il agiſſoit par des principes fort différens de ceux de ſes ennemis. Car ayant fait priſonniers peu de tems après Saturne & Rhéa ; non-ſeulement il leur pardonna à cauſe de la parenté qui étoit entr'eux ; mais il les pria même de vouloir le regarder comme leur fils, & même d'accepter les marques d'honneur & d'attachement qu'il avoit deſſein de leur donner. Rhéa l'aima toute ſa vie, comme s'il eût été ſon fils ; mais Saturne ne lui pardonna jamais ſincérement. Dans ce tems-là Saturne eut un fils appellé Jupiter à qui Bacchus porta toujours beaucoup de reſpect, & qui enfin devint le maître du monde par ſa vertu.

XXXVII.
Origine du temple & de l'Oracle d'Ammon.

ON DIT qu'avant le combat les Africains aſſurérent à Bacchus que dans le tems qu'Ammon fut chaſſé de ſon Royaume, il avoit prédit que ſon fils ayant recouvré les états de ſon pere & étendu ſa domination par toute la terre, ſeroit mis enfin au rang des Dieux. Bacchus ajoutant foi à cette prédiction bâtit une ville & un temple à ſon Pere. Il l'adora comme un Dieu, & établit des Prêtres qui devoient rendre ſes oracles. La ſtatue d'Ammon qu'on plaça dans ce temple avoit une tête de Bélier, parce que ce Prince portoit au combat un casque orné de cette figure. Quelques-uns prétendent cependant qu'il avoit naturellement deux cornes à la tête & que son fils Bacchus lui ressembloit en cela. Bacchus fut le premier qui consulta l'Oracle de son pere sur ses entreprises. On dit que son pere lui prédit qu'il acquerroit l'immortalité par ses bienfaits envers les hommes. Cette réponse lui ayant élevé le cœur, il entra d'abord avec son armée dans l'Egypte. Il y établit pour Roi Jupiter fils de Saturne & de Rhéa & lui donna Olympe pour gouverneur. Jupiter ayant appris sous celui-ci la vertu & les belles-lettres en fut surnommé Olympien. Bacchus enseigna aux Egyptiens la culture de la vigne & de tous les fruits, comme il l'avoit enseignée aux autres Nations. Sa réputation s'étant répandue par-tout, aucun peuple n'osa lui résister; mais ils se soumirent tous à lui volontairement & lui offrirent des sacrifices. Il parcourut ainsi toute la terre plantant des vignes dans toutes les provinces, & comblant tous les hommes de bienfaits. Il reçût de tous les mêmes actions de graces & les mêmes honneurs. En effet les divers peuples ont des opinions différentes sur le sujet des Dieux, & des Héros mis au rang des Dieux ; mais ils conviennent tous de l'immortalité de Bacchus, parce qu'il a répandu également ses bienfaits sur les Grecs & sur les Barbares. Il a même enseigné à ceux qui habitent des contrées sauvages & peu propres à la vigne, à faire un breuvage d'orge qui n'est guere moins agréable que le vin. Bacchus après avoir porté ses armes jusques dans les Indes revint promtement du côté de la Méditerranée. Car les Titans ayant ramassé leurs forces étoient venus dans l'Isle de Crête pour attaquer Ammon. Jupiter envoya des soldats Egyptiens au secours de ce Prince ; & la guerre s'allumant de plus en plus dans cette Isle ; Bacchus, Minerve, & quelques autres Dieux y accoururent. Il se donna là une grande bataille qui fut gagnée par le parti de Bacchus & où tous les Titans furent tuez. Cependant Ammon & Bacchus ayant passé de cette vie humaine au séjour des Dieux, Jupiter régna sur tout.

le monde ; d'autant plus que la destruction des Titans l'avoit délivré des seuls ennemis qui eussent osé lui en disputer l'empire. Voilà les actions que les Libyens attribuent au premier Bacchus fils d'Ammon & d'Amalthée. Ils disent que le second fut fils de Jupiter & d'Io fille de d'Inachus ; qu'il fut Roi d'Egypte & qu'il enseigna aux hommes les sacrez Mystéres. Selon eux, le troisiéme nâquit en Gréce de Jupiter & de Semelé. Celui-ci fut zélé imitateur des vertus des deux premiers. Il parcourut toute la terre à la tête d'une armée ; & il marqua les endroits où il termina ses différentes expéditions par plusieurs Colomnes. Mais de plus il défricha quantité de pays incultes. A l'exemple du premier Bacchus qui s'étoit servi des Amazones, celui-ci mena aussi des femmes avec lui. Il travailla beaucoup sur les Mystéres sacrez dont il perfectionna quelques parties, & institua lui-même quelques autres. Ce dernier Bacchus recueillit pour ainsi dire, la gloire des deux premiers que le tems avoit effacez de la mémoire des hommes. Cela est arrivé non-seulement à l'égard de Bacchus, mais encore à l'égard d'Hercule. Car ce nom a été d'abord porté par deux hommes dont le plus ancien naquit en Egypte & dressa une colomne dans l'Afrique, après avoir soumis à sa puissance la plus grande partie de la terre. Le second étoit de l'Isle de Créte & il fut un des Dactyles Idéens. Il étoit Devin & il commandoit des armées: Ce fut lui qui institua les jeux olympiques. Mais il y en a eu un troisiéme peu de tems avant la guerre de Troye qui fut fils de Jupiter & d'Alcméne. Il parcourut presque toute la terre pour obéir aux ordres d'Eurystée. Ayant reussi dans toutes ses entreprises il éleva une Colomne en Europe. La ressemblance de nom & de mœurs, qui étoit entre ce dernier & les autres, fut cause qu'on lui attribua les actions des deux premiers, & qu'on ne fit qu'un seul des trois. Entre les autres preuves qu'on allégue pour démontrer qu'il y a eu plusieurs Bacchus, celle qu'on tire de la guerre des Titans me semble la plus forte. Tout le monde avoue que Bacchus fut d'un grand secours à Jupiter dans cette guerre. Or il n'est pas raisonnable de placer la naissance des Titans dans le tems que vivoit Semelé, & de faire

Cadmus fils d'Agenor pere de Semelé, plus ancien que les Dieux. Voilà tout ce que les Africains rapportent de leurs Divinitez. Nous finirons ici le troisiéme Livre ayant entiérement rempli le plan que nous en avons donné au commencement de cet ouvrage.

Fin du Livre III. & du I. Tome.

ERRATA.

DANS LA PREFACE.

Page x. lig. 10. les rendent, *lif.* les rend.
Ibid. lig. 14. retranchent, *lif.* retranche.
Ibid. lig. 16. donnent, *lif.* donne.
Pag. xxvj. lig. 2. imprimé, *lif.* imprimée.
Pag. xxviij. lig. 17. Hœchelius, *lif.* Hœschelius.
Pag. xxix. lig. 3. à celle, *lif.* à celles.
Ibid. *dans la note* ses mémoires, *lif.* les mémoires.
Pag. xxxiv. lig. 8. de celle, *lif.* de celles.

DANS LE PREMIER VOLUME.

Pag. 24. lig. 3. Dionyfius, pour Ofiris; & ailleurs, pour Bacchus, *lif.* Dionyfus.
Page 26. ligne 1. il ont, *lifez* ils ont.

Pag. 71. *à la marge* l'Ichneumam, *lisez* l'Ichneumon.
Pag. 84. *dans la note* fleurissant, *lis.* fleurissoit.
Pag. 95. *lig.* 18. les Historiens & Philosophes, *lis.* les Historiens & les Philosophes.
Pag. 170. *lig.* 2. Seisactie, *lis.* Seisacthie (1).
Pag. 219. *lig.* 25. sa petite fille, *lis.* la petite fille
Pag. 258. *lig.* 17. dans les armées, *lis.* dans les armes.
Pag. 280. *à la marge* les Caduciens, *lis.* les Cadusiens.
Pag. 326. *lig.* 19. les fons, *lis.* les sons.
Pag. 337. *lig.* 12. *&* 392. *lig.* 24. des Schytes, *lis.* des Scythes.
Pag. 364. *lig.* 11. de Gnide, *lis.* de Cnide.
Pag. 424. *lig.* 24. Ce sont ceux, *lis.* ce sont eux.
Pag. 454. *lig.* 9. Celæno, *lis.* Celeno.
Pag. 471. *dans les notes.* Pabricius, *lis.* Fabricius.
Pag. 479. *lig.* 10. appartiennent, *lis.* appartenoient.

De l'Imprimerie de Quillau, rue Galande, à l'Annonciation.

www.ingramcontent.com/pod-product-compliance
Lightning Source LLC
Chambersburg PA
CBHW071407230426
43669CB00010B/1471